이용호 교수의

히브리어 해석 원리

이용호 교수의
히브리업 해석원리

초판 1쇄 인쇄 2015년 11월 25일
초판 1쇄 발행 2015년 11월 30일

지은이 이용호
펴낸이 장대윤

펴낸곳 도서출판 대서
등록 제22-2411호
주소 서울시 서초구 방배동 981-56
전화 02-583-0612 / 팩스 02-583-0543
메일 daiseo1216@hanmail.net

디자인 참디자인(02-3216-1085)
교정·편집 강수정·박현정

ISBN 978-89-92619-13-8 (03230)

* 책 값은 뒤표지에 있습니다.
* 잘못된 책은 교환하여 드립니다.

– 이 책은 2015년도 서울신학대학교 교내 연구비 지원에 의한 저작임 –

이용호 교수의

히브리업 해석 원리

이용호 지음

HEBREW UP
INTERPRETATION PRINCIPLE

도서출판 대서

저자 서문

학위를 마치고 한국에 들어올 때에만 해도 히브리어 문법이나 구문을 다루는 책은 흔하지 않았다. 그러나 10년이 지난 지금 히브리어와 관련된 문법책이나 구문론 책이 꽤나 많이 출판되었다. 어쩌면 많은 신학생이나 신자들이 히브리 성서를 알고 싶어하는 열망이 크게 자라난 것이 아닌가 하는 마음에 흐뭇함을 느낀다. 학위를 마치고 신학생들에게 고전어를 강의한 시간 역시 10년이 넘었다. 평범한 하루인 오늘, 나는 "10년"이라는 세월의 의미를 다시금 되새겨 본다. 흔히들 '10년이면 강산도 변한다'는 그 "10년"동안 나는 무엇을 가르쳤을까? 그 동안 히브리어를 강의하면서 마주하게 된 부분 중에 가장 힘들었던 부분은 고전어를 대하는 신학생들의 마음이었다. 그것은 고전어를 대하는 신학생들의 패배감과 좌절감 그리고 무력감이었다. 신학의 기초(起草)인 고전어를 향한 저들의 자세와 마음 때문에 나의 10년은 고전어 학습방법론 연구에 몰두할 수밖에 없었다. 고전어 학습방법론에 있어서, 첫 번째 중요한 것은 고전어를 할 수 없는 것으로부터 할 수 있는 것으로의 마음의 변화였다. 나는 모든 신학생들 그리고 원문으로 성서를 알고자 하는 모든 사람들이 고전어를 할 수 있다고 생각하기를 바란다. 아무리 효과적인 방법론으로 배우더라도 할 수 없다는 생각이 지배하면 결국 할 수 없게 되기 때문이다. 두 번째 중요한 것은 고전어를 할 수 있다고 생각한 사람은 성실하게 해야 한다는 것이다. 왜냐하면 고전어가 신학화(神學化)의 시작의 문을 열기 때문이다. 큰 숲이 작은 한 그루의 나무에서 이루어지듯이 히브리어 단어마다 그리고 문장마다 가지고 있는 풍부한 의미를 고려할 때 신학적 사고의 깊이가 이루어진다. 그리고 그때서야 신학의 작은 것이라도 소홀하지 않는 신학화(神學化)의 토대가 마련된다. 따라서 이 책은 이런 고민과 결론들이 만들어 낸 자그마한 씨앗이다.

이 책은 히브리업과 해석이론이다. "히브리업"은 히브리어를 공부하는 사람들이 이 책을 통해 히브리어뿐만 아니라 마음의 상태까지도 "레벨업" 즉 자신감을 갖길 원하는 마음에서 비롯되었다. 더불어 "해석이론"은 성서 해석을 전제로 한 히브리어 문법이라는 의미이다. 따라서 성서를 해석할 수 있도록 다음과 같이 여섯 부분으로 구분되어 있다.

첫 번째 부분에서는 고대 근동의 언어 중 히브리어와 관련된 셈족의 언어를 개괄적으로 서술하고 히브리어 읽기의 기본 원리를 제시하였다. 모든 언어는 읽는 데에서 시작하기에 "한 단어"를 정확하게 발음할 수 있는 방법에 치중하였다. 또한 각 문자들이 지니고 있는 특징을 배움으로써 이후의 히브리어 문법에 기초가 되는 부분을 상세히 설명하였다.

두 번째 부분은 히브리어 형태 1(명사편)이다. 이 부분에서는 한 단어가 아니라 두 단어 또는 세 단어가 "어떻게 관계하는가"를 배우게 된다. 특별히 (1)문법번역과 (2)한글번역을 통해 짧지만 정확하게 번역하도록 한다. 첫 번째 단락은 명사를 꾸미고 설명하는 "형용사"에 대해서 그리고 두 번째 단락은 "명사편"으로서 명사의 세 가지 형태, 소유격 어미, 연계형과 독립형을 도표로 자세히 설명하였다.

세 번째와 네 번째 부분은 히브리어 형태 2(동사편)이다. 동사편에서는 인칭변화와 동작동사의 변화를 도표로 정리하고 동사의 파생어들(명령형, 분사, 부정사)을 설명하였다. 네 번째 단락은 약동사를 다루었다. 이 부분까지는 히브리어 문법에 대한 부분이다.

다섯 번째 부분인 히브리어 해석 원리는 이 책의 가장 독특한 부분이라고 생각한다. 즉, "어떻게 해야 번역을 잘할 수 있을까"라는 생각에 집중하여 "실제적인 번역을 도표로서 정리하였다. 사실 히브리어 문법을 공부하고 가장 힘든 부분이 번역하는 것이기 때문에 번역의 예를 만들었다. 그 외에 두 개의 부록은 주어와 서술어의 관계를 도표로 정리하였다. 마지막 부분은 해석을 돕기 위하여 단어들이 문장에서 어떤 기능을 하는가에 집중하였다.

무슨 책을 낸다는 것은 어려운 일이지만 언어와 관련된 책을 만드는 일은 가장 고된 작업이다. 그러나 고된 작업에 도움을 준 많은 나의 동료

(Mitarbeiter)들이 있음에 감사한다. 먼저는 전체적으로 나누어서 교정을 도와준 서울신학대학교의 자랑스런 히브리어 튜터들(히브리어 수업 돕는 사람들)에게 감사한다. 자신의 시간을 후배들에게 나누어주는 마음에 히브리어 수업이 더욱 발전하고 있는 것 같다. 그리고 원고를 준비하면서 이 모양 저 모양으로 도움을 준 김지운, 이경은, 박현근, 김나예 그리고 김일환 전도사님들께 감사한다. 그리고 마지막 편집으로 수고해 준 강수정, 박현정에게도 감사의 마음을 전한다. 이들의 헌신이 없었다면 아마도 이 책은 나오지 못했을 것이다. 또한 초판 아닌 초판을 허락해주신 대서 출판사 장대윤 사장님에게 감사를 드리며, 또한 이 작업에 골몰하느라 가정에는 무심할 수밖에 없었던 나를 이해해 준 사랑하는 나의 아내와 두 아이들, 유빈과 정빈에게도 감사와 사랑을 전하고 싶다.

수고한 사람들과 함께

이 용 호

약어표

약 어	용 어	우리말 용어
형	Adjective	형용사
abs.	absolutus	절대형
act.	active	능동
acc.	accusative	목적격
adv.	adverb	부사
관	Article	(정)관사
Cho.	Chohortative	청유형
c.	common	공성
접	Conjunction	접속사
cstr.	status constructive	연계형
dat.	dative	여격
지대	demonstrative Pronoun	지시대명사
f.	femininum	여성
gen.	genetiv	소유격
H. Loc.	He Locale	방향 어미
H. Interr.	He Interrogative	의문 접두사
Hi.	Hiphil	히필(사역 능동)
Hith.	Hithpael	히트파엘(강조 재귀)
Ho.	Hophal	호팔(사역 수동)
Imp.	Imperative	명령형
Impf.	Imperfect	미완료
w-Impf.	Imperfect waw consecutive	바브 미완료 연속법
Inf.	Infinitive	부정사
Inf. abs.	Infinitive absolutus	부정사 절대형
Inf. cs.	Infinitive constructive	부정사 연계형

Interj.	Interjection	감탄사
Interr.	Interrogative	의문사
Juss.	Jussive	간접명령
m.	masculinum	남성
Mod. V.	Modalverb	조동사
Ni.	Niphal	니팔(단순 수동)
nom.	nominative	주격
명	Noun	명사
part.	particle	불변화사
pt.	participle	분사
pt. act.	participle active	능동분사
pt. pass	participle passive	수동분사
pf.	perfect	완료형
pf. w-c.	perfect waw consecutive	완료 접속법
Pi.	Piel	피엘(강조 능동)
pl.	plural	복수
Pu.	Pual	푸알(강조 수동)
pref.	prefix	접두사
전	Preposition	전치사
인대	Pronoun	인칭대명사
Qal.	Qal.	칼(단순 능동)
관접	relative conjunction	관계접속사
sg.	singular	단수
suff.	suffix	접미사
v	verb	동사
w-pf.	waw consecutive	바브 완료 연속법
〉		강세
x		소유격/목적격어미표시

목차

II 히브리어 형태 1(명사편)

III 히브리어 형태 2(동사편)

IV 약동사

V. 히브리어 해석 원리

VI. 해석 이론을 돕는 구문들

I

히브리어 문자와 발음

제 1과

셈족 언어와 히브리어

1. 셈족 언어의 개관

히브리어는 고대 근동의 메소포타미아 지역에 걸쳐서 형성된 언어로 서부 아시아의 큰 어족에 속하는 한 분파이다. 그 안에서 셈족은 함족이나 아리안족과 더불어 유럽이나 중앙아시아의 3대 인종 중 하나이다.

셈족의 기원은 노아의 세 아들(셈, 함, 야벳) 중 한 명인 셈의 자손으로, 히브리어로 שֵׁם(셈:이름)이라고 한다(창 10장). 학자들에 의해 이 단어가 언어학(Linguistic)이나 민족학(Ethnology)에서 사용될 때는 하나의 어족(語族)을 제시하는데, 이를 '셈어'라고 한다. 이것은 팔레스타인, 페니키아, 시리아, 메소포타미아, 바벨론, 앗수르 및 아라비아의 토착 언어였다. 이 언어를 사용하는 나라들은 대부분 유프라테스와 티그리스 강 유역에서 시작하여 아르메니아 산맥으로부터 아라비아 남부 해안까지 이른다.

고대 근동의 언어들

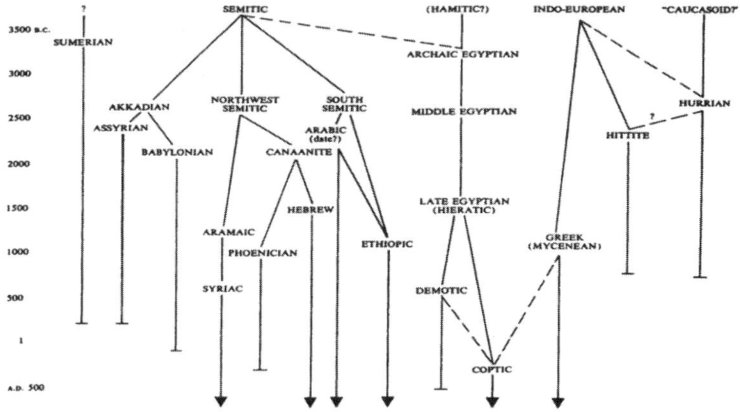

히브리어는 셈어(SEMITIC)중 아카디아어(AKKADIAN)를 제외하고 북서 셈어(NORTHWEST SEMITIC)와 남쪽 셈어(SOUTH SEMITIC) 사이에 가나안어(CANAANITE)의 한 갈래로서 발생한 언어이다. 그 때문에 셈족 언어의 기본적인 특징을 이해하면 히브리어를 쉽게 이해할 수 있을 것이다.

2. 언어의 일반적 특징

1. 어간(Stem), 어근(Root) 그리고 어미(Ending)

- 어간(Stem)은 어미 첨가 시, 단어의 변하지 않는 부분:

  '보다', '보니', '보고' 등에서 "보"(어간)

- 어근(root)은 실질적인 의미를 나타내는 부분:

  '어른스럽다'에서 "어른"(어근)

• 어미(ending)는 문법적 기능에 따라서 변하는 것:

'사랑한다'= "사랑"(어간/어근) + "한다"(어미)

2. 굴절어와 교착어

• 교착어는 한 문장에서 단어마다 띄어쓰기가 나타난다:

"나는 너를 사랑한다"

• 굴절어는 한 문장에서 띄어쓰기가 나타나지 않으며, 어간에 여러 종류의 어미가 첨가되어 문장을 한 단어로도 형성할 수 있다 :

"사랑한다나는너를"

3. 셈어 안에 나타나는 히브리어의 특징

1. 자음 본문이 본질적 요소

히브리어는 자음 원래 '자음문자'로 되어 있었다. 그 자음 중 약문자(ה/י/ו)들이 모음으로 사용되었으며, 나중에 주후 약 10세기 경 마소라 학파에 의하여 모음이 부과되었다.

2. 어간의 3개의 자음

히브리어의 어간은 3개의 자음으로 형성되어 있다. 그 어간에 여러 접미어들이 결합하여 자기를 표현한다. 명사나 전치사에는 소유격어미를, 동사의 경우에는 인칭어미와 목적격어미를 붙어 **"한 단어로 한 문장을 표현"** 할 수 있다. 예를 들면, יִשְׁלָחֵהוּ(그가 그를 보낸다)는 기본 어간인 3개의 자음 שׁלח(보내다)에 주어를 나타내는 인칭어미(미완료 3인칭 남성단수) י(그가)와 3인칭 단수인 목적격 어미 הוּ(그를)가 붙어 한 문장을 표현한 것이다.

3. 동사의 시제는 두 종류

인도-유럽어족이 시간의 언어라면, 히브리어는 행위의 언어이다. 즉, 인도-유럽어족에서는 시간의 흐름에 의해 시제가 결정된다면, 히브리어에서 행위의 상태에 따라 시제가 결정된다.

히브리어 시제는 두 가지이다. 행위가 시작하여 끝난 경우, 그리고 행위가 시작하여 아직 끝나지 않거나 반복되는 경우이다. 전자를 "완료(Perfect)"라고 하며, 후자를 "미완료(Imperfect)"라고 한다.

4. 명사의 성은 '남성'과 '여성'

히브리어에서 명사의 성은 남성과 여성으로 구분되고 중성은 없다.

5. 복합명사의 특징

복합명사란 서로 다른 의미를 가진 두 개의 명사가 결합하여 새로운 의미를 갖는 명사를 말한다. 예를 들면, "개집"은 '개'와 '집'이라는 두 개의 명사가 결합하여 "개의 집"이라는 새로운 의미를 만드는 것이다. 그러나 히브리어에서는 명사와 명사를 직접적으로 결합하는 이러한 복합명사가 없고 단지 두 개를 병렬로 나열하여 만든다.

제 2과

히브리어 자음

1. 히브리어 자음과 음가

히브리어 알파벳의 명칭과 음가는 도표와 같다. 성서 히브리어를 읽기 위해서는 알파벳의 명칭과 음역을 익히는 것이 매우 중요하다.

숫자	명 칭	끝글자	자 음	음 가	음 역
1	Alef(알렙)		א	묵음	[ʾ]
2	Bet(베트)		בּ	ㅂ(b)	[b]
			ב		[ḇ]
3	Gimel(김멜)		גּ	ㄱ(g)	[g]
			ג		[ḡ]
4	Dalet(달렛)		דּ	ㄷ(d)	[d]
			ד		[ḏ]
5	Hey(헤)		ה	ㅎ(h)	[h]
6	Vav(바브)		ו	ㅂ(v)	[w]
7	Zayin(자인)		ז	ㅈ(z)	[z]
8	Chet(체트)		ח	ㅊ(ch)	[ḥ]
9	Tet(테트)		ט	ㅌ(t)	[ṭ]

10	Yod(요드)		י	ㅣ(y)	[y]
20	Kaf(카프)	ךְ / ך	כּ	ㅋ(k)	[k]
			כ		[ḵ]
30	Lamed(라메드)		ל	ㄹ(l)	[l]
40	Mem(멤)	ם	מ	ㅁ(m)	[m]
50	Nun(눈)	ן	נ	ㄴ(n)	[n]
60	Samek(사멕)		ס	ㅅ(s)	[s]
70	Ayin(아인)		ע	묵음	[ʿ]
80	Pey(페)	ף	פּ	ㅍ(p)	[p]
			פ		[p̄]
90	Tsade(짜데)	ץ	צ	ㅉ(ts)	[ṣ]
100	Qof(코프)		ק	ㅋ(q)	[q]
200	Resh(레쉬)		ר	ㄹ(r)	[r]
	Sin(신)		שׂ	씨(ss)	[ś]
300	Shin(쉰)		שׁ	쉬(sh)	[š]
400	Tav(타우)		תּ	ㅌ(t)	[t]
			ת		[ṯ]

2. 히브리어 자음의 음운 체계

종류		자 음					
Ⅰ. 목소리	후음	א ה ע ח (반후음 ר)					
Ⅱ. 입소리			약	중	강	약	중
	폐쇄음과 마찰음	구개음	גּ	כּ	ק	ג	כ
		치음	דּ	תּ	ט	ד	ת
		순음	בּ	פּ	-	ב	פ
	치찰음		ז	ס שׂ שׁ	צ		
	유성음		י / ו		מ / נ		

3. 혼동하기 쉬운 자음들

히브리어 자음 중 유사한 형태로 인해 혼동하기 쉬운 자음들이 있다. 자음은 단어의 의미와 관련되기 때문에 유의해야 한다.

ד	ו	ע	ב	ה	ם
ר	ז	צ	כ	ח	ס
				ת	

4. 끝글자 자음들

히브리어 자음 중 5개의 자음은 단어 끝에서만 모양이 다르다.

기본 글자	כ	נ	פ	צ	מ
끝 글자	ך	ן	ף	ץ	ם

예를 들면, 단어 נָאָץ의 마지막 자음이 צ는 단어 끝에 오면 ץ으로 변한다. 그러나 어미(ָה)와 결합하여 단어 끝에 위치하지 않을 경우, 원래 자음 형태인 צ가 된다.

끝자음 ץ → צ 예: ָה + נָאָץ → נְאָצָה (비방, 욕설)

מ은 단어 끝에 오면 정방형에 닫힌 자음인 ם으로 된다. 그러나 뒤에 어미가 붙으면 원래의 자음 מ으로 돌아간다.

끝자음 ם → מ 예: כֶן + מִצְרַיִם → מִצְרַיִמְכֶן (너희의 애굽)

5. 다게쉬(דָּגֵשׁ)

'다게쉬'는 히브리어 자음 안에 찍힌 점을 의미하는데 두 가지로 나뉜다.

1. 연강점(Dāgēš Lene)

히브리어 자음 중 '버가드케파트'(בגדכפת)라고 불리는 6개의 자음은 점의 유무에 따라 발음의 차이가 난다. 자음에 점이 있는 경우(자음 1개)는 강한 소리(בּ/גּ/דּ/כּ/פּ/תּ)로 발음되며, 점이 없는 경우(자음 1개)는 부드러운 소리(ב/ג/ד/כ/פ/ת)로 발음한다.

2. 중강점(Dāgēš Forte)

히브리어는 동일한 2개의 자음을 병렬로 거의 사용하지 않는다. 그래서 동일한 자음이 올 경우, 자음을 하나로 만들고 다게쉬를 찍어 자음이 하나가 아닌 두 개임을 표시한다. 이런 경우의 다게쉬를 중강점(Dāgēš Forte)이라 하며, 동일한 자음이 중첩되기 때문에 강하게 발음한다. 후음에 속하는 자음 외에 히브리어 모든 자음은 중강점을 가질 수 있다.

צצ → צּ [중강점: Dāgēš Forte]

중강점을 가진 단어의 경우, 아래 도표와 같은 모음을 이룬다.

①	②	③
הַשָּׂדָה	הַשׂשׂדָה	הַשְׂשָׂדָה

예를 들어, ①에 나타나는 중강점(שָּׂ)은 ②와 같이 동일한 자음을 병렬시킨다(שׂשׂ). 그리고 ①에 나타나는 모음은 ③과 같이 중복되는 자음 중 뒤에 위치한 자음(שׂ)에는 모음(◌ָ)이, 앞에 위치한 자음(שׂ)에는 항상 쉐바(◌ְ)가 온다.

6. 마피크(מַפִּיק)

단어 끝의 ה가 완전한 자음으로서 음가(h)를 갖고 있음을 표시하기 위해 찍는 점을 '마피크'라고 한다. 예를 들면, אַרְצָה('arṣā^{h})의 ה는 단어 끝에서 모음으로 사용되는 경우로, 자음으로서의 음가는 소실한다. 그러나 אַרְצָהּ('arṣāh)의 경우와 같이 ה에 점이 붙어있을 경우(אהּ)에는 완전자음으로서 정확하게 h로 발음한다.

7. 숫자 기능으로서의 자음

히브리어 자음은 숫자 대신 사용하는 경우가 있기 때문에, 자음마다 나타내는 숫자가 있다.

예를 들면, א은 1, י은 10이다. 따라서 11은 יא으로 사용한다.

제 3과

히브리어 모음

1. 히브리어 모음과 음가

발음		명 칭	모 음	음 가	음 역
아	순장모음	cholem-waw (홀렘 바브)	□וֹ (ו + □ֹ = וֹ)	ㅗ	[ô]
	장 모 음	qamets (카메츠)	□ָ	ㅏ	[ā]
	단 모 음	patach (파다)	□ַ	ㅏ	[a]
	복합쉐바	chatef-patach (하텝 파다)	□ֲ	ㅏ	[ă]
에	순장모음	tsere-yod (체레 요드)	□ֵי	에, 에이	[ê]
	장 모 음	tsere (체레)	□ֵ	ㅔ	[ē]
	단 모 음	segol (세골)	□ֶ	ㅔ	[e]
	복합쉐바	chatef-segol (하텝 세골)	□ֱ	ㅔ	[ĕ]
이	순장모음	chireq-yod (히렉 요드)	□ִי	ㅣ	[î]
	단 모 음	chireq (히렉)	□ִ	ㅣ	[i]
오	순장모음	cholem-waw (홀렘 바브)	□וֹ	ㅗ	[ô]
	장 모 음	cholem (홀렘)	□ֹ	ㅗ	[ō]
	단 모 음	qamets-chatuf (카메츠 하툽)	□ָ	ㅗ	[o]
	복합쉐바	chatef-qamets (하텝 카메츠)	□ֳ	ㅗ	[ŏ]
우	순장모음	shureq (슈렉)	□וּ	ㅜ	[û]
	단 모 음	qibbuts (키부츠)	□ֻ	ㅜ	[u]
쉐바	유성쉐바	schewa (쉐바)	□ְ	'ㅔ'와 'ㅓ' 사이	[ᵊ]
	무성쉐바			묵음	[ ]

2. 히브리어 모음의 위치

– 모음은 자음 밑에, 옆에 그리고 위에 위치한다.

– 히브리어 읽기 순서는 오른쪽에서 왼쪽으로 읽는다.

– 히브리어 음역 순서는 왼쪽에서 오른쪽으로 쓴다.

3. 모음문자

히브리어 자음 중 알렙(א), 헤(ה), 요드(י), 바브(ו)는 모음을 보충하는 문자로 사용되었다. 그 중에서 앞의 모음을 길게 장모음으로 만드는 역할을 하는 알렙(א), 헤(ה)가 있으며 그리고 요드(י)는 □ִי □ֵי로, 바브(ו)는 □וּ □וֹ로 발음하였다. 요드(י)와 바브(ו)가 함께 사용되면 '완전철자법'이라고 하며, 요드(י)와 바브(ו) 없이 모음만 사용하면 '불완전철자법'이라고 한다.

	완전철자법			불완전철자법		
모음	וּ	וֹ	ִי	□ֻ	□ֹ	□ִ
단어	קוּם	קוֹל	צַדִּיק	קֻם	קֹל	צַדִּק
의미	일어나다	음성	의로운	일어나다	음성	의로운

제 4과

히브리어 발음하기

1. 음절의 종류

음절(syllable)은 사람이 들을 수 있는 최소 단위이다. '개음절'이란 모음으로 끝나는 음절을 말하며, '폐음절'이란 자음으로 끝나는 음절을 말한다. 아래의 그림은 한 단어의 음절에 대한 설명이다. 한 단어의 처음과 끝, 음절의 처음과 끝의 의미를 잘 알아두어야 한다. 특별히 음절의 끝에 ל, מ, נ 자음이 올 경우에는 우리말의 받침처럼 발음한다.

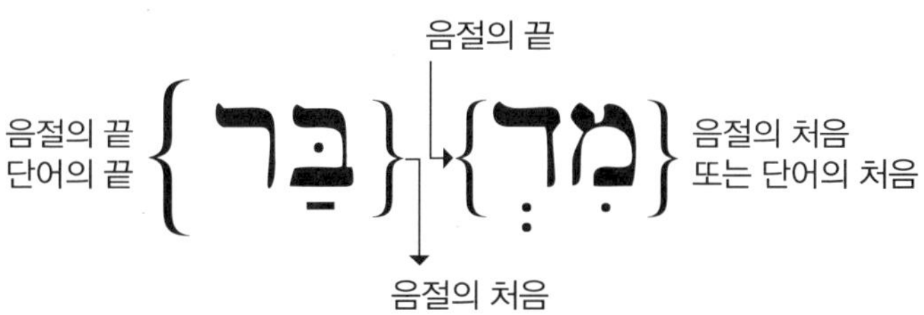

2. 음절 나누기

① **일반적인 음절나누기**

שָׁלַח (šā-laḥ) [לַח(자음+모음+자음)+שָׁ(자음+모음)]

폐음절 개음절

② **폐음절을 형성하는 음절의 받침에 쉐바가 올 경우 소리가 나지 않는다.**

מִדְבָּר(miḏ-bar) [בָּר(자음+모음+자음)+מִדְ(자음+모음+자음)]

폐음절 폐음절

③ **단어 처음에 오는 쉐바는 발음하지만 한음절로 구분하지 않는다.**

דְּבָרִים(d^{ə}ḇā-rîm) [רִים(자음+모음+자음)+דְּבָ(자음+쉐바+자음+모음)]

폐음절 개음절

④ **ה는 단어 끝에서 모음으로 사용될 때, 자음의 음가를 잃어버린다. 그래서 개음절을 형성한다.**

מִלְחָמָה(mil-ḥā-mā^{h})

[מָה(자음+모음)+חָ(자음+모음)+מִלְ(자음+모음+자음)]

개음절 개음절 폐음절

⑤ **א은 단어 끝과 단어 중간에서도 모음으로 사용될 때, 자음의 음가를 잃어버린다. 그래서 개음절을 형성한다.**

בְּרֵאשִׁית(b^{ə}rē'-šîṯ) [שִׁית(자음+모음+자음)+בְּרֵא(자음+쉐바+자음+모음)]

폐음절 개음절

3. 쉐바

히브리어 모음 가운데 단순쉐바(ְ)는 가장 짧게 발음되며, 그 위치에 따라 음가의 유무가 결정된다. 쉐바가 발음되는 것을 '유성쉐바'라고 하고, 발음되지 않는 것을 '무성쉐바'라고 한다.

1. 유성쉐바

'**단어 처음**'의 쉐바는 발음하지만 한 음절로 구분하지 않는다. 동사에서 자음어미 첨가시 두 번째 음절의 모음이 쉐바로 될 때, 무성이 아니라 유성쉐바이다.

דְבָרִים d^{ə}ḇā-rîm

'**단어 중간에서 음절 처음**'의 쉐바는 발음하고 한 음절로 구분한다.

קוֹמְלָה qô-m^{ə}-lā^{h}

연속되는 쉐바에서 뒤에 위치한 쉐바는 발음한다.

תִשְׁלְהוּ tiš-l^{ə}-hû

2. 무성쉐바

원래 단어 끝이 폐음절일 경우, 무성쉐바를 사용하였다(קָרַאְ). 그러나 ךְ를 제외(חֹשֶׁךְ)하고는 쉐바를 붙이지 않는다(קָרַא). 다만 접미어가 첨가되면 생략된 단어 끝의 쉐바가 나타난다(קְרַאְהוּ).

단어 중간에 폐음절이 올 경우, 음절이 끝나는 자음 아래 쉐바는 음절을 닫는 역할을 하기 때문에 발음하지 않는다.

מִדְבָּר mid̠-bār

연속되는 쉐바에서 **앞에 위치한 쉐바**는 발음하지 않는다.

יִקְטְלוּ yiq-ṭᵊ-lû

4. 버가드케파트(בגדכפת)

히브리어 자음 중에서 '버가드케파트'(בגדכפת) 문자는 중강점(자음 2개)과 연강점(자음 1개)을 가질 수 있다. 따라서 '버가드케파트'(בגדכפת)문자의 자음들이 위치하고 있는 자리에 따라 "중강점"인지 "연강점"인지 구별하는 것은 매우 중요하다.

1. 연강점: '단어 처음', '폐음절 뒤의 음절 처음'

버가드케파트(בגדכפת) 문자는 '단어의 처음'과 '폐음절 뒤의 음절 처음'에는 연강점이 찍힌다. 반면 단어 처음과 음절 처음을 제외한 다른 곳은 연강점이 찍히지 않는다.

בָּתֵּי (bāt̠tê) / בְּנֵי (bᵊnê) / מִדְבָּר (mid̠bār) / מִפְתָּן (mip̄tān)

2. 중강점: '단어 처음'과 '폐음절 뒤 음절 처음'이 아닌 경우, 즉 앞음절이 개음절일 경우에는 중강점이 찍힌다.

קִדֵּשׁ(קִדְדֵשׁ:qiḏdaš) / וְעַתָּה(וְעַתְתָה:wᵊʿattāʰ)

הַבַּיְתָה(הַבְבַיְתָה:habbāytāʰ)

5. 히브리어의 강세

히브리어에서 강세는 종음절[1)]에 온다.

מִדְבָּ֫ר miḏbār / דְּבָרִ֫ים dᵊḇārîm / אֵ֫ת ʾēṯ

굴절어라는 특징을 지닌 히브리어는 기본 자음에 접미어 또는 접두어가 첨가되면서 음절이 증가된다. 따라서 강세 위치의 변화로 인한 모음의 변화가 발생한다. 이 때 강세 앞 개음절은 모음이 변하지만 폐음절일 경우 모음은 변하지 않는다.

강세변화의 원칙은 다음과 같다.

① 기본형에서 자음 수가 늘어나면 강세가 움직인다.

② 강세가 움직이면 강세 앞 개음절 모음은 장음으로 길어진다.

③ 강세에서 멀리 떨어져있는 개음절의 모음은 쉐바가 된다.

④ 강세 앞의 음절들이 폐음절일 경우 변하지 않는다.

변 화	דָּבָ֫ר + ִים	דָּבָרִ֫ים	דָּבָרִ֫ים	דְּבָרִ֫ים
	어미 결합	음절 증가	강세 변화	모음 변화

기본형 דָּבָר에서 강세는 마지막 음절인 בָר에 있다. 그 기본형에 접미어 복수어미(ים ִ)가 첨가되면, 강세는 마지막 음절로 이동한다. 그리고 강세 앞의 בָ는 장음으로(장음이기에 변화 없음), 강세에서 멀리 떨어져 있는 דָ는 반모음(쉐바) דְ로 변한다.

변화	מִשְׁפָּט + ים ִ	מִשְׁפָּטִים	מִשְׁפָּטִים	מִשְׁפָּטִים
	어미 결합	음절 증가	강세 변화	모음 변화 없음

מִשְׁפָּט 또한 복수어미(ים ִ)와의 결합으로 강세는 이동하고 모음이 변한다. 강세 앞에 있는 פָּ는 장음으로(장음이기에 변화 없음), 강세에서 멀리 떨어져 있는 מִשְׁ는 폐음절이기 때문에 모음변화가 없다.

6. 카메츠(קָמֶץ)와 카메츠-하툽(קָמֶץ־חָטוּף)

ָ은 대부분 장모음 [ā]로 발음하지만 다음의 경우에는 [o]로 발음된다.

1. 강세 없는 폐음절에서

חָכְמָה(חָכְ-מָה :ḥoḵmāʰ) / חָנֵּנִי(חָנְ-נֵ-נִי :ḥonnēnî)

2. 복합 쉐바인 ֳ앞에서

חֳלָיִים + בְּ (bᵊ + ḥŏlāyîm) → בָּחֳלָיִים(boḥŏlāyîm)

3. 마켑으로 연결된 단음절에서

כָּל־הָ-אָ-דָם(כָּל־הָאָדָם : kol-hāʾāḏām)

7. 마켑(מַקֵּף)과 메텍(מֶתֶג)

마켑과 메텍은 히브리어의 강세와 연관되어 있기 때문에 중요한 부호이다.

1. 마켑(מַקֵּף maqqēp̄)

마켑(־)은 두 개의 어절을 연결하는 부호이다. 마켑으로 연결된 두 어절은 하나의 어절로 취급하여 앞의 어절은 주강세를 잃어 모음변화가 발생한다.

וַיְהִי־כֵן(way^{ə}hî-ḵēn) / הִתְהַלֶּךְ־נֹחַ(hiṯhalleḵ-nō^{a}ḥ)

2. 메텍(מֶתֶג meṯeḡ)

메텍은 모음의 왼쪽의 짧은 수직선(ֽ)으로 해당 모음을 완전하게 발음해야 한다는 것을 의미한다. 그 때문에 메텍은 개음절에만 사용된다.

וַֽיְהִי־אוֹר(way^{ə}hî-ʾôr)

8. 휴지형(Pause)[2)]

휴지형이란 문장에서 한 절을 둘로 나누는 단어나 한 절의 마지막 단어에 오는 강한 악센트를 가진 형태를 말한다. 즉, 한 단어가 '실룩(ֽ)' 이나 '아트나(֑)'와 같은 악센트를 가지고 있는 경우, 길게 발음하라는 것을 의미한다. 이것은 메텍(meṯeḡ)과는 다르게 단어의 끝에 위치한다.

분류		성서	단어	음역	성서	휴지형 단어	음역
①	아트나	창1:2	הַמַּיִם	hammayim	창24:13	הַמָּ֑יִם	hammāyim
	실 룩	왕하11:14	קֶשֶׁר	qešer	왕하11:14	קָֽשֶׁר	qāšer
②		왕상12:10	דִּבְּרוּ	dibbərû	시119:23	נִדְבָּ֑רוּ	niḏbārû
③		렘10:19	חֳלִי	ḥŏlî	신7:15	חֹ֑לִי	ḥōlî

① 악센트 음절이 단모음일 경우, 휴지형에서는 장모음으로 길어진다.

② 동사 기본형 두 번째 음절의 모음은 원래 단음(ַ)이며, 어미첨가시(모음어미) 단순쉐바로 짧아진다. 그러나 휴지형이 될 경우, 그 모음은 되살아나며 장모음으로 길어진다.

③ 복합쉐바는 이에 상응하는 단모음으로 장음화된다.

9. 음역의 실제

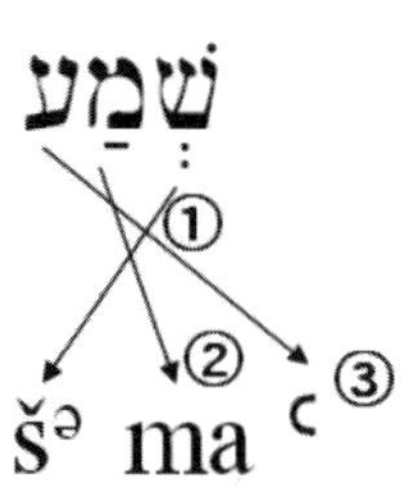

히브리어는 오른쪽에서부터 왼쪽으로 쓰여져 있지만 음역은 왼쪽에서 오른쪽으로 한다.

① 위의 단어 שְׁמַע를 음역하면, s^{ə}maʿ이다.

② 히브리어를 음역할 때 주의해야 할 점은, 후음문자(א,ה,ח,ע,ר)를 제외하고 자음 중간에 다게쉬(Dageš)가 있는 경우에는 2개의 자음이 중첩된 '중강점'이다. 그러나 버가드케파트 문자에 다게쉬(Dageš)가 올 때에는 중강점(자음 2개)인지 연강점(자음 1개)인지를 확실히 구분해야만 한다.

한 문장을 음역하면 다음과 같다.

← 히브리어 읽기 방향

אֶחָד ׃	יְהוָה	אֱלֹהֵינוּ	יְהוָה	יִשְׂרָאֵל	שְׁמַע	신 6:4
ʾeḥāḏ	YHWH	ʾĕlōhênû	YHWH	yiśrāʾēl	š^{ə}maʿ	음역
š^{ə}maʿ yiśrāʾēl YHWH ʾĕlōhênû YHWH ʾeḥāḏ						

히브리어 음역 방향 →

אֱלֹהֶיךָ	יְהוָה	אֵת	וְאָהַבְתָּ	신 6:5α
ʾĕlōheyḵā	YHWH	ʾēṯ	w^{əʾ}āhaḇtā	음역
w^{əʾ}āhaḇtā ʾēṯ YHWH ʾĕlōheyḵā				

וּבְכָל־מְאֹדֶךָ׃	וּבְכָל־נַפְשְׁךָ	בְּכָל־לְבָבְךָ	신 6:5β
ûḇ^{ə}ḵol-m^{əʾ}ōḏeḵā	ûḇ^{ə}ḵol-nap̄ š^{ə}ḵā	b^{ə}ḵol-l^{ə}ḇāḇḵā	음역
b^{ə}ḵol-l^{ə}ḇāḇḵā ûḇ^{ə}ḵol-nap̄ š^{ə}ḵā ûḇ^{ə}ḵol-m^{əʾ}ōḏeḵā			

【연습문제】

1. 다음을 음역하시오(창 12:1–9).

1 וַיֹּ֤אמֶר יְהוָה֙ אֶל־אַבְרָ֔ם
לֶךְ־לְךָ֛ מֵאַרְצְךָ֥ וּמִמּֽוֹלַדְתְּךָ֖ וּמִבֵּ֣ית אָבִ֑יךָ אֶל־הָאָ֖רֶץ אֲשֶׁ֥ר אַרְאֶֽךָּ׃
2 וְאֶֽעֶשְׂךָ֙ לְג֣וֹי גָּד֔וֹל וַאֲבָרֶכְךָ֔ וַאֲגַדְּלָ֖ה שְׁמֶ֑ךָ וֶהְיֵ֖ה בְּרָכָֽה׃
3 וַאֲבָֽרְכָה֙ מְבָ֣רְכֶ֔יךָ וּמְקַלֶּלְךָ֖ אָאֹ֑ר וְנִבְרְכ֣וּ בְךָ֔ כֹּ֖ל מִשְׁפְּחֹ֥ת הָאֲדָמָֽה׃
4 וַיֵּ֣לֶךְ אַבְרָ֗ם כַּאֲשֶׁ֨ר דִּבֶּ֤ר אֵלָיו֙ יְהוָ֔ה וַיֵּ֥לֶךְ אִתּ֖וֹ ל֑וֹט
וְאַבְרָ֗ם בֶּן־חָמֵ֤שׁ שָׁנִים֙ וְשִׁבְעִ֣ים שָׁנָ֔ה בְּצֵאת֖וֹ מֵחָרָֽן׃
5 וַיִּקַּ֣ח אַבְרָם֩ אֶת־שָׂרַ֨י אִשְׁתּ֜וֹ וְאֶת־ל֣וֹט בֶּן־אָחִ֗יו
וְאֶת־כָּל־רְכוּשָׁם֙ אֲשֶׁ֣ר רָכָ֔שׁוּ וְאֶת־הַנֶּ֖פֶשׁ אֲשֶׁר־עָשׂ֣וּ בְחָרָ֑ן
וַיֵּצְא֗וּ לָלֶ֙כֶת֙ אַ֣רְצָה כְּנַ֔עַן וַיָּבֹ֖אוּ אַ֥רְצָה כְּנָֽעַן׃
6 וַיַּעֲבֹ֤ר אַבְרָם֙ בָּאָ֔רֶץ עַ֚ד מְק֣וֹם שְׁכֶ֔ם עַ֖ד אֵל֣וֹן מוֹרֶ֑ה וְהַֽכְּנַעֲנִ֖י אָ֥ז בָּאָֽרֶץ׃
7 וַיֵּרָ֤א יְהוָה֙ אֶל־אַבְרָ֔ם וַיֹּ֕אמֶר לְזַ֨רְעֲךָ֔ אֶתֵּ֖ן אֶת־הָאָ֣רֶץ הַזֹּ֑את
וַיִּ֤בֶן שָׁם֙ מִזְבֵּ֔חַ לַיהוָ֖ה הַנִּרְאֶ֥ה אֵלָֽיו׃
8 וַיַּעְתֵּ֨ק מִשָּׁ֜ם הָהָ֗רָה מִקֶּ֛דֶם לְבֵֽית־אֵ֖ל וַיֵּ֣ט אָהֳלֹ֑ה
בֵּֽית־אֵ֤ל מִיָּם֙ וְהָעַ֣י מִקֶּ֔דֶם וַיִּֽבֶן־שָׁ֤ם מִזְבֵּ֙חַ֙ לַֽיהוָ֔ה וַיִּקְרָ֖א בְּשֵׁ֥ם יְהוָֽה׃
9 וַיִּסַּ֣ע אַבְרָ֔ם הָל֥וֹךְ וְנָס֖וֹעַ הַנֶּֽגְבָּה׃ פ

2. 다음을 분절하시오.

אִשְׁתּוֹ בַּמִּדְבָּר בַּצָּֽמָא כְּצַפִּיחִת מִמֶּנּוּ

וְנִצַּלְתֶּם מִמִּצְרָיִם וַיִּשְׁתַּחֲווּ וְכָל־הַדָּבָר

3. 다음을 읽으시오(창 1:1–5).

1 בְּרֵאשִׁ֖ית בָּרָ֣א אֱלֹהִ֑ים אֵ֥ת הַשָּׁמַ֖יִם וְאֵ֥ת הָאָֽרֶץ׃
2 וְהָאָ֗רֶץ הָיְתָ֥ה תֹ֙הוּ֙ וָבֹ֔הוּ וְחֹ֖שֶׁךְ עַל־פְּנֵ֣י תְה֑וֹם
וְר֣וּחַ אֱלֹהִ֔ים מְרַחֶ֖פֶת עַל־פְּנֵ֥י הַמָּֽיִם׃
3 וַיֹּ֥אמֶר אֱלֹהִ֖ים יְהִ֣י א֑וֹר וַֽיְהִי־אֽוֹר׃
4 וַיַּ֧רְא אֱלֹהִ֛ים אֶת־הָא֖וֹר כִּי־ט֑וֹב
וַיַּבְדֵּ֣ל אֱלֹהִ֔ים בֵּ֥ין הָא֖וֹר וּבֵ֥ין הַחֹֽשֶׁךְ׃
5 וַיִּקְרָ֨א אֱלֹהִ֤ים ׀ לָאוֹר֙ י֔וֹם וְלַחֹ֖שֶׁךְ קָ֣רָא לָ֑יְלָה
וַֽיְהִי־עֶ֥רֶב וַֽיְהִי־בֹ֖קֶר י֥וֹם אֶחָֽד׃ פ

제 5과

약문자의 변화

1. 눈(נ)법칙

눈 법칙은 자음동화(assimilation) 현상이다. '자음동화'란 음절의 끝에 있는 자음이 그 뒤에 오는 자음과 이어져 발음될 때 일어난다. 이는 어느 한 쪽이 다른 한 쪽을 닮아 그와 같거나 비슷한 소리로 바뀌는 현상을 말한다. 예를 들면, 우리말의 〈난로〉가 〈날로〉로 발음되는 것이다. 히브리어 자음 중에서 눈(נ)도 음절 끝에 무성쉐바를 동반할 경우(폐음절을 형성) 이어지는 자음과 동일한 자음으로 변하고 '동일한 자음을 병렬하여 사용하지 않기' 때문에 다게쉬를 찍어 자음중복을 표현한다.

1. 폐음절의 형태인 종음절(받침: 눈[ן])이 뒤따르는 단어와 결합을 할 경우

변화	מִן + שָׁם	מִנְשָׁם	מִשְׁשָׁם	מִשָּׁם
	단어의 결합	눈(נ)은 폐음절의 받침	자음동화	결합

예를 들어, 부사 שָׁם(there)과 전치사 מִן(from)이 결합할 경우 눈(נ)은 결합하는 단어의 첫 자음인 쉰(שׁ)과 동일하게 된다. 그리고 '동일한 자음을 병렬하여 사용하지 않기' 때문에 중강점으로 축약된다.

2. 약동사 첫 자음에 눈(נ)을 가지고 있는 페(פ)-눈(נ)동사의 미완료 경우

변화	תִּ + נָפַל	תִּנְפֹּל	תִּפְפֹּל	תִּפֹּל
	미완료 어미 결합	눈(נ)은 폐음절의 받침	자음동화	결합

נָפַל(떨어지다) 동사에 미완료 3인칭 여성단수(3fs) תִּ가 접두되고, 앞음절을 폐음절화시킨다. 이 때 **눈(נ)**은 폐음절의 받침이 되어 뒤따르는 자음 **페(פ)**와 자음동화작용이 일어난다. 따라서 תִּפֹּל이 된다.

2. 순장모음 만들기

'순장모음'은 자음(י / ו)과 모음(□ַ □ֹ □ִ □ֵ □ֻ)이 결합하여 만들어진 모음으로 '변하지 않는' 특징을 가지고 있다.[3)]

순장모음화는 다음과 같은 경우에 일어난다.

• 자음 "י" 또는 "ו"가 동질적인 모음을 만날 경우

("י" : □ַ □ִ □ֵ / "ו" : □ַ □ֹ □ֻ)

• 자음 "י" 또는 "ו"가 무성쉐바를 갖고 음절 끝에 오는 경우

1. "ו" : ◌ַ ◌ֹ ◌ֻ

설 명	w의 법칙		
자음과 모음의 결합	ו + ◌ֻ	ו + ◌ֹ	ו + ◌ַ
	[w] + [u]	[w] + [ō]	[w] + [a]
자음의 모음화	[u] + [u] = [u:]	[ō] + [u] = [ou]	[a] + [u] = [au]
순장모음화	[û] = [וּ]	[ô] = [וֹ]	[ô] = [וֹ]

"ו"와 상응하는 모음 ◌ַ ◌ֹ ◌ֻ와 폐음절 결합 시, 순장모음화 되는 대표적인 예로는, 약동사인 "페(פ) – 요드(י)"/ "페(p)–바브(ו)" 동사의 경우이다.

㉠	הָיְטַב	הֻוְטַב	הוּטַב
㉡	יַיְלִיד	יַוְלִיד	יוֹלִיד

㉠ יטב는 페(פ) – 요드(י)동사로 호팔(Hophal)형에서 순장모음화한다. 페(פ) – 요드(י)동사는 형태에 따라 두 가지로 나뉠 수 있는데, 페(פ) – 요드(י)동사와 페(פ)–바브(ו)동사이다.[4] יטב의 "י"는 원래 "ו"이었는데 시간이 지나면서 변형된 것이다. 그러나 어두나 어미에 무엇인가 첨가될 경우, 원형으로 돌아가려는 성향이 있기 때문에 "ו"로 변화한다. 이 때 ◌ָ[o] 역시 원래 모음 ◌ֻ[u]로 돌아간다. 그리고 폐음절 안에서 상응하는 자음과 모음이 결합되면서 순장모음화가 일어난다.

㉡ יְלִד는 페(פ) – 요드(י)동사의 히필(Hiphil)형으로 ◌ַ[a]와 ו[u]나 וֹ[ô]로 순장모음화 된다.

2. "י" : ◌ַ ◌ִ ◌ֵ

요드(י)와 상응하는 모음(◌ַ / ◌ִ / ◌ֵ)이 폐음절과 결합 시, 순장모음화 된다.

• 동사의 예

㉠	יָטַב	יִיְטַב	יִיטַב	
㉡	יַיְטִיב	יַיְטַב	יִיטַב	יֵיטַב

㉠은 페(פ) – 요드(י)동사가 미완료 י 와 모음 ◌ִ[i]와 결합한 형태이다.

㉡은 미완료 형태 י + ◌ַ[a] → ay → ai → ◌ֵי[ê]로 변한 형태이다.

• 명사의 예

변화	יְאֹר	לְיְאֹר	לִיְאֹר	לִיאֹר
설명	기본형	전치사 첨가	쉐바법칙	모음화

단어 처음이 쉐바(◌ְ)일 경우 접두전치사(כְּ/לְ/בְּ)와 결합할 때, 순장모음화 된다.

3. 쉐바 법칙

1. 단순쉐바

단순쉐바는 아주 빠르게 발음되기 때문에 단순쉐바가 연속될 때 앞의 쉐바(◌ְ)를 히렉(◌ִ [i])으로 변화시킨다.

בִּדְבָרִים → בְּדְבָרִים / כְּנְבִיאִים → כִּנְבִיאִים

단수명사 דָּבָר(말씀)는 복수접미어(ִים)로 말미암아 악센트의 변화가 일어난다. 히브리어 악센트 앞에는 장모음화되고, 악센트에서 멀어진 모음은 쉐바(◌ְ)로 변한다. 복수명사(דְּבָרִים)에 전치사(בְּ)가 접두될 때, 쉐바가 연속되어 발음하기가 어렵다. 따라서 앞에 나오는 쉐바(◌ְ)를 히렉(◌ִ [i])으로 변형시킨다.

변화	יְהוּדָה	בְּיְהוּדָה	בִּיְהוּדָה	בִּיהוּדָה
설명	기본형	전치사 결합	쉐바법칙	י의 모음화

또 다른 예로, 단어 첫 모음을 쉐바(◌ְ)로 가지고 있는 유다(יְהוּדָה)에 전치사(בְּ)가 접두되면, 앞에 나오는 쉐바(◌ְ)는 히렉(◌ִ [i])으로 변한다. 그리고 폐음절 안에서 〈요드(י) + ◌ִ의 결합〉으로 순장모음화 된다.

2. 복합쉐바

• 단순쉐바와 복합쉐바의 결합

쉐바법칙		기본 단어	쉐바와 복합쉐바의 결합	변화
□ֱ + □ְ	□ֱ □ֶֽ	אֱמֶת	אֱמֶת + וְ	וֶֽאֱמֶת
□ֲ + □ְ	□ֲ □ַֽ	אֲרִי	אֲרִי + כְּ	כַּֽאֲרִי
□ֳ + □ְ	□ֳ □ָֽ	חֳלִי	חֳלִי + בְּ	בָּֽחֳלִי

복합쉐바(□ֱ/□ֲ/□ֳ)가 단순쉐바 (□ְ)와 만날 경우, 단순쉐바(□ְ)는 메텍 (ֽ)과 함께 복합쉐바의 단모음(□ֶֽ/□ַֽ/□ָֽ)으로 변한다.

• 복합쉐바와 단순쉐바의 결합

쉐바법칙		쉐바와 후음	쉐바와 복합쉐바의 결합과 변화	
□ְ + □ֲ	□ְ □ַֽ	יִעְבֹּד	㉠ יַעְבֹּד	יַֽעֲבֹד
□ְ + □ֱ	□ְ □ֶֽ	יִעְמֹד	㉡ יֶעְמֹד	יֶֽעֱמֹד
□ְ + □ֳ	□ְ □ָֽ	יִעְמְדוּ	יָעְמְדוּ	יָֽעֳמְדוּ

첫 번째 자음에 후음이 오는 '페(פ)-후음동사'에서 나타나는 특징 중 하나는, 후음은 그 앞의 모음을 □ַ[a]로 취하려고 하며, 또 다른 특징은 단순쉐바를(□ְ) 취할 수 없기 때문에 앞의 모음을 모방해 변화하는 것이다. 또한 예외로 후음은 그 앞의 모음을 □ֶ[e]를 취하기도 한다.[5)]

4. 후음 법칙

히브리어 자음 23개 중에는 후음(ה ח ע א)과 반후음(ר)이 있다.

명 칭	자 음	음가 및 음역
Alef(알렙)	א	Silent(묵음) [ʾ]
Hey(헤)	ה	ㅎ(h) [h]
Chet(체트)	ח	ㅊ(ch) [ḥ]
Ayin(아인)	ע	Silent(묵음) [ʿ]

1. 후음의 특징:

① ◌ַ[a]를 선호: 후음은 "목 깊숙한 곳"에서 나오는 소리이기 때문에 발음하기 어렵다. 따라서 발음하기 쉬운 ◌ַ[a]를 자신의 위치 앞에 모음으로 취한다.

זֶרַע(zeraʿ) / בֶּטַח(beṭaḥ)

• 보조모음 ◌ַ[a] 삽입: 단어 끝에 후음(Final Guttural)이 오고 선행모음이 순장모음일 때, 보조모음 ◌ַ[a]를 삽입하여 발음을 용이하게 한다.

רוּחַ(rûaḥ) / נוֹעַ(nôac)

• 보조모음 ◌ַ[a] 탈락: 그러나 후음이 끝 후음(Final Guttural)이 아닐 경우, 보조모음 ◌ַ[a]은 탈락한다.

רוּחִים(rûḥîm) / מִזְבְּחוֹת(mizbᵊḥôṯ)

② 중강점(Dāgēš Forte) 대신 선행모음을 장음화: 후음은 중강점을 찍을 수 없기 때문에 선행모음을 장음화한다. 예를 들어 전치사 מִן(민)은 단어와 결합하면 자음동화현상(눈(נ)법칙)이 일어남으로써 항상 ·מִ(미)의 형태가 된다. 그러나 결합하는 단어의 첫 자음이 후음일 경우 중강점을 찍을 수 없으므로 전치사 ·מִ(미)의 모음이 מֵ(메)로 길어진다.

מֵחֹשֶׁךְ (mēḥōšek̲) / מֵעֵדֶן (mēʿēd̲en)

③ 단순쉐바 대신 복합쉐바: 후음은 복합쉐바를 취함.[6)] 후음은 단순쉐바를 취하지 않고 복합쉐바를 취하는데, 후음마다 선호하는 복합쉐바가 있다. א은 ◌ֱ[ĕ]을 선호하고, ה/ח/ע은 ◌ֲ[ă]을 선호한다. אָמָר 단어에 복수 접미어(◌ִים)가 붙을 경우 악센트 법칙에 따라 אְמָרִים이 된다. 그러나 후음은 단순쉐바를 취할 수 없기 때문에 복합쉐바로 변환되어야 한다(אֱמָרִים).

עֲדָשָׁה (ʿăd̲āšāh) / הֲדָרִים (hăd̲ārîm)

2. 반후음 ר

러쉬(ר)는 후음(א ע ח ה)과는 달리 단순쉐바는 취할 수 있지만 중강점은 취할 수 없기 때문에 앞음절을 장모음화한다. 따라서 러쉬(ר)를 '반후음'이라고 한다.

동작동사 피엘(Piel)은 강조형태[7)]로서 두 번째 자음에 중강점이 있어야

하지만 중강점을 찍을 수 없기 때문에 쉰(שׁ)의 모음이 체레(◌ֵ)로 변한다.

שֵׁרֵת(šērēṯ) / בֹּרַךְ(bōrak̲)

3. 강한 후음 ח

후음은 소실되는 자음이기 때문에 약자음으로 분류되지만 일반 자음과 같은 형태를 유지하려는 후음이 있다. 그것이 바로 체트(ח)이다. 강한 후음의 순서는 א < ע < ה < ח이다. 전치사 מִן(민)이 חוּט와 결합하면 후음에 중강점을 찍을 수 없기 때문에 מֵחוּט가 되어야 하지만 체트(ח)는 중복되지도 선행모음을 장음화하지도 않기 때문에 מִחוּט가 된다.

מִֽחָכְמָה(miḥok̲mā^{h}) / מִֽחֲטָאָה(miḥăṭāʾā^{h})

4. 후음 א

① 알렙(א)이 자음을 유지하는 경우

알렙(א)이 단어의 처음에 올 경우(אָמַר), 메텍(ֽ)과 함께 올 경우(לֶֽאֱכֹל) 그리고 ◌ֶ[e]과 함께 폐음절을 형성할 경우(נֶאְדָּר)에 자음이 소실되지 않는다.

② 알렙(א)이 자음을 소실하는 경우

유성쉐바(◌ְ)와 단모음(◌ַ)이 있는 경우, 이 때 알렙(א)은 앞의 단모음을 장모음화시키고 자신의 음가를 잃어버린다(רָאשִׁים).[8] 알렙(א)이 요드(י)나 바브(ו)로 대치될 경우(רֵאם → רֵים)에는 소실되기도 한다 (יָצָתִי).

5. 후음 ה

후음 헤(ה)는 알렙(א)보다 견고하기 때문에 단어 끝에 올 경우에만 선행모음을 장모음으로 만들고 자신의 음가를 잃어버린다. 또한 관사의 경우 전치사(בְּ/לְ/כְּ)와 결합될 때 음가를 소실한다.

단어					
	בֹּקֶר	הַ · + בֹּקֶר	לְ + הַבֹּקֶר	ל_בֹּקֶר	לַבֹּקֶר
	שָׁמַיִם	הַ · + שָׁמַיִם	בְּ + הַשָּׁמַיִם	בּ_שָּׁמַיִם	בַּשָּׁמַיִם
변화		관사 결합	전치사 결합	쉐바(□ְ)와 ה탈락	전+관+명사

명사 בֹּקֶר(아침)에 관사(·הַ)와 전치사(לְ)가 결합될 경우, 전치사의 단순쉐바(□ְ)와 관사의 ה가 소실되고 전치사 ל와 관사의 모음(□ַ)이 결합한다. שָׁמַיִם(하늘) 역시 동일한 예이다.

【연습문제】

1. 다음을 음역하시오(창 6:9–12).

9 אֵ֚לֶּה תּוֹלְדֹ֣ת נֹ֔חַ נֹ֗חַ אִ֥ישׁ צַדִּ֛יק תָּמִ֥ים הָיָ֖ה בְּדֹרֹתָ֑יו
אֶת־הָֽאֱלֹהִ֖ים הִֽתְהַלֶּךְ־נֹֽחַ׃
10 וַיּ֥וֹלֶד נֹ֖חַ שְׁלֹשָׁ֣ה בָנִ֑ים אֶת־שֵׁ֖ם אֶת־חָ֥ם וְאֶת־יָֽפֶת׃
11 וַתִּשָּׁחֵ֥ת הָאָ֖רֶץ לִפְנֵ֣י הָאֱלֹהִ֑ים וַתִּמָּלֵ֥א הָאָ֖רֶץ חָמָֽס׃
12 וַיַּ֧רְא אֱלֹהִ֛ים אֶת־הָאָ֖רֶץ וְהִנֵּ֣ה נִשְׁחָ֑תָה
כִּֽי־הִשְׁחִ֧ית כָּל־בָּשָׂ֛ר אֶת־דַּרְכּ֖וֹ עַל־הָאָֽרֶץ׃ ס

2. 다음을 읽으시오(창 1:6–8).

6 וַיֹּ֣אמֶר אֱלֹהִ֔ים יְהִ֥י רָקִ֖יעַ בְּת֣וֹךְ הַמָּ֑יִם וִיהִ֣י מַבְדִּ֔יל בֵּ֥ין מַ֖יִם לָמָֽיִם׃
7 וַיַּ֣עַשׂ אֱלֹהִים֮ אֶת־הָרָקִיעַ֒ וַיַּבְדֵּ֗ל בֵּ֤ין הַמַּ֙יִם֙ אֲשֶׁר֙ מִתַּ֣חַת לָרָקִ֔יעַ
וּבֵ֣ין הַמַּ֔יִם אֲשֶׁ֖ר מֵעַ֣ל לָרָקִ֑יעַ וַֽיְהִי־כֵֽן׃
8 וַיִּקְרָ֧א אֱלֹהִ֛ים לָֽרָקִ֖יעַ שָׁמָ֑יִם וַֽיְהִי־עֶ֥רֶב וַֽיְהִי־בֹ֖קֶר י֥וֹם שֵׁנִֽי׃ פ

3. 다음 단어를 바르게 연결하시오.

(1) אֱמֶת + וְ =

(2) ִים + שׁוּמָס + מִן =

(3) ִים + מִדְבַּר =

(4) ִים + אָמָר =

(5) סוּס + · הַ + בְּ =

(6) יְהוּדָה + כְּ=

4. 틀린 부분을 바르게 고치시오.

הַהָּמָץ	בְּאֱלֹהִים
דָבָרִים	רוּח

Ⅱ

히브리어 형태1 (명사편)

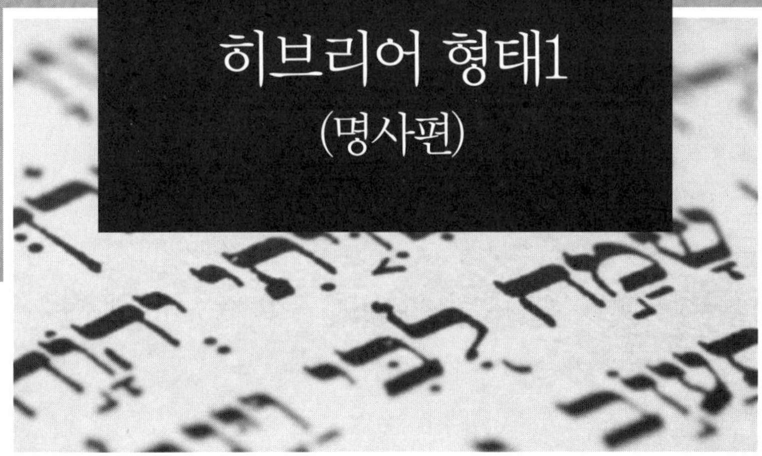

제 6과

형용사

1. 형용사

'그림씨'라고도 하는 형용사는 기능상으로 명사가 "어떠하다"라는 동사적 기능을 한다. 형용사는 문장에서 두 가지 기능을 하는데, 하나는 명사를 수식하는 기능이고, 다른 하나는 명사를 서술하는 기능이다.

1. 형용사의 성과 수

형용사의 성과 수는 다음과 같다. 형용사의 어미는 명사의 어미와 같이 형용사 남성단수가 기본형이고 여성단수어미는 "◌ָה", 남성복수어미는 "◌ִים"이고 여성복수어미는 "וֹת"가 붙는다.

	남 성	여 성
단수	טוֹב	טוֹבָה
복수	טוֹבִים	טוֹבוֹת

2. 형용사의 용법

형용사의 용법은 한정적 용법, 서술적 용법, 그리고 독립적 용법으로 정리할 수 있다. 형용사의 3가지 용법인 한정 · 서술 · 독립 형용사들은 각각 자신의 위치와 특징이 있다. 이것을 도표로 정리하면 다음과 같다.

한정형용사	· 명사 뒤에 위치 · 명사와 성, 수 일치 · 관사의 일치 · "~는 명사"로 해석	형용사 | 명사
서술형용사	· 명사 앞에 위치 · 명사와 성, 수 일치 · 관사 불필요 · "명사는 형용사이다"로 해석	명사 | 형용사
독립형용사	· 형용사 앞과 뒤에 수식 또는 서술하고자 하는 바가 없을 경우 · "~하는 사람" 또는 "~하는 것"으로 해석	형용사

① 한정형용사는 명사의 뒤에 위치하며, "~하는 명사"로 명사를 수식한다. 이 때, 형용사는 명사의 성과 수가 일치해야 한다. 또한 명사에 관사가 있을 경우, 형용사에도 관사가 있어야 한다.

דָּבָר טוֹב(좋은 말씀) / סוּסָה טוֹבָה (좋은 암말) : "성 · 수의 일치"

הַדָּבָר הַטּוֹב(그 좋은 말씀) : "성 · 수 · 관사의 일치"

② 서술형용사는 명사의 앞에 위치하며, "명사는 형용사이다"로 서술어 기능을 한다. 이 때 형용사는 명사의 성과 수가 일치해야 한다. 그리고 명사에 관사가 있을 경우, 형용사에 관사를 붙이지 않는다. 이는 형

용사가 서술어의 기능을 하기 때문이다.

טוֹב דָּבָר(말씀은 좋다) / טוֹב הַדָּבָר(그 말씀은 좋다)

③ 독립형용사는 문장 안에 한정하거나 서술할 명사가 없을 때, 형용사가 명사화되는 경우이다. 따라서 "~하는 사람" 또는 "~하는 것"으로 번역할 수 있다.

וָרָע	טוֹב	לֹא־יָדְעוּ	신 6:4
접+형ms.	형ms.	부정어 + 동사	문법 번역
선한 그리고 악한		그들이 알지 못했다	한글 번역
그들은 **선한 것과 악한 것**을 알지 못했다.			

3. 형용사의 연결

히브리어의 형용사(한정/서술)는 형용사와 형용사를 나열할 때, 접속사 베(וְ)로 연결한다.

한정/서술 형용사의 연결		
형용사들은 וְ 로 연결		
한정	סוּס טוֹב וּבָרִיא	좋은 그리고 살찐 수말(horse)
서술	טוֹב וּבָרִיא סוּס	수말(horse)이 좋고 살쪘다.

2. 관사

1. 정관사의 연결

히브리어 관사는 정관사만 있으며 그 형태는 · הַ이다. 이는 이어지는 자음을 중첩한다.

הַשָּׁמַיִם (그 하늘) / הַיָּם (그 바다)

① 단어의 첫 번째 자음이 후음일 경우 정관사(· הַ)가 접두 될 때, 다른 형태(הַ / הֶ/ הָ 등)를 갖는다.

명사의 첫 번째 자음	정관사 모양	형태들
(후음문자 아닌) 일반 명사	· הַ	הַבֶּמֶשׁ
הָ עָ	הֶ	הֶחָכָם
א ע ר	הָ	הָאוֹר
ח ה	הַ	הַחֹשֶׁךְ

② 한 단어에 정관사(· ה)와 접두전치사(בְּ/לְ/כְּ)가 결합될 경우, 관사의 자음인 헤(ה)가 생략되고 정관사의 남아있는 모음 ◌ַ[a]와 전치사의 자음이 결합된다(כַּדָּבָר).

③ 단음절의 명사에 정관사(· ה)가 접두되면 정관사가 장음화(◌ָ)된다. 특히, פַּר(황소), עַם(백성), הַר(산), אֶרֶץ(땅)와 같은 단어는 언제나 장모음을 가진다.

명 사	פַּר	עַם	הַר	אֶרֶץ
관사+명사	הַפָּר	הָעָם	הָהָר	הָאָרֶץ

2. 정관사의 기능

① 정관사는 집단에 속한 개인을 한정한다.

אָדָם(인류 전체) / הָאָדָם(아담 개인)

② 정관사는 한 종류 전체를 제시한다.

שֶׁלֶג 양(한마리) / כַּשֶּׁלֶג 양과 같이(전체: 전+관+명)

③ 정관사는 호격으로 사용된다.

הַבַּעַל (오! 나의 주인이여)

④ 정관사는 최상급으로 사용된다.

אֱלֹהִים (하나님) / הָאֱלֹהִים (전능하신 하나님)

【연습문제】

1. 다음을 읽으시오(창 1:9–13).

9 וַיֹּ֣אמֶר אֱלֹהִ֗ים יִקָּו֨וּ הַמַּ֜יִם מִתַּ֤חַת הַשָּׁמַ֙יִם֙ אֶל־מָק֣וֹם אֶחָ֔ד
וְתֵרָאֶ֖ה הַיַּבָּשָׁ֑ה וַֽיְהִי־כֵֽן׃
10 וַיִּקְרָ֨א אֱלֹהִ֤ים ׀ לַיַּבָּשָׁה֙ אֶ֔רֶץ וּלְמִקְוֵ֥ה הַמַּ֖יִם קָרָ֣א יַמִּ֑ים
וַיַּ֥רְא אֱלֹהִ֖ים כִּי־טֽוֹב׃
11 וַיֹּ֣אמֶר אֱלֹהִ֗ים תַּֽדְשֵׁ֤א הָאָ֙רֶץ֙ דֶּ֔שֶׁא עֵ֚שֶׂב מַזְרִ֣יעַ זֶ֔רַע
עֵ֣ץ פְּרִ֞י עֹ֤שֶׂה פְּרִי֙ לְמִינ֔וֹ אֲשֶׁ֥ר זַרְעוֹ־ב֖וֹ עַל־הָאָ֑רֶץ וַֽיְהִי־כֵֽן׃
12 וַתּוֹצֵ֨א הָאָ֜רֶץ דֶּ֠שֶׁא עֵ֣שֶׂב מַזְרִ֤יעַ זֶ֙רַע֙ לְמִינֵ֔הוּ
וְעֵ֧ץ עֹֽשֶׂה־פְּרִ֛י אֲשֶׁ֥ר זַרְעוֹ־ב֖וֹ לְמִינֵ֑הוּ וַיַּ֥רְא אֱלֹהִ֖ים כִּי־טֽוֹב׃
13 וַֽיְהִי־עֶ֥רֶב וַֽיְהִי־בֹ֖קֶר י֥וֹם שְׁלִישִֽׁי׃ פ

2. 다음을 문법적 번역과 한글 번역을 하시오.

(1) הָאִישׁ הַטּוֹב וְגָדוֹל

(2) גָדוֹל הָאִישׁ הַטּוֹב

(3) הָאִשָּׁה הַטּוֹב וְגָדוֹל

(4) הַטּוֹב גָדוֹל

(5) אִישׁ הַטּוֹב

[단어 뜻]

גָדוֹל (거대한)	אִישׁ (남자)	וְ (그리고)
טוֹב (좋은, 선한)	אִשָּׁה (여자)	הַ · (그)

명사 변화의 이해

명사란 사물의 이름을 나타내는 품사로 히브리어에서 명사의 성은 남성과 여성으로 나눈다. 수는 단수, 복수, 쌍수로 구별된다. 그에 따른 어미는 다음과 같다.

명사 어미			
남성단수	□□□	여성단수	□□□ָה
남성복수	□□□ִים	여성복수	□□□וֹת
남성쌍수	□□□ַיִם	여성쌍수	□□□תַיִם
남성연계형단수	□□□	여성연계형단수	□□□ַת
남성연계형복수	□□□ֵי	여성연계형복수	□□□וֹת
남성연계형쌍수	□□□ֵי	여성연계형쌍수	□□□ֵי

히브리어에서 "אֱלֹהִים"은 존엄의 복수이다. "אֱלֹהִים"은 가시적으로는 명사 남성복수 형태이지만 단수 동사와 사용될 때는 고유명사(하나님)로 단수 취급한다. 반면 복수 동사와 사용될 경우에 "אֱלֹהִים"은 '신들' 혹은 '우상들'로 번역된다.

1. 명사의 성

명사의 성은 '남성'과 '여성'으로 구분된다. 생물일 경우에는 타고난 성에 의존하며, 무생물일 경우에는 사람들에 의해 임의적으로 부여되기 때문에 사전을 참고해야 한다.

1. 남성명사의 대표적 예

①타고난 성으로서 남성명사:

אָב(아버지) / מֶלֶךְ(왕) / סוּס(수말)

②부여된 성으로서 남성명사:

שֶׁמֶשׁ(태양) / לְבָנוֹן(레바논 산)

2. 여성명사의 대표적 예

①타고난 성으로서 여성명사:

סוּסָה(암말) / אֵם(어머니) / עִיר(성읍)

②어미가 ָה 또는 ַת로 끝나는 명사:

צְדָקָה(의) / מִצְרִית(애굽여자) / בְּרָכָה(복)

③생산적 산물 · 다산의 의미를 가진 명사:

אֶרֶץ(땅) / אֵשׁ(불) / נֶפֶשׁ(영혼) / רוּחַ(영/바람)

3. 두 가지의 성을 다 취하는 명사: שֶׁמֶשׁ(태양) 등등

2. 명사의 수

① 생물일 경우 명사 남성단수가 기본형이며, 여성단수는 남성단수에 "◌ָה"를, 그리고 남성복수는 "◌ִים"을 여성복수는 "וֹת"를 붙인다.

예) סוּס(수말)

남성단수	סוּס	여성단수	סוּסָה
남성복수	סוּסִים	여성복수	סוּסוֹת
남성쌍수	סוּסַיִם	여성쌍수	סוּסָתַיִם

② 무생물일 경우 사람들에 의해 성이 부여되는데, 그 기준이 광범위하기 때문에 사전을 참고해야 한다. 단어 자체에 성이 구분되어 있기 때문에 남성단수와 여성단수가 각각 성의 기본이 된다.

예) כֶּתֶם(금), חֶרֶב(칼)

남성단수	כֶּתֶם	여성단수	חֶרֶב
남성복수	כְּתָמִים	여성복수	חֲרָבוֹת
남성쌍수	כַּתְמַיִם	여성쌍수	חַרְבָתַיִם

③ 남성명사지만 여성 복수어미를 취하는 명사

남성단수명사	남성복수명사	의 미
אָב	אָבוֹת	아버지
עוֹר	עוֹרוֹת	가죽/피부
מָקוֹם	מְקוֹמוֹת	장소

④ 여성명사로 남성 복수어미를 취하는 명사

여성단수명사	여성복수명사	의 미
עִיר	עָרִים	도시/성읍
אֶבֶן	אֲבָנִים	돌
יוֹנָה	יוֹנִים	비둘기

⑤ 복수어미를 취하지만 단수로 취급하는 집합명사

מַיִם (물) / שָׁמַיִם (하늘) / פָּנִים (얼굴) / חַיִּים (생명)

עֲלוּמִים (젊음) / זְקֻנִים (노년)

3. 명사와 강세의 관계

명사의 수가 바뀌는 경우(단수 → 복수 / 단수 → 쌍수)는 명사에 어미를 첨가(◌ָה / ◌וֹת / ◌ִים)하여 이루어진다. 히브리어 단어에 어미가 첨가되면 음절이 변하게 된다. "히브리어 강세는 종음절"이라는 법칙에 의거하여 악센트가 이동한다. 그 결과로 명사는 모음변화를 일으키게 된다(여기서는 전부 카메츠형(◌ָ)의 변화로 예를 든다).

【연습문제】

1. 다음을 읽으시오(창 1:14–18).

14 וַיֹּ֣אמֶר אֱלֹהִ֗ים יְהִ֤י מְאֹרֹת֙ בִּרְקִ֣יעַ הַשָּׁמַ֔יִם
לְהַבְדִּ֕יל בֵּ֥ין הַיּ֖וֹם וּבֵ֣ין הַלָּ֑יְלָה וְהָי֤וּ לְאֹתֹת֙ וּלְמ֣וֹעֲדִ֔ים וּלְיָמִ֖ים וְשָׁנִֽים׃
15 וְהָי֤וּ לִמְאוֹרֹת֙ בִּרְקִ֣יעַ הַשָּׁמַ֔יִם לְהָאִ֖יר עַל־הָאָ֑רֶץ וַֽיְהִי־כֵֽן׃
16 וַיַּ֣עַשׂ אֱלֹהִ֔ים אֶת־שְׁנֵ֥י הַמְּאֹרֹ֖ת הַגְּדֹלִ֑ים אֶת־הַמָּא֤וֹר הַגָּדֹל֙
לְמֶמְשֶׁ֣לֶת הַיּ֔וֹם וְאֶת־הַמָּא֤וֹר הַקָּטֹן֙ לְמֶמְשֶׁ֣לֶת הַלַּ֔יְלָה וְאֵ֖ת הַכּוֹכָבִֽים׃
17 וַיִּתֵּ֥ן אֹתָ֛ם אֱלֹהִ֖ים בִּרְקִ֣יעַ הַשָּׁמָ֑יִם לְהָאִ֖יר עַל־הָאָֽרֶץ׃
18 וְלִמְשֹׁל֙ בַּיּ֣וֹם וּבַלַּ֔יְלָה וּֽלֲהַבְדִּ֔יל בֵּ֥ין הָא֖וֹר וּבֵ֣ין הַחֹ֑שֶׁךְ
וַיַּ֥רְא אֱלֹהִ֖ים כִּי־טֽוֹב׃

2. 다음 명사를 변화시키시오.

	남성	여성
단수	סוּס	
복수		
쌍수		

	남성	여성
단수	דָּבָר	
복수		
쌍수		

	남성	여성
단수	מוּץ	
복수		
쌍수		

	남성	여성
단수	אֱנוֹשׁ	
복수		
쌍수		

제 8과

명사의 형태

1. 카메츠 명사

카메츠 명사는 카메츠 모음을 가진 2음절 이상의 명사로 종음절에 강세가 있으며, 형태는 □ָ□ָ□ / □וֹ□ָ□ / □ָ□ִי□ / □ִ□ְ□ָ□이다.

פָּרָשׁ(말) / תּוֹרָה(율법) / נָגִיד(총독) / מִדְבָּר(광야)

① 카메츠 명사의 복수

카메츠 명사에 남성어미 □ִים과 여성 어미 וֹת가 접미되면 강세의 위치가 변화되어 강세 앞의 모음은 길어지고, 강세의 영향권에서 벗어난 모음은 쉐바로 변화한다. 그러나 폐음절의 경우에는 모음변화가 없다.

פְּרָשִׁים / תּוֹרוֹת / מִדְבָּרִים

② **카메츠 명사의 쌍수**

카메츠 명사에 쌍수어미 ◌ַיִם이 첨가되면 명사 쌍수가 만들어진다. 쌍수형 어미는 전 종음절인 파다(◌ַ)에 강세가 있으며, 강세변화로 인한 모음어미는 복수어미가 첨가될 때와 동일하다. 특별히 여성명사인 תּוֹרָה(율법)의 단수어미 ◌ָה는 원래 여성형 어미인 ◌ַת로 변한 후에 쌍수형 어미가 첨가된다.

תּוֹרָתַיִם / מִדְבָּרַיִם / פְּרָשַׁיִם

2. 세골 명사

세골 명사는 첫 음절에 강세를 가지고 있으며, 두 번째 음절에 반드시 세골(◌ֶ)을 가지고 있다. 이 명사는 원래 단음절 명사로, 발음을 위해 보조모음 세골(◌ֶ)을 첨가하여 ◌◌ֶ◌ֶ, ◌◌ֶ◌ֵ, ◌◌ֶ◌ֹ의 형태를 가진다. 따라서 보조모음 세골(◌ֶ)이 삽입되지 않은 원형의 형태는 ◌ָ◌ְ◌, ◌ִ◌ְ◌, ◌ַ◌ְ◌이다.

מֶלֶךְ(מַלְךְ) / סֵפֶר(סִפְרְ) / בֹּקֶר(בָּקְרְ)

세골명사가 생물인 경우, 원형에 여성어미가 첨가되어 여성단수를 나타낸다.

אֹזֶן(남자 귀) → אָזְנָה(여자 귀)

כֶּבֶשׂ(숫양) → כִּבְשָׂה(암양)

מֶלֶךְ(왕) → מַלְכָּה(여왕)

① 세골명사의 남성 복수변화

세골형의 명사복수는 자신의 모음을 카메츠 모음(□ָ□ָ□)으로 바꾼 후, 복수 접미어 □ִים을 첨가하여 만든다.

□ֹ□ֶ□	בֹּקֶר → בָּקָר → בָּקָרִים → בְּקָרִים
□ֵ□ֶ□	סֵפֶר → סָפָר → סָפָרִים → סְפָרִים
□ֶ□ֶ□	מֶלֶךְ → מָלָךְ → מָלָכִים → מְלָכִים

② 세골명사의 쌍수 변화

세골 명사의 쌍수형은 단음절의 원형(□ֹ→□ָ, □ֵ→□ִ, □ֶ→□ַ)에 쌍수 어미(□ַיִם)를 첨가하여 만든다. 이때 첫음절이 폐음절을 형성하여 모음 변화가 없다.

בָּקְרַיִם / סִפְרַיִם / מַלְכַּיִם

3. 체레 명사

체레 명사는 대부분 동사에서 만들어진 명사들(분사에서 파생한 명사들)이나 외래어로 구성되기 때문에 세 개 이상의 자음으로 구성되며, 형태는 항상 둘째 음절의 모음이 체레(□ֵ)로 □ִ□ֵּ□ַ, □ִ□ֵּ□이다.

מִפְתֵּחַ (열쇠) / מִזְבֵּחַ (제단)

① **체레 명사의 복수**

체레 명사는 카메츠 명사와 세골 명사와는 달리 복수어미나 쌍수어미가 첨가되면, 강세 앞 개음절은 쉐바로 짧아지고, 그 앞의 음절은 길어진다.

אִלְמִים → אִלֵּם / מַקְלִים → מַקֵּל

② **체레 명사의 쌍수**

체레 명사의 쌍수는 복수어미가 첨가되는 경우와 같다.

אִלְמַיִם → אִלֵּם / מַקְלַיִם → מַקֵּל

【연습문제】

1. 다음을 읽으시오(창 1:19-23).

19 וַֽיְהִי־עֶ֥רֶב וַֽיְהִי־בֹ֖קֶר י֥וֹם רְבִיעִֽי׃ פ
20 וַיֹּ֣אמֶר אֱלֹהִ֔ים יִשְׁרְצ֣וּ הַמַּ֔יִם
שֶׁ֖רֶץ נֶ֣פֶשׁ חַיָּ֑ה וְעוֹף֙ יְעוֹפֵ֣ף עַל־הָאָ֔רֶץ עַל־פְּנֵ֖י רְקִ֥יעַ הַשָּׁמָֽיִם׃
21 וַיִּבְרָ֣א אֱלֹהִ֔ים אֶת־הַתַּנִּינִ֖ם הַגְּדֹלִ֑ים
וְאֵ֣ת כָּל־נֶ֣פֶשׁ הַֽחַיָּ֣ה ׀ הָֽרֹמֶ֡שֶׂת אֲשֶׁר֩ שָׁרְצ֨וּ הַמַּ֜יִם לְמִֽינֵהֶ֗ם
וְאֵ֨ת כָּל־ע֤וֹף כָּנָף֙ לְמִינֵ֔הוּ וַיַּ֥רְא אֱלֹהִ֖ים כִּי־טֽוֹב׃
22 וַיְבָ֧רֶךְ אֹתָ֛ם אֱלֹהִ֖ים לֵאמֹ֑ר
פְּר֣וּ וּרְב֗וּ וּמִלְא֤וּ אֶת־הַמַּ֙יִם֙ בַּיַּמִּ֔ים וְהָע֖וֹף יִ֥רֶב בָּאָֽרֶץ׃
23 וַֽיְהִי־עֶ֥רֶב וַֽיְהִי־בֹ֖קֶר י֥וֹם חֲמִישִֽׁי׃ פ

2. 다음 단어들을 복수와 쌍수로 만드시오.

단수	복수	쌍수
פָּרָשׁ	סוס	
מִדְבָּר		
תּוֹרָה		
בֹּקֶר		
זֵכֶר		
מֶלֶךְ		
מַקֵּל		
קוֹטֵל		

제 9과

명사의 연계형과 독립형

1. 독립형(Status absolutus)과 연계형(Status constructus)의 이해

히브리어는 다른 의미를 가진 두 개의 명사를 하나의 명사(예: 개집, 꽃집 등)로 결합시켜서 복합명사를 만들 수 없다. 따라서 히브리어는 두 개의 명사를 연속적으로 병렬시켜서 '지배하는 명사'(Nomen reqens)와 '지배당하는 명사'(Nomen rechtum)로 만들어 복합명사를 제시한다. 이 경우에 '지배하는 명사'(Nomen reqens)를 "독립형"으로, '지배당하는 명사'(Nomen rechtum)를 "연계형"이라고 한다.

רוּחַ אֱלֹהִים (하나님의 영) / מֶלֶךְ יִשְׂרָאֵל (이스라엘의 왕)

명사가 병렬되어 독립형과 연계형의 관계가 성립되면 '하나의 단어'로서 연계형은 주강세를 갖지 못한다. 따라서 연계형에서 개음절은 쉐바(□ְ)로 변화되며, 폐음절은 단음(□ָ / □ָ / □ָ / □ֶ)으로 변한다.

2. 카메츠 명사의 연계형

① 카메츠 명사의 남성단수 연계형은 개음절이 쉐바(◌ְ)로, 폐음절이 단음(◌ַ)으로 변한다.

דָּבָר → דְּבַר / נָהָר → נְהַר

② 카메츠명사 ◌ָה로 끝나는 여성단수 연계형은 원형 ◌ַת로 돌아간다.

צְדָקָה → צִדְקַת / תּוֹרָה → תּוֹרַת

③ 카메츠명사 남성복수 연계형은 복수어미(◌ִים)를 제거한 후, 남성복수연계형어미(◌ֵי)를 첨가하고 모음변화한다. 이때 단어 처음에 단순쉐바가 연속될 때, 쉐바법칙에 의해 첫 음절의 모음이 히렉(◌ִ) 등으로 변화한다.

דְּבָרִים → דִּבְרֵי / נְהָרִים → נִהְרֵי

④ 카메츠 명사의 여성복수 연계형은 복수어미(וֹת) 그대로 모음만 변한다.

צְדָקוֹת → צִדְקוֹת / בְּרָכוֹת → בִּרְכוֹת

⑤ 카메츠 명사의 남성 쌍수연계형과 여성 쌍수연계형은 쌍수어미(◌ַיִם)를 제거한 후, 쌍수연계형어미(◌ֵי)를 첨가하고 모음변화한다.

יָדַיִם → יְדֵי / מִדְבָּרַיִם → מִדְבְּרֵי

3. 세골 명사의 연계형

① 세골명사의 단수연계형은 세골명사 단수 그대로 사용된다.

בֹּקֶר / מֶלֶךְ

② 세골명사의 복수연계형은 카메츠 단수명사를 복수형으로 변화시킨 후 복수어미를 제거하고, 거기에 복수연계형어미(◌ֵי)를 삽입하여 모음변화시킨다.

מֶלֶךְ → מָלָךְ → מְלָכִים → מְלְכֵי → מִלְכֵי

בֹּקֶר → בָּקָר → זְכָרִים → זְכְרֵי → זִכְרֵי

③ 세골명사의 쌍수연계형은 원형에서 쌍수변화 후 쌍수어미를 제거하고, 거기에 쌍수연계형어미(◌ֵי)를 삽입한 후 모음변화한다.

מֶלֶךְ→ מַלְךְ → מַלְכַיִם → מַלְכֵי

בֹּקֶר → בָּקְר → בָּקְרַיִם → זִכְרֵי

4. 체레 명사의 연계형

① 체레명사의 단수연계형은 체레(◌ֵ)가 히렉(◌ִ)으로 변한다.

אִלִם → אִלֵם / מֶקִל → מַקֵל

② 체레명사의 복수연계형은 복수어미를 제거하고, 복수연계형어미 (◌ֵי)를 삽입한 후 모음변화한다.

אִלְמֵי → אִלְמִים / מַקְלֵי → מַקְלִים

③ 체레명사 쌍의수연계형은 쌍수어미를 제거하고 쌍수연계형어미 (◌ֵי)를 삽입한 모음변화한다.

אִלְמֵי → אִלְמַיִם / מַקְלֵי → מַקְלַיִם

체레형의 명사는 중강점이 있는 경우 주의를 요한다.

【연습문제】

1. 다음을 읽으시오(창 1:24–26).

24 וַיֹּאמֶר אֱלֹהִים תּוֹצֵא הָאָרֶץ נֶפֶשׁ חַיָּה לְמִינָהּ
בְּהֵמָה וָרֶמֶשׂ וְחַיְתוֹ־אֶרֶץ לְמִינָהּ וַיְהִי־כֵן׃
25 וַיַּעַשׂ אֱלֹהִים אֶת־חַיַּת הָאָרֶץ לְמִינָהּ וְאֶת־הַבְּהֵמָה לְמִינָהּ
וְאֵת כָּל־רֶמֶשׂ הָאֲדָמָה לְמִינֵהוּ וַיַּרְא אֱלֹהִים כִּי־טוֹב׃
26 וַיֹּאמֶר אֱלֹהִים נַעֲשֶׂה אָדָם בְּצַלְמֵנוּ כִּדְמוּתֵנוּ
וְיִרְדּוּ בִדְגַת הַיָּם וּבְעוֹף הַשָּׁמַיִם וּבַבְּהֵמָה וּבְכָל־הָאָרֶץ
וּבְכָל־הָרֶמֶשׂ הָרֹמֵשׂ עַל־הָאָרֶץ׃

2. 다음 표의 빈칸을 완성하시오.

단수	תּוֹרָה	מַקֵּל	בֹּקֶר
복수			
쌍수			
단수연계형			
복수연계형			
쌍수연계형			

3. 다음을 문법적 번역과 한글 번역을 하시오.

(1) דִּבְרֵי הַנָּבִיא הַטּוֹבָה

(2) בְּנֵי הַמֶּלֶךְ הַגְּדוֹלִימ

(3) לַבֹּקֶר הַטּוֹב וְגָדוֹל

(4) דִּבְרֵי הָאִישׁ הַטּוֹב

(5) אִישׁ הַטּוֹבִים

[단어 뜻]

גָּדוֹל (거대한)	אִישׁ (남자)	וְ (그리고)
בֹּקֶר (아침)	לְ (~를 위하여)	דָּבָר (말씀)
טוֹב (좋은, 선한)	נָבִיא (선지자)	הַ · (그)
בֵּן (아들)	מֶלֶךְ (왕)	

제 10과

명사의 소유격

1. 명사의 소유격

히브리어의 소유격어미는 명사 뒤에 첨가된다. 그래서 명사와 소유격어미의 관계는 독립형과 연계형의 상태로써 명사를 한정하는 기능을 한다.

'나의'(소유격 어미) + **'아기'**(명사) = **"나의 아기"**(한정된 명사)

소유격어미가 없는 경우에 '아기'는 '불특정한 아기'를 의미한다. 그러나 소유격어미가 있을 경우에는 누구의 아기인지가 분명하게 한정된다. 따라서 히브리어 소유격어미는 연계형 명사와 결합한다.

2. 소유격어미의 형태

히브리어 소유격어미는 명사의 수에 따라 소유격어미의 형태가 다르다. 즉, 단수명사의 소유격어미와 복수명사의 소유격어미가 있다.

단수명사 전용어미				복수명사 전용어미	
모음 끝 + 소유격 접미어		자음 끝 + 소유격 접미어			
3ms.	ו/ֵהוּ	□ֵהוּ/הֹ/וֹ	그의	□ָיו 시문 □ֵיהוּ	3ms.
3fs.	הָ	□ֶהָ/□ָהּ	그녀의	□ֶיהָ	3fs.
2ms.	ךָ	□ְךָ(휴지형□ֶךָ)	너의	□ֶיךָ	2ms.
2fs.	ךְ	□ֵךְ	너의	□ַיִךְ , 휴지형 □ָיִךְ	2fs.
1cs.	י	□ִי	나의	□ַי 휴지형 □ָי	1cs.
3mpl.	מוֹ/הֶם	□ָם	그들의	□ֵיהֶם 시문 □ֵימוֹ	3mpl.
3fpl.	הֶן (הֵן)	□ָן	그녀들의	□ֵיהֶן	3fpl.
2mpl.	כֶם	□ְכֶם	너희의	□ֵיכֶם	2mpl.
2fpl.	כֶן	□ְכֶן	너희의	□ֵיכֶן	2fpl.
1cpl.	נוּ	□ֵנוּ	우리의	□ֵינוּ	1cpl.

① 우선 단수명사의 전용어미는 모음으로 끝나는 명사(פְּרִי)와 자음으로 끝나는 명사(דָּבָר)에 따라 형태에 차이가 있다. 그러나 단수명사 소유격어미의 자음과 복수명사 소유격어미의 자음이 동일하기 때문에 단수명사 소유격어미를 정확하게 인식하고, 그 차이점을 아는 것이 도움이 된다.

② 복수명사의 단수 소유격어미는 어미 앞에 י(요드)를 가지고 있으며, 복수명사의 복수 소유격어미는 어미 앞에 순장모음(ֵי)을 가지고 있다.

1. 카메츠 명사의 소유격어미

① 남성단수명사의 소유격어미

모음 끝	독립형	אָב	자음 끝	רוּחַ	נָבִיא	עָמָל	문법 번역
	연계형	אֲבִי		רוּחַ	נְבִיא	עֲמַל	
3ms.	ו	אָבִיו	וֹ	רוּחוֹ	נְבִיאוֹ	עֲמַלוֹ	명ms. ×3ms.
3fs.	הָ	אָבִיהָ	ָהּ	רוּחָהּ	נְבִיאָהּ	עֲמַלָהּ	명ms. ×3fs.
2ms.	ךָ	אָבִיךָ	ְךָ	רוּחֲךָ	נְבִיאָךָ	עֲמָלְךָ	명ms. ×2ms.
2fs.	ךְ	אָבִיךְ	ֵךְ	רוּחֵךְ	נְבִיאָךְ	עֲמָלֵךְ	명ms. ×2fs.
1cs.	י	אָבִי	ִי	רוּחִי	נְבִיאִי	עֲמַלִי	명ms. ×1cs.
3mpl.	הֶם	אֲבִיהֶם	ָם	רוּחָם	נְבִיאָם	עֲמָלָם	명ms. ×3mpl.
3fpl.	הֶן	אֲבִי	ָן	רוּחָן	נְבִיאָן	עֲמָלָן	명ms. ×3fpl.
2mpl.	כֶם	אֲבִי	ְכֶם	רוּחֲכֶם	נְבִיאֲכֶם	עֲמַלְכֶם	명ms. ×2mpl.
2fpl.	כֶן	אֲבִי	ְכֶן	רוּחֲכֶן	נְבִיאֲכֶן	עֲמַלְכֶן	명ms. ×2fpl.
1cpl.	נוּ	אָבִינוּ	ֵנוּ	רוּחֵנוּ	נְבִיאֵנוּ	עֲמַלֵנוּ	명ms. ×1cpl.

카메츠 명사 남성단수는 바로 소유격어미를 첨가한다. 그로 인해 강세가 이동하여 모음이 변화한다.

② 여성단수명사의 소유격어미

여성 단수명사어미가 ָה를 가지고 있는 경우, 단수명사의 어미 ָה는 원래의 ַת 로 되돌아간 후에 소유격 어미를 첨가한다.

명사단수 소유격어미	독립형	תּוֹרָה	צְדָקָה	שָׂפָה	문법 번역
	연계형	תּוֹרַת	צִדְקַת	שְׂפַת	
3ms.	וֹ	תּוֹרָתוֹ	צִדְקָתוֹ	שְׂפָתוֹ	명fs. ×3ms.
3fs.	ָהּ	תּוֹרָתָהּ	צִדְקָתָהּ	שְׂפָתָהּ	명fs. ×3fs.
2ms.	ְךָ	תּוֹרָתְךָ	צִדְקָתְךָ	שְׂפָתְךָ	명fs. ×2ms.
2fs.	ֵךְ	תּוֹרָתֵךְ	צִדְקָתֵךְ	שְׂפָתֵךְ	명fs. ×2fs.
1cs.	ִי	תּוֹרָתִי	צִדְקָתִי	שְׂפָתִי	명fs. ×1cs.
3mpl.	ָם	תּוֹרָתָם	צִדְקָתָם	שְׂפָתָם	명fs×3mpl.
3fpl.	ָן	תּוֹרָתָן	צִדְקָתָן	שְׂפָתָן	명fs. ×3fpl.
2mpl.	ְכֶם	תּוֹרַתְכֶם	צִדְקַתְכֶם	שְׂפַתְכֶם	명fs. ×2mpl.
2fpl.	ְכֶן	תּוֹרַתְכֶן	צִדְקַתְכֶן	שְׂפַתְכֶן	명fs. ×2fpl.
1cpl.	ֵנוּ	תּוֹרָתֵנוּ	צִדְקָתֵנוּ	שְׂפָתֵנוּ	명fs. ×1cpl.

③ 남성복수명사의 소유격어미

복수명사 소유격어미	독립형	סוּסִים	דְּבָרִים	פְּקִידִים	문법 번역
	연계형	סוּסֵי	דִּבְרֵי	פְּקִידֵי	
3ms.	ָיו	סוּסָיו	דְּבָרָיו	פְּקִידָיו	명mpl. ×3ms.
3fs.	ֶיהָ	סוּסֶיהָ	דְּבָרֶיהָ	פְּקִידֶיהָ	명mpl. ×3fs.
2ms.	ֶיךָ	סוּסֶיךָ	דְּבָרֶיךָ	פְּקִידֶיךָ	명mpl. ×2ms.
2fs.	ַיִךְ	סוּסַיִךְ	דְּבָרַיִךְ	פְּקִידַיִךְ	명mpl. ×2fs.
1cs.	ַי	סוּסַי	דְּבָרַי	פְּקִידַי	명mpl. ×1cs.
3mpl.	ֵיהֶם	סוּסֵיהֶם	דִּבְרֵיהֶם	פְּקִידֵיהֶם	명mpl. ×3mpl.
3fpl.	ֵיהֶן	סוּסֵיהֶן	דִּבְרֵיהֶן	פְּקִידֵיהֶן	명mpl. ×3fpl.
2mpl.	ֵיכֶם	סוּסֵיכֶם	דִּבְרֵיכֶם	פְּקִידֵיכֶם	명mpl. ×2mpl.
2fpl.	ֵיכֶן	סוּסֵיכֶן	דִּבְרֵיכֶן	פְּקִידֵיכֶן	명mpl. ×2fpl.
1cpl.	ֵינוּ	סוּסֵינוּ	דְּבָרֵינוּ	פְּקִידֵינוּ	명mpl. ×1cpl.

④ 여성복수명사의 소유격어미

복수명사 소유격어미	독립형	תּוֹרוֹת	בְּרָכוֹת	문법 번역
	연계형	תּוֹרוֹת	בִּרְכוֹת	
3ms.	ָיו	תּוֹרוֹתָיו	בִּרְכוֹתָיו	명fpl. ×3ms.
3fs.	ֶיהָ	תּוֹרוֹתֶיהָ	בִּרְכוֹתֶיהָ	명fpl. ×3fs.
2ms.	ֶיךָ	תּוֹרוֹתֶיךָ	בִּרְכוֹתֶיךָ	명fpl. ×2ms.
2fs.	ַיִךְ	תּוֹרוֹתַיִךְ	בִּרְכוֹתַיִךְ	명fpl. ×2fs.
1cs.	ַי	תּוֹרוֹתַי	בִּרְכוֹתַי	명fpl. ×1cs.
3mpl.	ֵיהֶם	תּוֹרוֹתֵיהֶם	בִּרְכוֹתֵיהֶם	명fpl. ×3mpl.
3fpl.	ֵיהֶן	תּוֹרוֹתֵיהֶן	בִּרְכוֹתֵיהֶן	명fpl. ×3fpl.
2mpl.	ֵיכֶם	תּוֹרוֹתֵיכֶם	בִּרְכוֹתֵיכֶם	명fpl. ×2mpl.
2fpl.	ֵיכֶן	תּוֹרוֹתֵיכֶן	בִּרְכוֹתֵיכֶן	명fpl. ×2fpl.
1cpl.	ֵינוּ	תּוֹרוֹתֵינוּ	בִּרְכוֹתֵינוּ	명fpl. ×1cpl.

2. 세골 명사의 소유격어미

① 세골 명사의 단수형

세골 명사의 단수형은 소유격어미와 결합할 때 일어난다. 그때 원형의 상태로 돌아간 다음에 소유격어미가 결합되나 첫음절이 폐음절이기 때문에 세골명사는 모음변화가 없다.

단수명사 소유격어미	단 어	בֹּקֶר	סֵפֶר	שֶׁמֶשׁ	문법 번역
	원 형	בָּקְרְ	סִפְרְ	שַׁמְשְׁ	
3ms.	וֹ	בָּקְרוֹ	סִפְרוֹ	שַׁמְשׁוֹ	명fs. ×3ms.
3fs.	ָהּ	בָּקְרָהּ	סִפְרָהּ	שַׁמְשָׁהּ	명fs. ×3fs.
2ms.	ְךָ	בָּקְרְךָ	סִפְרְךָ	שַׁמְשְׁךָ	명fs. ×2ms.
2fs.	ֵךְ	בָּקְרֵךְ	סִפְרֵךְ	שַׁמְשֵׁךְ	명fs. ×2fs.
1cs.	ִי	בָּקְרִי	סִפְרִי	שַׁמְשִׁי	명fs. ×1cs.
3mpl.	ָם	בָּקְרָם	סִפְרָם	שַׁמְשָׁם	명fs. ×3mpl.
3fpl.	ָן	בָּקְרָן	סִפְרָן	שַׁמְשָׁן	명fs. ×3fpl.
2mpl.	ְכֶם	בָּקְרְכֶם	סִפְרְכֶם	שַׁמְשְׁכֶם	명fs. ×2mpl.
2fpl.	ְכֶן	בָּקְרְכֶן	סִפְרְכֶן	שַׁמְשְׁכֶן	명fs. ×2fpl.
1cpl.	ֵנוּ	בָּקְרֵנוּ	סִפְרֵנוּ	שַׁמְשֵׁנוּ	명fs. ×1cpl.

② 세골형 명사의 복수형

세골명사의 복수형은 카메츠 상태에서 복수형어미 ִים이 첨가된다. 세골명사의 복수형은 복수형어미를 제거한 후 소유격어미를 첨가한다.

מֶלֶךְ → מָלָךְ → מְלָכִימ → מִלְכֵי

③ 세골형 명사의 쌍수형

세골명사의 쌍수형은 원형에서 복수명사 소유격어미를 첨가한다.

복수명사 소유격어미	단어	חֹלֶד	סֵתֶר	כֶּבֶשׂ	문법 번역
	원형	חָלְדְ	סִתְרְ	כַּבְשְׂ	
3ms.	ָיו	חָלְדָיו	סִתְרָיו	כַּבְשָׂיו	명fpl.×3ms.
3fs.	ֶיהָ	חָלְדֶיהָ	סִתְרֶיהָ	כַּבְשֶׂיהָ	명fpl.×3fs.
2ms.	ֶיךָ	חָלְדֶיךָ	סִתְרֶיךָ	כַּבְשֶׂיךָ	명fpl.×2ms.
2fs.	ַיִךְ	חָלְדַיִךְ	סִתְרַיִךְ	כַּבְשַׂיִךְ	명fpl.×2fs.
1cs.	ַי	חָלְדַי	סִתְרַי	כַּבְשַׂי	명fpl.×1cs.
3mpl.	ֵיהֶם	חָלְדֵיהֶם	סִתְרֵיהֶם	כַּבְשֵׂיהֶם	명fpl.×3mpl.
3fpl.	ֵיהֶן	חָלְדֵיהֶן	סִתְרֵיהֶן	כַּבְשֵׂיהֶן	명fpl.×3fpl.
2mpl.	ֵיכֶם	חָלְדֵיכֶם	סִתְרֵיכֶם	כַּבְשֵׂיכֶם	명fpl.×2mpl.
2fpl.	ֵיכֶן	חָלְדֵיכֶן	סִתְרֵיכֶן	כַּבְשֵׂיכֶן	명fpl × 2fpl
1cpl.	ֵינוּ	חָלְדֵינוּ	סִתְרֵינוּ	כַּבְשֵׂינוּ	명fpl.×1cpl.

3. 불규칙 명사

히브리 성서에서 불규칙명사의 수는 많지 않지만 사용 빈도수는 높기 때문에 암기해야 한다.

① 독립형과 연계형

단어 의미	아버지	형제	자매	남자	여자
단수 독립형	אָב	אָח	אָחוֹת	אִישׁ	אִשָּׁה
단수 연계형	אֲבִי	אֲהִי	אֲחוֹת	אִישׁ	אֵשֶׁת
복수 독립형	אָבוֹת	אַהִים	אֲחָיוֹת	אֲנָשִׁים	נָשִׁים
복수 연계형	אֲבוֹת	אֲחֵי	אַחְיוֹת	אַנְשֵׁי	נְשֵׁי

② 소유격어미

• 단수명사의 소유격어미

	단어 의미	아버지	형제	자매	남자	여자
단수명사 소유격어미	단수독립형	אָב	אָח	אָחוֹת	אִישׁ	אִשָּׁה
	3ms.	אָבִיו	אָחִיו	אֲחֹתוֹ	אִישׁוֹ	אִשְׁתּוֹ
	3fs.	אָבִיהָ	אָהִיהָ	אֲחֹתָהּ	אִישָׁהּ	
	2ms.	אָבִיךָ	אָחִיךָ	אֲחוֹתְךָ		אִשְׁתְּךָ
	2fs.	אָבִיךְ	אָחִיךְ	אֲחוֹתֵךְ	אִישֵׁךְ	
	1cs.	אָבִי	אָחִי	אֲחֹתִי	אִישִׁי	אִשְׁתִּי
	3mpl.	אֲבִיהֶם	אֲחִיהֶם	אֲחֹתָם		
	3fpl.	אֲבִיהֶן	אֲחִיהֶן	אֲחֹתָן		
	2mpl.	אֲבִיכֶם	אֲהִיכֶם	אֲחוֹתְכֶם		
	2fpl.	אֲבִיכֶן	אֲחִיכֶן	אֲחוֹתְכֶן		
	1cpl.	אֲבִינוּ	אֲחִינוּ	אֲחוֹתֵנוּ		

• 복수명사의 소유격어미

	단어 의미	아버지들	형제들	자매들	남자들	여자들
	복수독립형	אָבוֹת	אַחִים	אֲחָיוֹת	אֲנָשִׁים	נָשִׁים
복수명사 소유격어미	3ms.	אֲבֹתָיו	אֶחָיו	אֲחָיוֹת	אֲנָשָׁיו	נָשָׁיו
	3fs.	אֲבֹתֶיהָ	אַחֶיהָ		אֲנָשֶׁיהָ	
	2ms.	אֲבֹתֶיךָ	אַחֶיךָ		אֲנָשֶׁיךָ	נָשֶׁיךָ
	2fs.	אֲבֹתַיִךְ	אַחַיִךְ	אֲחָיוֹת		
	1cs.	אֲבֹתַי	אַחַי	אֲחָיוֹת	אֲנָשַׁי	נָשַׁי
	3mpl.	אֲבֹתָם	אֲחֵיהֶם	אֲחָיוֹת	אַנְשֵׁיהֶם	נְשֵׁיהֶם
	3fpl.	אֲבֹתָן			אַנְשֵׁיהֶן	
	2mpl.	אֲבֹתֵיכֶם	אֲחֵיכֶם	אֲחָיוֹת		נְשֵׁיכֶם
	2fpl.	אֲבֹתֵיכֶן				
	1cpl.	אֲבֹתֵינוּ	אַחֵינוּ		אַנְשֵׁינוּ	נְשֵׁינוּ

③ 그 외에 불규칙 명사들

	아들	입	집	이름	여종
단수 독립형	בֵּן	פֶּה	בַּיִת	שֵׁם	אָמָה
단수 연계형	בֶּן־	פִּי	בֵּית	(שֶׁם־)שְׁם	אֲמַת
복수 독립형	בָּנִים	פִּוֹת	בָּתִּים	שֵׁמוֹת	אֲמָהוֹת
복수 연계형	(בֶּן־)בְּנֵי		בָּתֵּי	שְׁמוֹת	אַמְהוֹת
	딸	날	그릇	물	도시
단수 독립형	בַּת	יוֹם	כְּלִי	מַי	עִיר
단수 연계형	בַּת	יוֹם	כְּלִי	מַי	עִיר
복수 독립형	בָּנוֹת	יָמִים	כְּלִים	מַים	עָרִים
복수 연계형	בְּנוֹת	יְמֵי	כְּלֵי	(מֵימֵי)מֵי	עָרֵי

【연습문제】

1. 다음을 읽으시오(창 1:27–31).

27 וַיִּבְרָ֨א אֱלֹהִ֤ים ׀ אֶת־הָֽאָדָם֙ בְּצַלְמֹ֔ו בְּצֶ֥לֶם אֱלֹהִ֖ים בָּרָ֣א אֹתֹ֑ו
זָכָ֥ר וּנְקֵבָ֖ה בָּרָ֥א אֹתָֽם׃
28 וַיְבָ֣רֶךְ אֹתָם֮ אֱלֹהִים֒ וַיֹּ֨אמֶר לָהֶ֜ם אֱלֹהִ֗ים
פְּר֥וּ וּרְב֛וּ וּמִלְא֥וּ אֶת־הָאָ֖רֶץ וְכִבְשֻׁ֑הָ וּרְד֞וּ בִּדְגַ֤ת הַיָּם֙ וּבְעֹ֣וף הַשָּׁמַ֔יִם
וּבְכָל־חַיָּ֖ה הָֽרֹמֶ֥שֶׂת עַל־הָאָֽרֶץ׃
29 וַיֹּ֣אמֶר אֱלֹהִ֗ים הִנֵּה֩ נָתַ֨תִּי לָכֶ֜ם אֶת־כָּל־עֵ֣שֶׂב ׀ זֹרֵ֣עַ זֶ֗רַע
אֲשֶׁר֙ עַל־פְּנֵ֣י כָל־הָאָ֔רֶץ וְאֶת־כָּל־הָעֵ֛ץ אֲשֶׁר־בֹּ֥ו פְרִי־עֵ֖ץ זֹרֵ֣עַ זָ֑רַע
לָכֶ֥ם יִֽהְיֶ֖ה לְאָכְלָֽה׃
30 וּֽלְכָל־חַיַּ֣ת הָ֠אָרֶץ וּלְכָל־עֹ֨וף הַשָּׁמַ֜יִם וּלְכֹ֣ל ׀ רֹומֵ֣שׂ עַל־הָאָ֗רֶץ
אֲשֶׁר־בֹּו֙ נֶ֣פֶשׁ חַיָּ֔ה אֶת־כָּל־יֶ֥רֶק עֵ֖שֶׂב לְאָכְלָ֑ה וַֽיְהִי־כֵֽן׃
31 וַיַּ֤רְא אֱלֹהִים֙ אֶת־כָּל־אֲשֶׁ֣ר עָשָׂ֔ה וְהִנֵּה־טֹ֖וב מְאֹ֑ד
וַֽיְהִי־עֶ֥רֶב וַֽיְהִי־בֹ֖קֶר יֹ֥ום הַשִּׁשִּֽׁי׃ פ

2. 다음 명사의 단수/복수의 소유격어미를 완성하고 문법 번역, 한글 번역을 하시오.

תּוֹרָה (율법)					
	한글 번역	단수명사	소유격	복수명사	한글 번역
소유격 단수어미	그의 말씀	תּוֹרָה	3ms.		
			3fs.		
			2ms.		
			2fs.		
			1cs.		
소유격 복수어미			3mpl.		
			3fpl.		
			2mpl.		
			2fpl.		
			1cpl.		

סוּסָה (암말)					
	한글 번역	단수명사	소유격	복수명사	한글 번역
소유격 단수어미	그의 암말	סוּסָתוֹ	3ms.		
			3fs.		
			2ms.		
			2fs.		
			1cs.		
소유격 복수어미			3mpl.		
			3fpl.		
			2mpl.		
			2fpl.		
			1cpl.		

제 11과

수사

수는 '기수'(Cardinal number)와 '서수'(Ordinal number)로 나뉘며, '기수'는 형용사와 명사를 병행하는 반면 '서수'는 항상 형용사로 사용된다.

1. 기수

1. 1에서 10까지의 수

수	남성과 함께		여성과 함께	
	독립형	연계형	독립형	연계형
1	אֶחָד	אַחַד	אַחַת	אַחַת
2	שְׁנַיִם	בְנֵי	שְׁתַּיִם	שְׁתֵּי
3	שְׁלֹשָׁה	שְׁלֹשֶׁת	שָׁלֹשׁ	שְׁלֹשׁ
4	אַרְבָּעָה	אַרְבַּעַת	אַרְבַּע	אַרְבַּע
5	חֲמִשָּׁה	חֲמֵשֶׁת	חָמֵשׁ	חֲמֵשׁ
6	שִׁשָּׁה	שֵׁשֶׁת	שֵׁשׁ	שֵׁשׁ
7	שִׁבְעָה	שִׁבְעַת	שֶׁבַע	שְׁבַע
8	שְׁמֹנָה	שְׁמֹנַת	שְׁמֹנֶה	שְׁמֹנֶה
9	תִּשְׁעָה	תִּשְׁעַת	תֵּשַׁע	תְּשַׁע
10	עֲשָׂרָה	עֲשֶׂרֶת	עֶשֶׂר	עֶשֶׂר

하나의 수는 형용사로서 명사를 한정하거나 서술하는 역할을 한다.

אִישׁ אֶחָד (한 남자) / אִשָּׁה אַחַת (한 여자)

חֲלוֹם פַּרְעֹה אֶחָד הוּא (파라오의 꿈 그것은 하나이다)

2. 2보다 크고 10보다 작은 수

숫자 2부터는 명사이다. 둘의 수는 일반적으로 쌍수로서 명사의 성과 일치하며, 수의 나열은 독립형과 연계형으로서 사용된다.

שְׁנֵי אֲנָשִׁים (두 남자들) / שְׁתֵּי הַנָּשִׁים (두 여자들)

3. 10보다 크고 100보다 작은 기수(11~99)

10보다 크고 100보다 작은 기수(11~99)는 기본수(1~9)+10(정해진 수)으로 정해진다. 예를 들면, 18 = 8 + 10, 19 = 9 + 10 등.

수	남성명사	여성명사	수	공성
11	עַשְׁתֵּי עָשָׂר/ אַחַד עָשָׂר	עַשְׁתֵּי עֶשְׂרֵה/ אַחַת עֶשְׂרֵה	10	אַחַת
12	שְׁנֵי עָשָׂר/ שְׁנֵים עָשָׂר	שְׁתֵּי עֶשְׂרֵה/ שְׁתֵּים עֶשְׂרֵה	20	שְׁתֵּי
13	שְׁלֹשָׁה עָשָׂר	שְׁלֹשׁ עֶשְׂרֵה	30	שְׁלֹשׁ
14	אַרְעָה עָשָׂר	אַרְבַּע עֶשְׂרֵה	40	אַרְבַּע
15	חֲמִשָּׁה עָשָׂר	חֲמֵשׁ עֶשְׂרֵה	50	חֲמֵשׁ
16	שִׁשָּׁה עָשָׂר	שֵׁשׁ עֶשְׂרֵה	60	שֵׁשׁ
17	שִׁבְעָה עָשָׂר	שְׁבַע עֶשְׂרֵה	70	שְׁבַע
18	שְׁמֹנָה עָשָׂר	שְׁמֹנֶה עֶשְׂרֵה	80	שְׁמֹנֶה
19	תִּשְׁעָה עָשָׂר	תְּשַׁע עֶשְׂרֵה	90	תְּשַׁע

4. 20보다 크고 0으로 끝나지 않는 수들은 일의 자리 수가 십의 자리 수 앞에나 뒤에 온다. 한 자리 수는 언제나 독립형이다.

수	23	…	63	73
여성	שָׁלֹשׁ וְעֶשְׂרִים	…	שְׁלֹשׁ וְשִׁשִּׁים	שְׁלֹשׁ וְשִׁבְעִים
남성	שְׁלֹשָׁה וְעֶשְׂרִים	…	שְׁלֹשָׁה וְשִׁשִּׁים	שְׁלֹשָׁה וְשִׁבְעִים

שָׁלֹשׁ וְעֶשְׂרִים는 עֶשְׂרִים וְשָׁלֹשׁ 로 바꾸어 사용할 수 있으며, 한 자릿수와 열 자릿수는 וְ로 분리시킨다.

5. 수의 나열의 예들:

㉠	אַחַד עָשָׂר אִישׁ	11명
㉡	עֶשְׂרִים וְשָׁלֹשׁ שָׁנָה	23년
㉢	שְׁלֹשָׁה עָשָׂר פָּרִים	13마리 황소들
㉣	שִׁבְעִים שָׁנָה וְחָמֵשׁ שָׁנִים	75년 동안
㉤	שְׁלֹשׁ עֶשְׂרֵה עָרִים	13개의 마을들

㉠ אִישׁ는 남성명사이다. 10을 의미하는 עָשָׂר와 1을 의미하는 אַחַד로 나타낸다(10+1).

㉡ 일의 자릿수(3)와 십의 자릿수(20)는 וְ로 연결된다. 그리고 일의 자릿수만 명사의 성과 일치한다.

㉢ 13을 의미하는 수는 "עָשָׂר(10) + שְׁלֹשָׁה (3) = 13 "으로 나타낸다.

㉣ 일의 자릿수와 십의 자릿수가 분리되어 있으며 각각의 명사를 가지고 있다.

㉤ עָרִים은 여성복수이며, 여성 기수 13을 의미한다.

6. 99보다 큰 수의 사용

수(백)	여 성	수(천)	남 성	수(만)	공 성
100	מֵאָה[9]	1000	אֶלֶף	10,000	רְבָבָה
200	מָאתַיִם[10]	2000	אַלְפַּיִם	20,000	רִבּוֹתַיִם
300	שְׁלֹשׁ מֵאוֹת	3000	שְׁלֹשַׁת אֲלָפִים		
400	אַרְבַּע מֵאוֹת	4000	אַרְעַת אֲלָפִים		
500	חֲמֵשׁ מֵאוֹת	5000	חֲמִשַּׁת אֲלָפִים		
600	שֵׁשׁ מֵאוֹת	6000	שֵׁשַׁת אֲלָפִים		
700	שְׁבַע מֵאוֹת	7000	שִׁבְעַת אֲלָפִים		
800	שְׁמֹנֶה מֵאוֹת	8000	שְׁמֹנַת אֲלָפִים		
900	תְּשַׁע מֵאוֹת	9000	תִּשְׁעַת אֲלָפִים		

7. 큰 수는 오름차순(예, 119=100+10+9)과 내림차순(119=9+10+100)의 방법이 있다.

①오름차순: 민 16:2 חֲמִשִּׁים וּמָאתָיִם(200+50=250),

민 3:50 חֲמִשָּׁה וְשִׁשִּׁים וּשְׁלֹשׁ מֵאוֹת וָאֶלֶף

(1000+100+3+60+5=1,365)

②내림차순: 민 4:48 שְׁמֹנַת אֲלָפִים וַחֲמֵשׁ מֵאוֹת וּשְׁמֹנִים

(80+100+5+1000+8=8,580)

8. 십진법의 단위가 적은 단위에서 큰 단위의 연결은 곱하기가 된다.

מְאַת אֶלֶף(1000×100=100,000)

וּשְׁמֹנִים אֶלֶף(1000×80=80,000)

2. 서수

서수	1st	2nd	3rd	4th	5th
여성	רִאשׁוֹנָה	שֵׁנִית	שְׁלִישִׁית	רְבִיעִית	חֲמִישִׁית
남성	רִאשׁוֹן	שֵׁנִי	שְׁלִישִׁי	רְבִיעִי	חֲמִישִׁי
서수	6th	7th	8th	9th	10th
여성	שִׁשִּׁית	שְׁבִיעִית	שְׁמִינִית	תְּשִׁיעִית	עֲשִׂירִית
남성	שִׁשִּׁי	שְׁבִיעִי	שְׁמִינִי	תְּשִׁיעִי	עשִׂירִי

【연습문제】

1. 다음을 읽으시오(창 2:1–3).

1 וַיְכֻלּ֛וּ הַשָּׁמַ֥יִם וְהָאָ֖רֶץ וְכָל־צְבָאָֽם׃
2 וַיְכַ֤ל אֱלֹהִים֙ בַּיּ֣וֹם הַשְּׁבִיעִ֔י מְלַאכְתּ֖וֹ אֲשֶׁ֣ר עָשָׂ֑ה
וַיִּשְׁבֹּת֙ בַּיּ֣וֹם הַשְּׁבִיעִ֔י מִכָּל־מְלַאכְתּ֖וֹ אֲשֶׁ֥ר עָשָֽׂה׃
3 וַיְבָ֤רֶךְ אֱלֹהִים֙ אֶת־י֣וֹם הַשְּׁבִיעִ֔י וַיְקַדֵּ֖שׁ אֹת֑וֹ
כִּ֣י ב֤וֹ שָׁבַת֙ מִכָּל־מְלַאכְתּ֔וֹ אֲשֶׁר־בָּרָ֥א אֱלֹהִ֖ים לַעֲשֽׂוֹת׃ פ

2. 다음의 숫자를 히브리어로 표현하시오.

(1)	11명	
(2)	23년	
(3)	13마리 황소들	
(4)	75년 동안	
(5)	13개의 마을들	
명사	אִישׁ(사람) שָׁנָה(해/년) פָּרִים(황소들) עָרִים(마을들)	

제 12과

전치사와 접속사

1. 전치사의 형태

히브리어 전치사는 ① 접두전치사, ② 분리전치사, ③ 혼합전치사, ④ 접두분리혼합전치사로 분류된다.

접두전치사	분리전치사	혼합전치사	접두분리혼합전치사
בְּ	עַל(-)	בִּגְלַל	מִן
לְ	אֶל(-)	בַּעַד	
כְּ	אֵת / אֶת(-)	לִפְנֵי	
	עַד(-)		
	עִם(-)		
	אֵצֶל		
	אַחַר (אַחֲרֵי)		
	בֵּין		
	זוּלָה		
	יַעַן		
	נֶגֶד		
	תַּחַת		

① 접두전치사

히브리어 전치사(בְּ/לְ/כְּ)는 관사를 가진 단어나 첫 모음이 단순쉐바(ְ)인 단어에 접두될 때, 전치사 모음인 단순쉐바(ְ)가 변화한다.

לָאֵם(전치사 + 관사 + 명사 여성단수)

לֶאֱמֶת(전치사 + 명사 남성단수)

② 분리전치사와 혼합전치사

'분리전치사'와 '혼합전치사'의 구분은 주로 마켑(-)이 있느냐 없느냐에 달려있다. 마켑과 함께 사용하는 '분리전치사'는 주로 단음절 전치사이다. 그리고 '혼합전치사'는 접두전치사와 분리전치사의 결합으로 되어 있다. 따라서 사전에서 접두전치사를 찾아야 한다.

③ 접두분리혼합전치사(מִן)

접두분리혼합전치사 מִן이 마켑(-)과 함께 사용할 때에는, 다른 분리전치사의 경우와 동일하다. 그러나 마켑(-)을 사용하지 않을 경우에는 이어지는 자음과 동화현상을 일으켜 · מִ가 된다. 그러나 이어지는 자음이 후음(ר/ע/א)일 경우 중복될 수 없다. 그렇기 때문에 이전 모음을 장음화하지만 후음 ח는 중복되지도 앞의 모음을 장음화하지도 않는다.

מִחֹשֶׁךְ / מֵעֵץ / מִשָּׁמַיִם / מִן-הָעֵץ

2. 전치사와 접미어

전치사는 본래 실명사이므로 소유격어미와 결합할 수 있다. 전치사가 접미어와 결합될 때, 모음이 첨가되는 전치사가 있다(כְּ/ מִן).

		~을 위하여	~안에	~처럼	~로 부터	~과 함께	목적격어미
전치사 변화		לְ	בְּ	כְּ	מִן־	אֶת־	אֶת־
단수	3ms.	לוֹ	בּוֹ	כָּמוֹהוּ	מִמֶּנּוּ	אִתּוֹ	אֹתוֹ
	3fs.	לָהּ	בָּהּ	כָּמוֹהָ	מִמֶּנָּה	אִתָּהּ	אֹתָהּ
	2ms.	לְךָ	בְּךָ	כָּמוֹךָ	מִמְּךָ	אִתְּךָ	אֹתְךָ
	2fs.	לָךְ	בָּךְ	כָּמוֹךְ	מִמֵּךְ	אִתָּךְ	אֹתָךְ
	1cs.	לִי	בִּי	כָּמוֹנִי	אִתִּי	אִתִּי	אֹתִי
복수	3mpl.	לָהֶם	בָּם/בָּהֶם	כָּהֵם	מֵהֵנָּה	אִתָּם	אֹתָם
	3fpl.	לָהֶן	בָּן/בָּהֵן	כָּהֵנָּה	מֵהֵנָּה	אִתָּן	אֶתְהֶן
	2mpl.	לָכֶם	בָּכֶם	כָּכֶם	מִכֶּם	אִתְּכֶם	אֶתְכֶם
	2fpl.	לָכֶן	בָּכֶן	כָּכֶן	מִכֶּן	אִתְּכֶן	אֹתָכֶן
	1cpl.	לָ	בָּנוּ	כָּמוֹנוּ	מִמֶּנּוּ	אִתָּנוּ	אֹתָנוּ

① 접두전치사의 경우 전치사 כְּ는 מוֹ라는 음절이 첨가되며, 반면에 בְּ와 לְ는 최소한 완전모음을 취하여 בָּ와 לָ가 된다. 아마도 כְּ에 מוֹ가 첨가되는 것은 전치사보다 강한 음을 부가하여 발음상에 접미어를 길게 하려는 의도인 듯하다.

② מִן은 접미사가 붙을 때 מִן의 반복적 표기를 한다.

מִנְמִנְנִי → מִנְמֶנְנִי → מִמֶּנִּי

③ 전치사 אֶת(with)와 목적격 표시 אֶת는 접미어가 없는 경우에 그 형태가 동일하다. 하지만 접미어가 첨가되면 전치사 אֶת는 중강점이 찍힌 תּ가 되지만, 목적격 표시는 다게쉬가 없는 자음 ת의 형태로 되어 서로 다르게 나타난다.

3. 접속사(וְ)

접속사는 문장을 연결하고 상호간에 관계를 표현하는데, 3가지 종류로 나눌 수 있다.

이 름	형 태
바브 접속사	וְ
단일 접속사	אַם /כַּי /אֲשֶׁר /הַן /לוּ 등
복합 접속사	כַּאֲשֶׁר /(בְּ)אֲשֶׁר/ אַחַר /כִּי/ עֵקֶב /בְּטֶרֶם

① 접속사 바브는 이어지는 단어에 접두된다. 그러나 이어지는 자음이 '입술음(ב/מ/פ)'이거나 '단어의 첫 번째 모음이 유성쉐바'일 경우 וְ의 형태는 וּ로 변화한다.

וּדְבָרִים / וּבֵין / וּמַקוֹם / וְרַעְמָה

② 바브 접속사는 강세음절 앞에서는 모음이 카메츠(ָ)로 변화한다.

וָאָרֶץ / וְאֶרֶץ / אֶרֶץ

③ 복합쉐바 앞에서는 쉐바법칙에 준해 복합쉐바의 단모음으로 변화한 뒤 메텍으로 보호한다.

וָֽחֳרִי / וֶֽאֱמֶת / וַֽאֲרִי

④ יְ가 접속사 바브를 뒤따를 때, 순장모음법칙에 준해 순장모음화된다.

וִיבָמָה

⑤ 바브미완료연속법은 ·וַ 이며, 이야기체의 주시제이다.

וַיִּקְטֹב

【연습문제】

1. 다음을 읽으시오(창 2:4–9).

4 אֵלֶּה תוֹלְדוֹת הַשָּׁמַיִם וְהָאָרֶץ בְּהִבָּרְאָם בְּיוֹם עֲשׂוֹת יְהוָה אֱלֹהִים אֶרֶץ וְשָׁמָיִם׃

5 וְכֹל ׀ שִׂיחַ הַשָּׂדֶה טֶרֶם יִהְיֶה בָּאָרֶץ וְכָל־עֵשֶׂב הַשָּׂדֶה טֶרֶם יִצְמָח

כִּי לֹא הִמְטִיר יְהוָה אֱלֹהִים עַל־הָאָרֶץ וְאָדָם אַיִן לַעֲבֹד אֶת־הָאֲדָמָה׃

6 וְאֵד יַעֲלֶה מִן־הָאָרֶץ וְהִשְׁקָה אֶת־כָּל־פְּנֵי־הָאֲדָמָה׃

7 וַיִּיצֶר יְהוָה אֱלֹהִים אֶת־הָאָדָם עָפָר מִן־הָאֲדָמָה וַיִּפַּח בְּאַפָּיו נִשְׁמַת חַיִּים

וַיְהִי הָאָדָם לְנֶפֶשׁ חַיָּה׃

8 וַיִּטַּע יְהוָה אֱלֹהִים גַּן־בְּעֵדֶן מִקֶּדֶם וַיָּשֶׂם שָׁם אֶת־הָאָדָם אֲשֶׁר יָצָר׃

9 וַיַּצְמַח יְהוָה אֱלֹהִים מִן־הָאֲדָמָה כָּל־עֵץ נֶחְמָד לְמַרְאֶה וְטוֹב לְמַאֲכָל

וְעֵץ הַחַיִּים בְּתוֹךְ הַגָּן וְעֵץ הַדַּעַת טוֹב וָרָע׃

제 13과

대명사

1. 인칭대명사

인칭대명사의 형태

인 칭/성·수		단 수	복 수
3인칭	남성	הוּא	הֵם / הֵמָּה
	여성	הִיא	הֵן / הֵנָּה
2인칭	남성	אַתָּה	אַתֶּם
	여성	אַתְּ	אַתֶּן / אַתֵּנָה
1인칭		אֲנִי / אָנֹכִי	אֲנַחְנוּ

2. 인칭대명사의 활용

히브리어 동사는 인칭어미를 통해 주어 자체를 포함하고 있기 때문에 인칭대명사의 활용이 적다. 그 때문에 인칭대명사는 강조로 사용된다.

① 주격을 강조할 때(욥 5:8a)

אוּלָם אֲנִי אֶדְרֹשׁ אֶל־אֵל(확실하게 나는 하나님께 구할 것이다)

② 장엄한 약속의 표시일 때(왕상2:18)

אָנֹכִי אֲדַבֵּר עָלֶיךָ אֶל־הַמֶּלֶךְ

(나는 확실하게 당신에 대하여 그 왕에게 말하겠습니다)

3. 지시대명사

• **지시대명사의 형태**

지시대명사			
의 미		남 성	여 성
근 접	이것(단수)	זֶה	זֹאת
	이것들(복수)	אֵלֶּה	
원 접	저것(단수)	הוּא	הִיא
	저것들(복수)	הֵם / הֵמָּה	הֵן / הֵנָּה

4. 지시대명사의 활용

지시대명사는 형용사로서 명사를 한정하거나 서술한다.

הָאִישׁ הַזֶּה (이 남자) / זֶה הָאִישׁ (그 사람이 이 사람이다)

5. 의문대명사(질문 문장)

• **의문대명사의 형태**

의문대명사		
	형 태	의 미
W–사용	מִי	누가? (독일어: wer? / 영어: who 또는 which?)
	אֵי	어디에? (독일어: wo? / 영어: where?)
	לָמָּה	왜? (독일어: warum? / 영어: why?)
	מָה	무엇을? (독일어: was? / 영어: what?)
	מַה	어떻게? (독일어: wie? / 영어: how?)
W–미사용	הֲ	단일한 의문문에서
	אִם	만일 (독일어: ob? / 영어: if?)
		의문사 없이 어순에 의하여 질문 문장을 만듦

6. 의문대명사의 변형(단일한 의문문인 הֲ만 적용됨)

의문대명사		
위 치	형 태	예
보통자음 앞	הֲ	הֲשָׁמַרְתָּ
쉐바 앞	הַ	הַקְטַלְתֶּם
카메츠 외 모음의 후음 앞	הַ	הַֽאַתָּה
카메츠를 가지는 후음 앞	הֶ	הֶֽעָצוּם
보통 자음 앞에서 이따금	הַ·	הַלְּבֵן

7. 요나서 1장 8절의 의문문

וַיֹּאמרוּ אֵלָיו

הַגִּידָה־נָּא לָנוּ

어째서? בַּאֲשֶׁר לְמִי־הָרָעָה הַזֹּאת לָנוּ

무엇? מַה־מְּלַאכְתְּךָ

어디서? וּמֵאַיִן תָּבוֹא

무엇? מָה אַרְצֶךָ

어디서? וְאֵי־מִזֶּה עַם אָתָּה׃

【연습문제】

1. 다음을 읽으시오(창 2:10-14).

10 וְנָהָר֙ יֹצֵ֣א מֵעֵ֔דֶן לְהַשְׁק֖וֹת אֶת־הַגָּ֑ן וּמִשָּׁם֙ יִפָּרֵ֔ד וְהָיָ֖ה לְאַרְבָּעָ֥ה רָאשִֽׁים׃
11 שֵׁ֥ם הָֽאֶחָ֖ד פִּישׁ֑וֹן ה֣וּא הַסֹּבֵ֗ב אֵ֚ת כָּל־אֶ֣רֶץ הַֽחֲוִילָ֔ה אֲשֶׁר־שָׁ֖ם הַזָּהָֽב׃
12 וּזֲהַ֛ב הָאָ֥רֶץ הַהִ֖וא ט֑וֹב שָׁ֥ם הַבְּדֹ֖לַח וְאֶ֥בֶן הַשֹּֽׁהַם׃
13 וְשֵֽׁם־הַנָּהָ֥ר הַשֵּׁנִ֖י גִּ֑יחוֹן ה֣וּא הַסּוֹבֵ֔ב אֵ֖ת כָּל־אֶ֥רֶץ כּֽוּשׁ׃
14 וְשֵׁ֨ם הַנָּהָ֤ר הַשְּׁלִישִׁי֙ חִדֶּ֔קֶל ה֥וּא הַהֹלֵ֖ךְ קִדְמַ֣ת אַשּׁ֑וּר
וְהַנָּהָ֥ר הָרְבִיעִ֖י ה֥וּא פְרָֽת׃

2. 인칭대명사와 지시대명사를 쓰시오.

인칭대명사			
인 칭 / 성 · 수		단 수	복 수
3인칭	남성		
	여성		
2인칭	남성		
	여성		
1인칭			

지시대명사			
의 미		남 성	여 성
근 접	이것(단수)		
	이것들(복수)		
원 접	저것(단수)		
	저것들(복수)		

Ⅲ

히브리어 형태2
(동사편)

제 14과

히브리어 동사의 이해

1. 히브리어 동사개론

히브리어 동사는 주어를 "동사 안에 자체적으로" 품고 있으며, 주어의 움직임이나 상태를 설명한다. 히브리어 동사의 기본형은 세 개의 자음으로 구성되며, 동사어미를 통해 시제, 인칭(성·수)을 알 수 있다.

완 료	קְטַלְתֶּם	→	קְטַל	→	קטל
	인칭접미어		인칭접미어 제거		3개의 근자음
미완료	תִּכְתֹּבְנָה	→	כְּתֹב	→	כתב
	인칭접두어/접미어		인칭접두어/인칭접미어 제거		3개의 근자음

2. 히브리어의 시제

	완료어미(pf.)	미완료어미(Impf.)
3ms.		□□□ יְ
3fs.	ָה	□□□ תְּ
2ms.	תָּ	□□□ תְּ
2fs.	תְּ	ִי□□□ תְּ
1cs.	תִּי	□□□ אֶ
3mpl.	וּ	וּ□□□ יְ
3fpl.	וּ	נָה□□□ תְּ
2mpl.	תֶּם	וּ□□□ תְּ
2fpl.	תֶּן	נָה□□□ תְּ
1cpl.	נוּ	□□□ נְ

모음어미		
ָה	וּ	ִי
자음 두 개 어미		
תֶּם	תֶּן	
자음 하나 어미		
תָּ	תְּ	תִּי
נוּ	נָה	

히브리어의 시제는 시간이 아니라 동작에 의해 '완료'와 '미완료' 두 시제로 나뉜다. '완료'는 기본형(קטל)에 접미어(תֶּם)가 붙고, '미완료'는 기본형(כתב)에 접두어(תְּ)와 접미어(נָה)가 붙는 형태이다. 완료시제는 어떠한 행위가 끝나거나 이미 실현된 경우, 혹은 언젠가 성취될 예언의 경우에도 사용된다. 미완료시제는 어느 시점에 시작한 행위가 끝나지 않거나 지속 또는 반복되는 경우에 사용된다.

3. 동사의 인칭 변화

히브리어는 동사에 인칭어미를 결합하여 행위의 주체(주어)를 나타낸다. 동사에 인칭어미가 결합될 경우, 강세의 이동으로 인해 모음변화가 일어난다.

동사의 어미는 세 가지로 분류되며 이에 따른 변화는 다음과 같다.

1. 모음어미: ◌ָה / וּ / ◌ִי

기본형에 모음어미가 붙을 때, 강세는 한 음절 뒤로 가며(קָטַלָ֫ה), 강세 앞 모음은 짧아지고(קָטְלָ֫ה), 강세의 영향권에서 벗어난 개음절은 장모음과 함께 메텍이 사용된다(קָֽטְלָ֫ה). 이 경우 טַ의 파다(◌ַ)가 강세의 영향으로 쉐바(טְ)로 짧아질 때 무성쉐바가 아니라 유성쉐바가 된다. 그 때문에 메텍이 사용된다.

2. 자음 하나 어미: תָּ / תְּ / תִּי / נוּ / נָה

자음 하나 어미는 강세가 전종음절에 있기 때문에 모음변화가 없다.

자음 하나 어미	변화 과정
תָּ	קָטַ֫ל → קָטַ֫לתָּ → קָטַ֫לְתָּ
תְּ	קָטַ֫ל → קָטַ֫לתְּ → קָטַ֫לְתְּ
תִּי	קָטַ֫ל → קָטַ֫לתִּי → קָטַ֫לְתִּי
נוּ	קָטַ֫ל → קָטַ֫לנוּ → קָטַ֫לְנוּ
נָה	קָטַ֫ל → קָטַ֫לנָה → קָטַ֫לְנָה

3. 자음 두 개 어미: תֶּם / תֶּן

자음 두 개 어미는 무거운 어미로 자체에 강세가 있다(תֶּ֫ם / תֶּ֫ן). 따라서 자음 두 개 어미 앞 개음절은 장음이 되며, 강세의 영향권에서 벗어난 개음절은 쉐바가 된다.

자음 두 개 어미	변화 과정
תֶּם	קָטַ֫ל → קָטַלתֶּם → קָטַלְתֶּם → קְטַלְתֶּ֫ם
תֶּן	קָטַ֫ל → קָטַלתֶּן → קָטַלְתֶּן → קְטַלְתֶּ֫ן

기본형에 자음 두 개 어미가 첨가되면(קָטַלְתֶּם), 앞의 음절은 폐음절(טַלְ)이라 모음의 변화가 없으며, 강세의 영향권에서 벗어난 개음절(קָ)은 쉐바(קְ)로 변한다.

4. 동사의 동작 변화

히브리어의 동사는 단순형–강조형–사역형으로 나뉘며, 또한 그 안에서 능동–수동–재귀형으로 나뉜다. 이러한 구분을 통해 동사의 다양한 움직임(능동, 수동, 재귀)의 의미가 조금씩 달라진다. 동사는 주로 단순 능동형 칼(Qal)의 형태를 가지고 7가지의 동작동사를 표현한다. 하지만 모든 동사가 이와 같은 변화를 하지 않고 두세 가지의 동작동사만 표현하기도 한다.

분류	동작	이름	문법 번역	형태	한글 번역
단순형	능동	칼(Qal) פָּעַל	Qal.pf.3ms.	קָטַל	그가 죽었다.
			Qal.Impf.3ms.	יִקְטֹל	그가 죽일 것인다(죽인다).
	수동/재귀	니팔(Niphal) נִפְעַל	Ni.pf.3ms.	נִקְטַל	그가 죽임을 당했다/수동
					그가 자살했다/재귀
			Ni.Impf.3ms.	יִקָּטֵל	그가 죽임을 당할 것이다 /수동
					그가 자살할 것이다/재귀
강조형	능동	피엘(Piel) פִּעֵל	Pi.pf.3ms.	קִטֵּל	그가 확실하게 죽였다.
			Pi.Impf.3ms.	יְקַטֵּל	그가 확실하게 죽일 것이다.
	수동	푸알(Pual) פֻּעַל	Pu.pf.3ms.	קֻטַּל	그는 확실하게 죽임을 당했다.
			Pu.Impf.3ms.	יְקֻטַּל	그는 확실하게 죽임을 당할 것이다.
	재귀	히트파엘 (Hithpael) הִתְפַּעֵל	Hith.pf.3ms.	הִתְקַטֵּל	그는 확실하게 자살했다.
			Hith.Impf.3ms.	יִתְקַטֵּל	그는 확실하게 자살할 것이다.
사역형	능동	히필(Hiphil) הִפְעִיל	Hi.pf.3ms.	הִקְטִיל	그는 (누구에게) 죽이도록 시켰다.
			Hi.Impf.3ms.	יַקְטִיל	그는 (누구에게) 죽이도록 시킬 것이다.
	수동	호팔(Hophal) הָפְעַל	Ho.pf.3ms.	הָקְטַל	그는 (누구에게) 죽이도록 시킴을 받았다.
			Ho.Impf.3ms.	יָקְטַל	그는 (누구에게) 죽이도록 시킴을 받을 것이다.

위에서 제시한 한글 번역은 이해를 돕기 위한 것이다. 예를 들어, 단순형 니팔은 사전에서 능동형의 해석을 요할 때가 많이 있다. 따라서 사전의 의미를 반드시 숙지해야 한다.

【연습문제】

1. 다음을 읽으시오(창 2:15–18).

15 וַיִּקַּח יְהוָה אֱלֹהִים אֶת־הָאָדָם וַיַּנִּחֵהוּ בְגַן־עֵדֶן לְעָבְדָהּ וּלְשָׁמְרָהּ׃
16 וַיְצַו יְהוָה אֱלֹהִים עַל־הָאָדָם לֵאמֹר מִכֹּל עֵץ־הַגָּן אָכֹל תֹּאכֵל׃
17 וּמֵעֵץ הַדַּעַת טוֹב וָרָע לֹא תֹאכַל מִמֶּנּוּ
כִּי בְּיוֹם אֲכָלְךָ מִמֶּנּוּ מוֹת תָּמוּת׃
18 וַיֹּאמֶר יְהוָה אֱלֹהִים לֹא־טוֹב הֱיוֹת הָאָדָם לְבַדּוֹ
אֶעֱשֶׂה־לּוֹ עֵזֶר כְּנֶגְדּוֹ׃

2. 다음 동사에 인칭어미를 붙여서 변화시키시오.

	완료 어미(pf.)	미완료어미(Impf.)
3ms.	קָטַל	
3fs.		
2ms.		
2fs.		
1cs.		
3mpl.		
3fpl.		
2mpl.		
2fpl.		
1cpl.		

모음어미		
◌ָה	וּ	◌ִי
자음 두 개 어미		
תֶּם	תֶּן	
자음 하나 어미		
תָּ	תְּ	תִּי
נוּ	נָה	

	완료 어미(pf.)	미완료어미(Impf.)
3ms.	בָדַל	
3fs.		
2ms.		
2fs.		
1cs.		
3mpl.		
3fpl.		
2mpl.		
2fpl.		
1cpl.		

모음어미		
◌ָה	וּ	◌ִי
자음 두 개 어미		
תֶּם	תֶּן	
자음 하나 어미		
תָּ	תְּ	תִּי
נוּ	נָה	

제 15과

칼(Qal) 동사

칼(Qal) 동사는 단순한 사실을 표현하는 단순형 능동태로, 나머지 동작동사들은 칼(Qal)에서 파생된다.

- 칼 동사 – קָטַ֫ל (Qal.pf.3ms.) '그가 죽였다'(단순형)
- 니팔 동사 – יִקָּטֵ֫ל (Ni.Impf.3ms.)
  '그가 죽임을 당한다'(수동형) / '그가 자살한다'(재귀형)
- 피엘 동사 – קִטֵּ֫ל (Pi.pf.3ms.) '그가 확실히 죽었다'(강조형)

1. 칼(Qal) 완료의 변화

변 화	קטל → קַטַל → קַטַ֫ל → קָטַ֫ל
설 명	(자음 문자) (기본모음부과) (강세 부과) (모음 변화)

2. 칼(Qal) 완료의 형태

인칭		어미	קטל 죽이다	שמר 지키다	מלך 다스리다	문법 번역
단수	3ms.	□□□	קָטַל	שָׁמַר	מָלַךְ	Qal.pf.3ms.
	3fs.	□□□ָה	קָטְלָה	שָׁמְרָה	מָלְכָה	Qal.pf.3fs.
	2ms.	□□□תָּ	קָטַלְתָּ	שָׁמַרְתָּ	מָלַכְתָּ	Qal.pf.2ms.
	2fs.	□□□תְּ	קָטַלְתְּ	שָׁמַרְתְּ	מָלַכְתְּ	Qal.pf.2fs.
	1cs.	□□□תִּי	קָטַלְתִּי	שָׁמַרְתִּי	מָלַכְתִּי	Qal.pf.1cs.
복수	3mpl.	□□□וּ	קָטְלוּ	שָׁמְרוּ	מָלְכוּ	Qal.pf.3mpl.
	3fpl.	□□□וּ	קָטְלוּ	שָׁמְרוּ	מָלְכוּ	Qal.pf.3fpl.
	2mpl.	□□□תֶּם	קְטַלְתֶּם	שְׁמַרְתֶּם	מְלַכְתֶּם	Qal.pf.2mpl.
	2fpl.	□□□תֶּן	קְטַלְתֶּן	שְׁמַרְתֶּן	מְלַכְתֶּן	Qal.pf.2fpl.
	1cpl.	□□□נוּ	קָטַלְנוּ	שָׁמַרְנוּ	מָלַכְנוּ	Qal.pf.1cpl.

3. 칼(Qal) 미완료의 변화

변화	קטל → יקטל → יַקְטֻל → יְקְטֹל → יִקְטֹל
설명	(자음문자) (미완료표시 י) (아랍어영향:yaqtulu) (악센트) (쉐바법칙)

4. 칼(Qal) 미완료의 형태

인칭		어미	קטל 죽이다	שמר 지키다	מלך 다스리다	문법 번역
단수	3ms.	□□□ יִ	יִקְטֹל	יִשְׁמֹר	יִמְלֹךְ	Qal.Impf.3ms.
	3fs.	□□□ תִּ	תִּקְטֹל	תִּשְׁמֹר	תִּמְלֹךְ	Qal.Impf.3fs.
	2ms.	□□□ תִּ	תִּקְטֹל	תִּשְׁמֹר	תִּמְלֹךְ	Qal.Impf.2ms.
	2fs.	יִ□□□ תִּ	תִּקְטְלִי	תִּשְׁמְרִי	תִּמְלְכִי	Qal.Impf.2fs.
	1cs.	□□□ אֶ	אֶקְטֹל	אֶשְׁמֹר	אֶמְלֹךְ	Qal.Impf.1cs.
복수	3mpl.	וּ□□□ יִ	יִקְטְלוּ	יִשְׁמְרוּ	יִמְלְכוּ	Qal.Impf.3mpl.
	3fpl.	נָה□□□ תִּ	תִּקְטֹלְנָה	תִּשְׁמֹרְנָה	תִּמְלֹכְנָה	Qal.Impf.3fpl.
	2mpl.	וּ□□□ תִּ	תִּקְטְלוּ	יִשְׁמְרוּ	תִּמְלְכוּ	Qal.Impf.2mpl.
	2fpl.	נָה□□□ תִּ	תִּקְטֹלְנָה	תִּשְׁמֹרְנָה	תִּמְלֹכְנָה	Qal.Impf.2fpl.
	1cpl.	□□□ נִ	נִקְטֹל	נִשְׁמֹר	יִמְלֹךְ	Qal.Impf.1cpl.

5. 정동사와 상태동사

히브리어 동사는 칼 미완료의 두 번째 모음에 따라 정동사와 상태동사로 나눈다.

정동사			상태동사				
인칭	pf.	Impf.(O-형)	인칭	pf.	Impf.(A-형)	pf.	Impf.(A-형)
3ms.	קָטַל	יִקְטֹל	3ms.	כָּבֵד	יִכְבַּד	קָטֹן	יִקְטַן

정동사의 완료형은 두 번째 모음이 파다(□)이며, 미완료형의 두 번째 모음은 홀렘(□)이다. 반면에 상태동사의 완료형은 두 번째 모음이 체레

(□ֶ)나 홀렘(□ֹ)이고, 미완료형의 두 번째 모음은 파다(□ַ)이다. 따라서 정동사의 미완료는 "O-형"이라고 하고, 상태동사의 미완료는 "A-형"이라고 한다. 이 구분은 칼 형태에서만 적용되며, 나머지 동작동사의 형태에서는 적용되지 않는다.

【연습문제】

1. 다음을 읽으시오(창 2:19–21).

19 וַיִּצֶר֩ יְהוָ֨ה אֱלֹהִ֜ים מִן־הָֽאֲדָמָ֗ה כָּל־חַיַּ֤ת הַשָּׂדֶה֙
וְאֵת֙ כָּל־ע֣וֹף הַשָּׁמַ֔יִם וַיָּבֵא֙ אֶל־הָ֣אָדָ֔ם לִרְא֖וֹת מַה־יִּקְרָא־ל֑וֹ
וְכֹל֩ אֲשֶׁ֨ר יִקְרָא־ל֧וֹ הָֽאָדָ֛ם נֶ֥פֶשׁ חַיָּ֖ה ה֥וּא שְׁמֽוֹ׃
20 וַיִּקְרָ֨א הָֽאָדָ֜ם שֵׁמ֗וֹת לְכָל־הַבְּהֵמָה֙ וּלְע֣וֹף הַשָּׁמַ֔יִם
וּלְכֹ֖ל חַיַּ֣ת הַשָּׂדֶ֑ה וּלְאָדָ֕ם לֹֽא־מָצָ֥א עֵ֖זֶר כְּנֶגְדּֽוֹ׃
21 וַיַּפֵּל֩ יְהוָ֨ה אֱלֹהִ֧ים ׀ תַּרְדֵּמָ֛ה עַל־הָאָדָ֖ם וַיִּישָׁ֑ן
וַיִּקַּ֗ח אַחַת֙ מִצַּלְעֹתָ֔יו וַיִּסְגֹּ֥ר בָּשָׂ֖ר תַּחְתֶּֽנָּה׃

2. 칼(Qal) 동사에 완료와 미완료 인칭어미를 붙여 변화시키시오.

한글 번역	완 료	인 칭	미완료	한글 번역
그가 죽였다.	קָטַל	3ms.		
		3fs.		
		2ms.		
		2fs.		
		1cs.		
		3mpl.		
		3fpl.		
		2mpl.		
		2fpl.		
		1cpl.		

한글 번역	완료	인 칭	미완료	한글 번역
그가 지켰다.	שָׁמַר	3ms.		
		3fs.		
		2ms.		
		2fs.		
		1cs.		
		3mpl.		
		3fpl.		
		2mpl.		
		2fpl.		
		1cpl.		

제 16과

니팔(Niphal) 동사

니팔(Niphal) 동사는 칼(Qal) 동사의 재귀적 · 상호적 · 수동적 행위의 의미를 가진다.

- 재귀적 행위 – נִשְׁמַר (Ni.pf.3ms.) '그가 자신을 지켰다'
  שָׁמַר (Qal.pf.3ms.) '그가 지켰다'
- 상호적 행위 – נִדְבַּר (Ni.pf.3ms.) '그가 상담했다'
  דָּבַר (Qal.pf.3ms.) '그가 말했다'
- 수동형 행위 – יִקָּטֵל (Ni.Impf.3ms.) '그가 죽임을 당한다'
  קָטַל (Qal.pf.3ms.) '그가 죽였다'

1. 니팔(Niphal) 완료의 변화

변화	קטל → קָטַל → נַקָטַל → נַקְטַל → נִקְטַל
설명	(자음문자) (기본형) (נ 첨가) (폐음절 형성) (축약 현상)

니팔(Niphal) 동사의 특징은 어두에 눈(נ)의 첨가이다. 니팔(Niphal) 완료에서 눈(נ)은 어두에 첨가되고 뒤에 모음을 흡수하여 첫 번째 음절을 폐음절로 만든다.

2. 니팔(Niphal) 완료의 형태

인칭		어미	קטל 죽임당하다	שמר 조심하다	כלם 부끄럽게 여기다	문법 번역
단수	3ms.	□□□	נִקְטַל	נִשְׁמַר	נִכְלַם	Ni.pf.3ms.
	3fs.	□□□ָה	נִקְטְלָה	נִשְׁמְרָה	נִכְלְמָה	Ni.pf.3fs.
	2ms.	□□□ְתָּ	נִקְטַלְתָּ	נִשְׁמַרְתָּ	נִכְלַמְתָּ	Ni.pf.2ms.
	2fs.	□□□ְתְּ	נִקְטַלְתְּ	נִשְׁמַרְתְּ	נִכְלַמְתְּ	Ni.pf.2fs.
	1cs.	□□□ְתִּי	נִקְטַלְתִּי	נִשְׁמַרְתִּי	נִכְלַמְתִּי	Ni.pf.1cs.
복수	3mpl.	□□□וּ	נִקְטְלוּ	נִשְׁמְרוּ	נִכְלְמוּ	Ni.pf.3mpl.
	3fpl.	□□□וּ	נִקְטְלוּ	נִשְׁמְרוּ	נִכְלְמוּ	Ni.pf.3fpl.
	2mpl.	□□□ְתֶּם	נִקְטַלְתֶּם	נִשְׁמַרְתֶּם	נִכְלַמְתֶּם	Ni.pf.2mpl.
	2fpl.	□□□ְתֶּן	נִקְטַלְתֶּן	נִשְׁמַרְתֶּן	נִכְלַמְתֶּן	Ni.pf.2fpl.
	1cpl.	□□□ְנוּ	נִקְטַלְנוּ	נִשְׁמַרְנוּ	נִכְלַמְנוּ	Ni.pf.1cpl.

3. 니팔(Niphal) 미완료의 변화

변화	נִקְטַל → יִנְקָטֵל → יִנְקָטֵל → יִקָּטֵל
설명	(기본형) (미완료 י 접두) (폐음절 형성) (נ 법칙과 중강점)

니팔(Niphal) 완료 3인칭 남성단수에 미완료 접두어 요드(י)가 첨가되면 폐음절을 형성하여 눈은 받침이 된다(יִנְ). 이때 자음 동화현상인 "눈(נ)법칙"이 적용되어 첫 번째 근자음에 중강점이 찍힌다. 따라서 니팔(Niphal) 미완료의 특징은 첫 번째 자음에 중강점이 있다는 것이다.

4. 니팔(Niphal) 미완료의 형태

인칭		어미	קטל	שמר	כלם	문법 번역
			죽임당하다	조심하다	부끄럽게 여기다	
단수	3ms.	◻◻◻ יִ	יִקָּטֵל	יִשָּׁמֵר	יִכָּלֵם	Ni.Impf.3ms.
	3fs.	◻◻◻ תִּ	תִּקָּטֵל	תִּשָּׁמֵר	תִּכָּלֵם	Ni.Impf.3fs.
	2ms.	◻◻◻ תִּ	תִּקָּטֵל	תִּשָּׁמֵר	תִּכָּלֵם	Ni.Impf.2ms.
	2fs.	◻◻◻ִי תִּ	תִּקָּטְלִי	תִּשָּׁמְרִי	תִּכָּלְמִי	Ni.Impf.2fs.
	1cs.	◻◻◻ אֶ	אֶקָּטֵל	אֶשָּׁמֵר	אֶכָּלֵם	Ni.Impf.1cs.
복수	3mpl.	◻◻◻וּ יִ	יִקָּטְלוּ	יִשָּׁמְרוּ	יִכָּלְמוּ	Ni.Impf.3mpl.
	3fpl.	◻◻◻נָה תִּ	תִּקָּטַלְנָה	תִּשָּׁמַרְנָה	תִּכָּלַמְנָה	Ni.Impf.3fpl.
	2mpl.	◻◻◻וּ תִּ	תִּקָּטְלוּ	תִּשָּׁמְרוּ	תִּכָּלְמוּ	Ni.Impf.2mpl.
	2fpl.	◻◻◻נָה תִּ	תִּקָּטַלְנָה	תִּשָּׁמַרְנָה	תִּכָּלַמְנָה	Ni.Impf.2fpl.
	1cpl.	◻◻◻ נִ	נִקָּטֵל	נִשָּׁמֵר	נִכָּלֵם	Ni.Impf.1cpl.

【연습문제】

1. 다음을 읽으시오(창 2:22-25).

22 וַיִּבֶן֩ יְהוָ֨ה אֱלֹהִ֧ים ׀ אֶֽת־הַצֵּלָ֛ע אֲשֶׁר־לָקַ֥ח מִן־הָֽאָדָ֖ם לְאִשָּׁ֑ה
וַיְבִאֶ֖הָ אֶל־הָֽאָדָֽם׃
23 וַיֹּאמֶר֮ הָֽאָדָם֒ זֹ֣את הַפַּ֗עַם עֶ֚צֶם מֵֽעֲצָמַ֔י וּבָשָׂ֖ר מִבְּשָׂרִ֑י
לְזֹאת֙ יִקָּרֵ֣א אִשָּׁ֔ה כִּ֥י מֵאִ֖ישׁ לֻֽקֳחָה־זֹּֽאת׃
24 עַל־כֵּן֙ יַֽעֲזָב־אִ֔ישׁ אֶת־אָבִ֖יו וְאֶת־אִמּ֑וֹ וְדָבַ֣ק בְּאִשְׁתּ֔וֹ וְהָי֖וּ לְבָשָׂ֥ר אֶחָֽד׃
25 וַיִּֽהְי֤וּ שְׁנֵיהֶם֙ עֲרוּמִּ֔ים הָֽאָדָ֖ם וְאִשְׁתּ֑וֹ וְלֹ֖א יִתְבֹּשָֽׁשׁוּ׃

2. 니팔(Niphal) 동사에 완료와 미완료 인칭어미를 붙여 변화시키시오.

한글 번역	완 료	인 칭	미완료	한글 번역
그가 조심했다.	נִשְׁמַר	3ms.		
		3fs.		
		2ms.		
		2fs.		
		1cs.		
		3mpl.		
		3fpl.		
		2mpl.		
		2fpl.		
		1cpl.		

한글 번역	완 료	인 칭	미완료	한글 번역
그가 죽임당했다.	נִקְטַל	3ms.		
		3fs.		
		2ms.		
		2fs.		
		1cs.		
		3mpl.		
		3fpl.		
		2mpl.		
		2fpl.		
		1cpl.		

제 17과

피엘(Piel) 동사

피엘(Piel) 동사는 칼(Qal)의 강조형으로 반복적인 행위 및 사역의 의미를 가진다.

- 강조형 – קִטֵּל (Pi.pf.3ms.) '그가 확실히 죽었다'
  קָטַל (Qal.pf.3ms.) '그가 죽였다'
- 반복적인 행위 – צִחֵק (Pi.pf.3ms.) '그가 계속해서 웃다'
  צָחַק (Qal.pf.3ms.) '그가 웃다'
- 사역형 – לִמֵּד (Pi.pf.3ms.) '그가 연습시키다'
  לָמַד (Qal.pf.3ms.) '그가 배우다'

1. 피엘(Piel) 완료의 변화

변화	קטל → קַטַל → קַטַּל → קִטַּל → קִטֵּל
설명	(자음문자) (기본모음 부과) (중강점) (모음 약화) (강세의 영향)

피엘(Piel) 동사는 강조형으로 두 번째 자음에 중강점이 있는 것이 특징이다. 첫째 음절의 파다(□ַ)는 히렉(□ִ)으로 모음 약화현상이 일어난다. 그리고 두 번째 모음도 히렉(□ִ)으로 약화되지만 강세를 가진 폐음절이 되면서 체레(□ֵ)로 길어진다.

2. 피엘(Piel) 완료의 형태

인칭		어미	קטל	דבר	בקשׁ	문법 번역
			죽이다	말하다	찾다	
단수	3ms.	□□□	קִטֵּל	דִּבֶּר	בִּקֵּשׁ	Pi.pf.3ms.
	3fs.	□□□ָה	קִטְּלָה	דִּבְּרָה	בִּקְּשָׁה	Pi.pf.3fs.
	2ms.	□□□תָּ	קִטַּלְתָּ	דִּבַּרְתָּ	בִּקַּשְׁתָּ	Pi.pf.2ms.
	2fs.	□□□תְּ	קִטַּלְתְּ	דִּבַּרְתְּ	בִּקַּשְׁתְּ	Pi.pf.2fs.
	1cs.	□□□תִּי	קִטַּלְתִּי	דִּבַּרְתִּי	בִּקַּשְׁתִּי	Pi.pf.1cs.
복수	3mpl.	□□□וּ	קִטְּלוּ	דִּבְּרוּ	בִּקְּשׁוּ	Pi.pf.3mpl.
	3fpl.	□□□וּ	קִטְּלוּ	דִּבְּרוּ	בִּקְּשׁוּ	Pi.pf.3fpl.
	2mpl.	□□□תֶּם	קִטַּלְתֶּם	דִּבַּרְתֶּם	בִּקַּשְׁתֶּם	Pi.pf.2mpl.
	2fpl.	□□□תֶּן	קִטַּלְתֶּן	דִּבַּרְתֶּן	בִּקַּשְׁתֶּן	Pi.pf.2fpl.
	1cpl.	□□□נוּ	קִטַּלְנוּ	דִּבַּרְנוּ	בִּקַּשְׁנוּ	Pi.pf.1cpl.

피엘(Piel) 완료의 인칭변화에서 자음어미가 첨가되면 두 번째 자음의 모음 체레(□ֵ)가 원래의 모음이었던 파다(□ַ)로 돌아간다.

3. 피엘(Piel) 미완료의 변화

변화	קִטֵּל → יַקְטֵּל → יְקַטֵּל (יְקַטְטֵל)
설명	(기본형) (미완료 י 접두) (모음 축약이 풀어짐, 강세의 영향)

피엘(Piel) 완료에 미완료 접두어(יַ)가 첨가되면, 모음 축약으로 체레(◌ֵ)가 파다(◌ַ)로 돌아간다. 이때 단모음 파다(◌ַ)는 강세로 인하여 유성 쉐바로 변한다. 또한 피엘(Piel) 동사의 독특한 특징 중 하나는 바브연속법(·וַ)에서 중강점을 갖지 않는다는 것이다.

4. 피엘(Piel) 미완료의 형태

인칭		어미	קטל	דבר	בקש	문법 번역
			죽이다	말하다	찾다	
단수	3ms.	יְ □□□	יְקַטֵּל	יְדַבֵּר	יְבַקֵּשׁ	Pi.Impf.3ms.
	3fs.	תְּ □□□	תְּקַטֵּל	תְּדַבֵּר	תְּבַקֵּשׁ	Pi.Impf.3fs.
	2ms.	תְּ □□□	תְּקַטֵּל	תְּדַבֵּר	תְּבַקֵּשׁ	Pi.Impf.2ms.
	2fs.	תְּ □□□ִי	תְּקַטְּלִי	תְּדַבְּרִי	תְּבַקְּשִׁי	Pi.Impf.2fs.
	1cs.	אֲ □□□	אֲקַטֵּל	אֲדַבֵּר	אֲבַקֵּשׁ	Pi.Impf.1cs.
복수	3mpl.	יְ □□□וּ	יְקַטְּלוּ	יְדַבְּרוּ	יְבַקְּשׁוּ	Pi.Impf.3mpl.
	3fpl.	תְּ □□□נָה	תְּקַטֵּלְנָה	תְּדַבֵּרְנָה	תְּבַקֵּשְׁנָה	Pi.Impf.3fpl.
	2mpl.	תְּ □□□וּ	תְּקַטְּלוּ	תְּדַבְּרוּ	תְּבַקְּשׁוּ	Pi.Impf.2mpl.
	2fpl.	תְּ □□□נָה	תְּקַטֵּלְנָה	תְּדַבֵּרְנָה	תְּבַקֵּשְׁנָה	Pi.Impf.2fpl.
	1cpl.	נְ □□□	נְקַטֵּל	נְדַבֵּר	נְבַקֵּשׁ	Pi.Impf.1cpl.

피엘(Piel) 미완료의 특징은 인칭접두어가 유성쉐바(□ְ)이고, 두 번째 자음에 중강점을 가지고 있는 것이다. 3인칭 여성복수와 2인칭 여성복수는 자음어미로 인해 둘째 폐음절이 파다(□ַ)가 되어야 하지만 그 음절에 강세가 있어서 체레(□ֵ)로 길어진다.

【연습문제】

1. 다음을 문법 번역 및 한글 번역 하시오.

(1) בָּרַךְ אֱלֹהִים אֶת־אִישׁ

(2) יְדַבֵּר אֱלֹהִים אֶל־הָעָם

[단어 뜻]

אִישׁ (사람) אֱלֹהִים (하나님) עַם (백성)
אֵת (~을/를) בָּרַךְ (축복하다) דָּבַר(말하다)
אֶל (~에게)

2. 피엘(Piel) 동사에 완료와 미완료 인칭어미를 붙여 변화시키시오.

한글 번역	완 료	인 칭	미완료	한글 번역
그가 확실히 죽였다.	קִטֵּל	3ms.		
		3fs.		
		2ms.		
		2fs.		
		1cs.		
		3mpl.		
		3fpl.		
		2mpl.		
		2fpl.		
		1cpl.		

한글 번역	완 료	인 칭	미완료	한글 번역
그가 확실히 찾았다.	בִּקֵּשׁ	3ms.		
		3fs.		
		2ms.		
		2fs.		
		1cs.		
		3mpl.		
		3fpl.		
		2mpl.		
		2fpl.		
		1cpl.		

제 18과

푸알(Pual) 동사

푸알(Pual) 동사는 피엘(Piel)의 수동형으로 푸알(Pual)도 강조형 동작 동사 중 하나이다.

• 강조형 – בֻּקַּשׁ(Pu.pf.3ms.) '그가 죄사함을 받다'

בִּקֵּשׁ(Pi.pf.3ms.) '그가 죄를 사하다'

1. 푸알(Pual) 완료의 변화

변 화	קטל → קַטַל → קֻטַּל(קֹטַל)
설 명	(자음문자) (기본모음 부과) (접두모음 u 첨가)

푸알(Pual) 동사는 피엘(Piel)의 수동태이며, 가장 큰 특징은 모음 ◌ֻ[u]이다. 드물게 ◌ֻ[u]가 ◌ֹ[ō]이 되기도 한다. 또한 푸알(Pual)도 피엘(Piel)과 마찬가지로 강조형 동작동사이므로 두 번째 자음에 중강점을 가진다.

2. 푸알(Pual) 완료의 형태

인칭		어미	קטל	שכב	בקשׁ	문법 번역
			죽임당하다	동침되다	조사받다	
단수	3ms.	□□□	קֻטַּל(קֻטַּל)	שֻׁכַּב	בֻּקַּשׁ	Pu.pf.3ms.
	3fs.	□□□ָה	קֻטְּלָה	שֻׁכְּבָה	בֻּקְּשָׁה	Pu.pf.3fs.
	2ms.	□□□ְתָּ	קֻטַּלְתָּ	שֻׁכַּבְתָּ	בֻּקַּשְׁתָּ	Pu.pf.2ms.
	2fs.	□□□ְתְּ	קֻטַּלְתְּ	שֻׁכַּבְתְּ	בֻּקַּשְׁתְּ	Pu.pf.2fs.
	1cs.	□□□ְתִּי	קֻטַּלְתִּי	שֻׁכַּבְתִּי	בֻּקַּשְׁתִּי	Pu.pf.1cs.
복수	3mpl.	□□□וּ	קֻטְּלוּ	שֻׁכְּבוּ	בֻּקְּשׁוּ	Pu.pf.3mpl.
	3fpl.	□□□וּ	קֻטְּלוּ	שֻׁכְּבוּ	בֻּקְּשׁוּ	Pu.pf.3fpl.
	2mpl.	□□□ְתֶּם	קֻטַּלְתֶּם	שֻׁכַּבְתֶּם	בֻּקַּשְׁתֶּם	Pu.pf.2mpl.
	2fpl.	□□□ְתֶּן	קֻטַּלְתֶּן	שֻׁכַּבְתֶּן	בֻּקַּשְׁתֶּן	Pu.pf.2fpl.
	1cpl.	□□□ְנוּ	קֻטַּלְנוּ	שֻׁכַּבְנוּ	בֻּקַּשְׁנוּ	Pu.pf.1cpl.

푸알(Pual) 완료의 특징인 □ֻ [u]는 폐음절이므로 모음이 변하지 않는다.

3. 푸알(Pual) 미완료의 변화

변화	קֻטַּל → יַקֻטַּל → יְקֻטַּל → יְקֻטַּל (יְקֻטְטַל)
설명	(기본형) (미완료 י 접두) (모음 축약) (강세의 영향)

푸알(Pual)은 피엘(Piel)의 수동형이다. 푸알(Pual) 완료에 미완료 3인칭 남성단수인 "י"가 첨가되면, 모음 축약현상이 일어나 히렉(□ִ)이 된다. 강세 앞의 음절은 폐음절이므로 모음 변화가 없으며, 모음이 축약된 미완료는 개음절이기 때문에 유성쉐바(□ְ)로 변한다.

4. 푸알(Pual) 미완료의 형태

인칭		어미	קטל	שכב	בקש	문법 번역
			죽임당하다	동침되다	조사받다	
단수	3ms.	יְ □□□	יְקֻטַּל	יְשֻׁכַּב	יְבֻקַּשׁ	Pu.Impf.3ms.
	3fs.	תְּ □□□	תְּקֻטַּל	תְּשֻׁכַּב	תְּבֻקַּשׁ	Pu.Impf.3fs.
	2ms.	תְּ □□□	תְּקֻטַּל	תְּשֻׁכַּב	תְּבֻקַּשׁ	Pu.Impf.2ms.
	2fs.	תְּ □□□ִי	תְּקֻטְּלִי	תְּשֻׁכְּבִי	תְּבֻקְּשִׁי	Pu.iImpf.2fs.
	1cs.	אֲ □□□	אֲקֻטַּל	אֲשֻׁכַּב	אֲבֻקַּשׁ	Pu.Impf.1cs.
복수	3mpl.	יְ □□□וּ	יְקֻטְּלוּ	יְשֻׁכְּבוּ	יְבֻקְּשׁוּ	Pu.Impf.3mpl.
	3fpl.	תְּ □□□נָה	תְּקֻטַּלְנָה	תְּשֻׁכַּבְנָה	תְּבֻקַּשְׁנָה	Pu.Impf.3fpl.
	2mpl.	תְּ □□□וּ	תְּקֻטְּלוּ	תְּשֻׁכְּבוּ	תְּבֻקְּשׁוּ	Pu.Impf.2mpl.
	2fpl.	תְּ □□□נָה	תְּקֻטַּלְנָה	תְּשֻׁכַּבְנָה	תְּבֻקַּשְׁנָה	Pu.Impf.2fpl.
	1cpl.	נְ □□□	נְקֻטַּל	נְשֻׁכַּב	נְבֻקַּשׁ	Pu.Impf.1cpl.

푸알(Pual)에 모음어미가 첨가될 때, 두 가지의 형태변화가 가능하다. 둘째 모음이 중강점을 가지면서 유성쉐바를 가지는 경우와 중강점이 생략되는 경우이다. 이는 두 번째 자음에 바브(ו)/요드(י) 그리고 멤(מ)/눈(נ)/라메드(ל)가 올 경우에 종종 발생한다.

【연습문제】

1. 다음을 문법 번역 및 한글 번역 하시오.

(1) שֻׁכְּבָה אִשָּׁה לָאִישׁ

(2) אֲקֻטַּל אֶל־אִישׁ בְּבֵיתִי

[단어 뜻]

אִישׁ(사람) אִשָּׁה(여자) שָׁכַב(눕다)

אֶל(~에게) בְּ(~안에) לְ(~을 위하여/~에게)

בַּיִת(집) קָטַל(죽이다)

2. 피엘(Pual) 동사에 완료와 미완료 인칭어미를 붙여 변화시키시오.

한글 번역	완 료	인 칭	미완료	한글 번역
그가 확실히 죽임당하다.	קֻטַּל	3ms.		
		3fs.		
		2ms.		
		2fs.		
		1cs.		
		3mpl.		
		3fpl.		
		2mpl.		
		2fpl.		
		1cpl.		

한글 번역	완 료	인 칭	미완료	한글 번역
그가 확실히 조사받다.	בֻּקַּשׁ	3ms.		
		3fs.		
		2ms.		
		2fs.		
		1cs.		
		3mpl.		
		3fpl.		
		2mpl.		
		2fpl.		
		1cpl.		

제 19과

히트파엘(Hithpael) 동사

히트파엘(Hithpael)은 피엘 어간에 הִתְ가 접두되며 주로 재귀형의 의미를 제시한다. 그러나 재귀의 의미가 자신에게 내포되는 경우도 있어, '자신이 ~한 것처럼 행동하다' 또는 '(성격, 기질이 있는) 척하다' 등의 의미로도 번역할 수 있다.

הִתְאַזֵּר (Hith.pf.3ms.) '그가 자신의 허리를 졸라매었다'

אִזֵּר (Piel.pf.3ms.) '그가 (타인의) 허리를 졸라매었다'

1. 히트파엘(Hithpael) 완료의 변화

변화	קִטֵּל	→	הִתְקִטֵּל	→	הִתְקַטֵּל
설명	(기본형)		(피엘 어간에 הת 접두)		(강세 영향)

히트파엘(Hithpael)은 피엘 어간에 "הִתְ"가 접두되는 형태로 니팔의 눈(נ)과 같이 히트(הִתְ)도 재귀적 효과를 나타낸다.

2. 히트파엘(Hithpael) 완료의 형태

인칭		어미	קטל 죽이다	קדשׁ 성결하게하다	קבץ 모이다	문법 번역
단수	3ms.	□□□	הִתְקַטֵּל	הִתְקַדֵּשׁ	הִתְקַבֵּץ	Hith.pf.3ms.
	3fs.	□□□ָה	הִתְקַטְּלָה	הִתְקַדְּשָׁה	הִתְקַבְּצָה	Hith.pf.3fs.
	2ms.	□□□ְתָּ	הִתְקַטַּלְתָּ	הִתְקַדַּשְׁתָּ	הִתְקַבַּצְתָּ	Hith.pf.2ms.
	2fs.	□□□ְתְּ	הִתְקַטַּלְתְּ	הִתְקַדַּשְׁתְּ	הִתְקַבַּצְתְּ	Hith.pf.2fs.
	1cs.	□□□ְתִּי	הִתְקַטַּלְתִּי	הִתְקַדַּשְׁתִּי	הִתְקַבַּצְתִּי	Hith.pf.1cs.
복수	3mpl.	□□□וּ	הִתְקַטְּלוּ	הִתְקַדְּשׁוּ	הִתְקַבְּצוּ	Hith.pf.3mpl.
	3fpl.	□□□וּ	הִתְקַטְּלוּ	הִתְקַדְּשׁוּ	הִתְקַבְּצוּ	Hith.pf.3fpl.
	2mpl.	□□□ְתֶּם	הִתְקַטַּלְתֶּם	הִתְקַדַּשְׁתֶּם	הִתְקַבַּצְתֶּם	Hith.pf.2mpl.
	2fpl.	□□□ְתֶּן	הִתְקַטַּלְתֶּן	הִתְקַדַּשְׁתֶּן	הִתְקַבַּצְתֶּן	Hith.pf.2fpl.
	1cpl.	□□□ְנוּ	הִתְקַטַּלְנוּ	הִתְקַדַּשְׁנוּ	הִתְקַבַּצְנוּ	Hith.pf.1cpl.

히트파엘(Hithpael)의 완료 인칭변화에서 모음어미가 첨가될 때, 두 번째 자음모음인 체레(□ֵ)가 유성쉐바(□ְ)로 된다. 그 때문에 간혹 중강점이 사라지기도 한다.

그리고 2인칭 남성복수어미(תֶּם)와 2인칭 여성복수어미(תֶּן)는 모든 음절이 폐음절로 끝나기 때문에 강세가 자음 두 개 어미로 이동하더라도 모음 변화가 일어나지 않는다.

3. 히트파엘(Hithpael) 미완료의 변화

변화	הִתְקַטֵּל →	יְהִתְקַטֵּל →	יִתְקַטֵּל
설명	(기본형)	(미완료 י 접두)	(발음상의 문제)

히트파엘(Hithpael) 완료에 미완료 3인칭 남성단수(יְ)가 접두되면, 마치 전치사와 관사의 결합처럼 미완료 접두접미어의 쉐바(□ְ)와 동작동사의 특징을 나타내는 "히트(הִתְ)" 중 후음 "헤(ה)"가 탈락하고 그 자리에 요드(י)가 들어가서 "יִ"를 형성한다.

4. 히트파엘(Hithpael) 미완료의 형태

인칭		어미	קטל 죽이다	קדשׁ 성결하게하다	קבץ 모이다	문법 번역
단수	3ms.	□□□ יִ	יִתְקַטֵּל	יִתְקַדֵּשׁ	יִתְקַבֵּץ	Hith. Impf. 3ms.
	3fs.	□□□ תִּ	תִּתְקַטֵּל	תִּתְקַדֵּשׁ	תִּתְקַבֵּץ	Hith. Impf. 3fs.
	2ms.	□□□ תִּ	תִּתְקַטֵּל	תִּתְקַדֵּשׁ	תִּתְקַבֵּץ	Hith. Impf. 2ms.
	2fs.	יִ□□□ תִּ	תִּתְקַטְּלִי	תִּתְקַדְּשִׁי	תִּתְקַבְּצִי	Hith. Impf. 2fs.
	1cs.	□□□ אֶ	אֶתְקַטֵּל	אֶתְקַדֵּשׁ	אֶתְקַבֵּץ	Hith. Impf. 1cs.
복수	3mpl.	וּ□□□ יִ	יִתְקַטְּלוּ	יִתְקַדְּשׁוּ	יִתְקַבְּצוּ	Hith. Impf. 3mpl.
	3fpl.	נָה□□□ תִּ	תִּתְקַטֵּלְנָה	תִּתְקַדֵּשְׁנָה	תִּתְקַבֵּצְנָה	Hith. Impf. 3fpl.
	2mpl.	וּ□□□ תִּ	תִּתְקַטְּלוּ	תִּתְקַדְּשׁוּ	תִּתְקַבְּצוּ	Hith. Impf. 2mpl.
	2fpl.	נָה□□□ תִּ	תִּתְקַטֵּלְנָה	תִּתְקַדֵּשְׁנָה	תִּתְקַבֵּצְנָה	Hith. Impf. 2fpl.
	1cpl.	□□□ נִ	נִתְקַטֵּל	נִתְקַדֵּשׁ	נִתְקַבֵּץ	Hith. Impf. 1cpl.

5. 히트파엘(Hithpael) 동사의 자음 치환과 동화

히트파엘(Hithpael) 동사는 치찰음과 만날 경우 자음치환이나 자음동화현상이 발생한다. 성서에 나타난 사례들을 살펴보고 숙지해 두어야만 한다.

성 서	자 음 치 환	
	단순 자리교체	변화 과정
삼상 23:19	ס ∽ ת	יִתְסַתֵּר → יִסְתַּתֵּר → יִסְתַּתָּר
시 18:24	שׁ ∽ ת	יִתְשַׁמֵּר → אֶתְשַׁמֵּר → אֶשְׁתַּמֵּר
민 16:13	שׂ ∽ ת	הִתְשַׂרֵּר → הִתְשָׂרֵר → הִשְׂתָּרֵר
	자음변화	변화 과정
창 44:16	(צ∽ת→ט)	יִתְצַדֵּק → יִתְצַדֵּק → נִצְתַּדֵּק → נִצְטַדָּק
성 서	자 음 동 화	
		변화 과정
욥 5:4	ד + ת = דּ	יִתְדַּכֵּא → יִתְדַּכְּאוּ → יִדְדַּכְּאוּ → יִדַּכְּאוּ
창 35:2	ט + ת = טּ	הִתְטַהֵר → הִטְטַהֲרוּ → הִטְטָהֲרוּ → הִטָּהֲרוּ
사 1:16	ז + ת = זּ	הִתְזַכָּה → הִזְזַכָּה → הִזַּכָּה
시 18:26	ת + ת = תּ	הִתְתַּמֵּה → הִתְתַּמֵּהוּ → הִתַּמְּהוּ
		변화 과정
민 24:7	נ + ת = נּ	יִתְנַשֵּׂא → תִּתְנַשֵּׂא → תִּנְנַשֵּׂא → תִּנַּשֵּׂא
잠 26:26	כ + ת = כּ	יִתְכַּסֶּה → תִּתְכַּסֶּה → תִּכְכַּסֶּה → תִּכַּסֶּה

【연습문제】

1. 다음을 문법번역 및 한글번역 하시오.

(1) וַיִּתְקַבְּצוּ יַחְדָּו לְהִלָּחֵם עִם־יְהוֹשֻׁעַ וְעִם־יִשְׂרָאֵל פֶּה אֶחָד (Jos 9:2)

(2) וַיֻּגַּד לַאֲבִימֶלֶךְ כִּי הִתְקַבְּצוּ כָּל־בַּעֲלֵי מִגְדַּל־שְׁכֶם (Jdg 9:47)

2. 히트파엘(Hithpael) 동사에 완료와 미완료 인칭어미를 붙여 변화시키시오.

한글 번역	완 료	인 칭	미완료	한글 번역
그가 확실히 자살했다	הִתְקַטֵּל	3ms.		
		3fs.		
		2ms.		
		2fs.		
		1cs.		
		3mpl.		
		3fpl.		
		2mpl.		
		2fpl.		
		1cpl.		

한글 번역	완 료	인 칭	미완료	한글 번역
그가 스스로 거룩해졌다	הִתְקַדֵּשׁ	3ms.		
		3fs.		
		2ms.		
		2fs.		
		1cs.		
		3mpl.		
		3fpl.		
		2mpl.		
		2fpl.		
		1cpl.		

제 20과

히필(Hiphil) 동사

히필(Hiphil)은 칼(Qal)의 사역형으로 사용되며 어떤 일에 대한 허용을 나타낸다. 그리고 성질의 변화나 관념을 표현하기도 한다. 따라서 이것을 내적인 변화를 가져오는 '타동사적 히필'이라고 한다.

- **사역형**

הִתְפִּיד(Hi.pf.3ms.) '감독관으로 임명하다'

פָּקַד(Qal.pf.3ms.) '감독하다'

- **허용의 의미**

יַקְטִיל(Hi.pf.3ms.) '그가 죽이도록 놔두다'

קָטַל (Qal.pf.3ms.) '그가 죽였다'

1. 히필(Hiphil) 완료의 변화

변화	קָטַל → הַקְטַל → הִקְטַל → הִקְטִל → הִקְטִיל
설명	(자음문자) (사역접두어הַ) (폐음절 형성) (모음약화와 순장모음화: טַ>טִ>טִי)

2. 히필(Hiphil) 완료의 형태

인칭		어미	קטל 죽이다	שׁכב 눕히다	מלך 왕으로 세우다	문법 번역
단수	3ms.	□□□	הִקְטִיל	הִשְׁכִּיב	הִמְלִיךְ	Hi.pf.3ms.
	3fs.	□□□ָה	הִקְטִילָה	הִשְׁכִּיבָה	הִמְלִיכָה	Hi.pf.3fs.
	2ms.	□□□תָּ	הִקְטַלְתָּ	הִשְׁכַּבְתָּ	הִמְלַכְתָּ	Hi.pf.2ms.
	2fs.	□□□תְּ	הִקְטַלְתְּ	הִשְׁכַּבְתְּ	הִמְלַכְתְּ	Hi.pf.2fs.
	1cs.	□□□תִּי	הִקְטַלְתִּי	הִשְׁכַּבְתִּי	הִמְלַכְתִּי	Hi.pf.1cs.
복수	3mpl.	□□□וּ	הִקְטִילוּ	הִשְׁכִּיבוּ	הִמְלִיכוּ	Hi.pf.3mpl.
	3fpl.	□□□וּ	הִקְטִילוּ	הִשְׁכִּיבוּ	הִמְלִיכוּ	Hi.pf.3fpl.
	2mpl.	□□□תֶּם	הִקְטַלְתֶּם	הִשְׁכַּבְתֶּם	הִמְלַכְתֶּם	Hi.pf.2mpl.
	2fpl.	□□□תֶּן	הִקְטַלְתֶּן	הִשְׁכַּבְתֶּן	הִמְלַכְתֶּן	Hi.pf.2fpl.
	1cpl.	□□□נוּ	הִקְטַלְנוּ	הִשְׁכַּבְנוּ	הִמְלַכְנוּ	Hi.pf.1cpl.

히필(Hiphil)은 어미 첨가와 관련하여 강세변화가 없다. 그 때문에 모음어미(הָ□/וּ)가 첨가될 경우 모음변화가 나타나지 않는다. 하지만 자음어미가 첨가될 때, 대치되었던 순장모음 히렉 요드(□ִי)는 다시 원형 파다(□ַ)로 돌아간다.

3. 히필(Hiphil) 미완료의 변화

변화	הַקְטִיל → יְהַקְטִיל → יְ ַקְטִיל → יַקְטִיל
설명	(기본형) (미완료 י접두) (□ְ와 ה의 탈락) (י와 □ַ의 결합)

히필(Hiphil) 미완료는 완료의 접두어 “הִ”에 미완료 접두어 “יְ”가 첨가되면 “הִ”는 원래의 형태 “הַ”로 돌아간다. 이때, 발음상 어려운 쉐바(□ְ)와 헤(ה)가 탈락되고 요드(י)와 파다(□ַ)가 결합한다.

4. 히필(Hiphil) 미완료의 형태

인칭		어미	קטל 죽이다	שכב 눕히다	מלך 왕으로 세우다	문법 번역
단수	3ms.	יִ□□□	יַקְטִיל	יַשְׁכִּיב	יַמְלִיךְ	Hi.Impf.3ms.
	3fs.	תִּ□□□	תַּקְטִיל	תַּשְׁכִּיב	תַּמְלִיךְ	Hi.Impf.3fs.
	2ms.	תִּ□□□	תַּקְטִיל	תַּשְׁכִּיב	תַּמְלִיךְ	Hi.Impf.2ms.
	2fs.	תִּ□□□ִי	㉠תַּקְטִילִי	תַּשְׁכִּיבִי	תַּמְלִיכִי	Hi.Impf.2fs.
	1cs.	אֶ□□□	אַקְטִיל	אַשְׁכִּיב	אַמְלִיךְ	Hi.Impf.1cs.
복수	3mpl.	יִ□□□וּ	יַקְטִילוּ	יַשְׁכִּיבוּ	יַמְלִיכוּ	Hi.Impf.3mpl.
	3fpl.	תִּ□□□נָה	㉡תַּקְטֵלְנָה	תַּשְׁכֵּבְנָה	תַּמְלֵכְנָה	Hi.Impf.3fpl.
	2mpl.	תִּ□□□וּ	תַּקְטִילוּ	תַּשְׁכִּיבוּ	תַּמְלִיכוּ	Hi.Impf.2mpl.
	2fpl.	תִּ□□□נָה	תַּקְטֵלְנָה	תַּשְׁכֵּבְנָה	תַּמְלֵכְנָה	Hi.Impf.2fpl.
	1cpl.	נִ□□□	נַקְטִיל	נַשְׁכִּיב	נַמְלִיךְ	Hi.Impf.1cpl.

【연습문제】

1. 다음을 문법 번역 및 한글 번역하시오.

(1) וַיַּרְא אֱלֹהִים אֶת־הָאוֹר כִּי־טוֹב וַיַּבְדֵּל אֱלֹהִים בֵּין הָאוֹר וּבֵין הַחֹשֶׁךְ (Gen 1:4)

(2) וַיַּמְלִיכוּ אֶת־אֲבִימֶלֶךְ לְמֶלֶךְ (Jdg 9:6aβ)

2. 히필(Hiphil) 동사에 완료와 미완료 인칭어미를 붙여 변화시키시오.

한글 번역	완 료	인 칭	미완료	한글 번역
그가 죽이라고 시켰다	הִקְטִיל	3ms.		
		3fs.		
		2ms.		
		2fs.		
		1cs.		
		3mpl.		
		3fpl.		
		2mpl.		
		2fpl.		
		1cpl.		

한글 번역	완 료	인 칭	미완료	한글 번역
그가 왕으로 세웠다	הִמְלִיךְ	3ms.		
		3fs.		
		2ms.		
		2fs.		
		1cs.		
		3mpl.		
		3fpl.		
		2mpl.		
		2fpl.		
		1cpl.		

제 21과

호팔(Hophal) 동사

호팔(Hophal)은 기본적으로 히필(Hiphil)의 수동형이며 칼(Qal) 수동과 같을 때도 있다.

הִשְׁלִיךְ(Hi.pf.3ms.) '그가 던지다'

הָשְׁלַךְ(Ho.pf.3ms.) '그가 던져지다'

1. 호팔(Hophal) 완료의 변화

변화	קַטַל → הָקַטַל → הָקְטַל
설명	(기본모음 부과) (수동사역형어미 הָ) (폐음절 형성)

호팔(Hophal)의 어미인 "הָ"가 자음에 접두되면 그 뒤에 오는 모음은 받침이 된다. 따라서 강세없는 폐음절이 형성되어 "הָ"는 [ā]가 아닌 [o]로 발음된다.

2. 호팔(Hophal) 완료의 형태

인칭		어미	קטל 죽임당하다	שלך 던져지다	מלך 왕으로 세워지다	문법 번역
단수	3ms.	□□□	הָקְטַל	הֻשְׁלַךְ	הָמְלַךְ	Ho.pf.3ms.
	3fs.	□□□ָה	הָקְטְלָה	הֻשְׁלְכָה	הָמְלְכָה	Ho.pf.3fs.
	2ms.	□□□תָּ	הָקְטַלְתָּ	הֻשְׁלַכְתָּ	הָמְלַכְתָּ	Ho.pf.2ms.
	2fs.	□□□תְּ	הָקְטַלְתְּ	הֻשְׁלַכְתְּ	הָמְלַכְתְּ	Ho.pf.2fs.
	1cs.	□□□תִּי	הָקְטַלְתִּי	הֻשְׁלַכְתִּי	הָמְלַכְתִּי	Ho.pf.1cs.
복수	3mpl.	□□□וּ	הָקְטְלוּ	הֻשְׁלְכוּ	הָמְלְכוּ	Ho.pf.3mpl.
	3fpl.	□□□וּ	הָקְטְלוּ	הֻשְׁלְכוּ	הָמְלְכוּ	Ho.pf.3fpl.
	2mpl.	□□□תֶּם	הָקְטַלְתֶּם	הֻשְׁלַכְתֶּם	הָמְלַכְתֶּם	Ho.pf.2mpl.
	2fpl.	□□□תֶּן	הָקְטַלְתֶּן	הֻשְׁלַכְתֶּן	הָמְלַכְתֶּן	Ho.pf.2fpl.
	1cpl.	□□□נוּ	הָקְטַלְנוּ	הֻשְׁלַכְנוּ	הָמְלַכְנוּ	Ho.pf.1cpl.

3. 호팔(Hophal) 미완료의 변화

변화	הָקְטַל → יְהָקְטַל → יָ קְטַל → יָקְטַל
설명	(수동사역형어미 הָ) (미완료 י접두) (□ְ와 ה의 탈락) (י와 □ָ의 결합)

4. 호팔(Hophal) 미완료의 형태

인칭		어미	קטל 죽임당하다	שלך 던져지다	מלך 왕으로 세워지다	문법 번역
단수	3ms.	יָ□□□	יָקְטַל	יָשְׁלַךְ	יָמְלַךְ	Ho.Impf.3ms.
	3fs.	תָּ□□□	תָּקְטַל	תָּשְׁלַךְ	תָּמְלַךְ	Ho.Impf.3fs.
	2ms.	תָּ□□□	תָּקְטַל	תָּשְׁלַךְ	תָּמְלַךְ	Ho.Impf.2ms.
	2fs.	תָּ□□□ִי	תָּקְטְלִי	תָּשְׁלְכִי	תָּמְלְכִי	Ho.Impf.2fs.
	1cs.	אֶ□□□	אָקְטַל	אָשְׁלַךְ	אָמְלַךְ	Ho.Impf.1cs.
복수	3mpl.	יָ□□□וּ	יָקְטְלוּ	יָשְׁלְכוּ	יָמְלְכוּ	Ho.Impf.3mpl.
	3fpl.	תָּ□□□נָה	תָּקְטַלְנָה	תָּשְׁלַכְנָה	תָּמְלַכְנָה	Ho.Impf.3fpl.
	2mpl.	תָּ□□□וּ	תָּקְטְלוּ	תָּשְׁלְכוּ	תָּמְלְכוּ	Ho.Impf.2mpl.
	2fpl.	תָּ□□□נָה	תָּקְטַלְנָה	תָּשְׁלַכְנָה	תָּמְלַכְנָה	Ho.Impf.2fpl.
	1cpl.	נָ□□□	נָקְטַל	נָשְׁלַךְ	נָמְלַךְ	Ho.Impf.1cpl.

【연습문제】

1. 다음을 문법 번역 및 한글 번역 하시오.

(1) וַתֻּשְׁלְכִי֙ אֶל־פְּנֵ֣י הַשָּׂדֶ֔ה בְּגֹ֣עַל נַפְשֵׁ֔ךְ בְּי֖וֹם הֻלֶּ֥דֶת אֹתָֽךְ (Eze 16:5b)

(2) וַתֻּתַּ֤שׁ בְּחֵמָה֙ לָאָ֣רֶץ הֻשְׁלָ֔כָה (Eze 19:12aα)

2. 호팔(Hophal) 동사에 완료와 미완료 인칭어미를 붙여 변화시키시오.

한글 번역	완 료	인 칭	미완료	한글 번역
그가 죽이라고 시킴 당했다	הָקְטַל	3ms.		
		3fs.		
		2ms.		
		2fs.		
		1cs.		
		3mpl.		
		3fpl.		
		2mpl.		
		2fpl.		
		1cpl.		

한글 번역	완 료	인 칭	미완료	한글 번역
그가 던져졌다	הֻשְׁלַךְ	3ms.		
		3fs.		
		2ms.		
		2fs.		
		1cs.		
		3mpl.		
		3fpl.		
		2mpl.		
		2fpl.		
		1cpl.		

제 22과

동사의 목적격어미

히브리어 동사 중 능동타동사는 목적어를 취한다. 목적어를 취하는 형태는 다음의 4가지로 요약된다.

1. 히브리어의 목적어 형태

	분류	원 문	성경
①	אֵת / אֶת־	וַיִּבְרָא אֱלֹהִים אֶת־הַתַּנִּינִם הַגְּדֹלִים 그리고 하나님이 그 큰 물고기를 만들었다.	창1:21
②	일반명사	הַאַף תִּסְפֶּה צַדִּיק עִם־רָשָׁע׃ 당신은 의인을 악인과 함께 멸하시겠습니까?	창18:23
③	את + 목적격어미 (אֹתָם)	וַיְבָרֶךְ אֹתָם אֱלֹהִים 그리고 하나님이 그들을 축복하셨다.	창1:28
④	동사 + 목적격어미 (שְׁמַעְתִּיךָ)	וּלְיִשְׁמָעֵאל שְׁמַעְתִּיךָ 그리고 내가 이스마엘 때문에 너(의 소리)를 들었다.	창17:20

위의 4가지 중 여기에서 설명하는 목적격어미의 형태는 ④의 경우로, 동사에 목적격어미가 첨가되는 형태이다. 7가지 동작동사에서 수동동사(Niphal, Pual, Hophal)를 제외한 능동동사와 재귀동사의 경우(Qal, Piel, Hithpael, Hiphil)에만 목적격어미를 가진다.

2. 목적격 어미

	한글 번역	단수어미	인 칭	복수어미	한글 번역
완료 목적격 어미	그를	□́הוּ / □וֹ	3m.	□ָם	그들을
	그녀를	□́הָ / □ָהּ	3f.	□ָן	그녀들을
	너를(남)	□ְ́ךָ	2m.	□ְכֶ́ם	너희들을(남)
	너를(여)	□ֵךְ	2f.	□ְכֶ́ן	너희들을(여)
	나를	□ַ́נִי	1c.	□ָ́נוּ	우리를
	한글 번역	단수어미	인칭	복수어미	한글 번역
미완료 목적격 어미	그를	□ֵ́הוּ	3m.	□ֵם	그들을
	그녀를	□ֶ́הָ	3f.	□ֵן	그녀들을
	너를(남)	□ְ́ךָ	2m.	□ְכֶ́ם	너희들을(남)
	너를(여)	□ֵךְ	2f.	□ְכֶ́ן	너희들을(여)
	나를	□ֵ́נִי	1c.	□ֵנוּ	우리를

각 어미들은 다음과 같은 특징을 가진다.

① נִי / הוּ / הָ / נוּ 접미어들은 어미 자체에 강세를 가지지 않으므로, 바로 전 음절이 강세를 가진다. 반면 כֶם과 כֶן은 항상 접미어 자체에 강세를 가진다.

② 3인칭 남성단수 접미어는 "הוּ"이다. 그러나 "הוּ" 앞에 카메츠(◌ָ)가 오면, 먼저 약자음 "ה"가 탈락하여 "ו + ◌ָ"는 "וֹ"로 변하게 된다.

③ 3인칭 여성단수 접미어 "הָ"는 카메츠(◌ָ)가 오면 "◌ָהָ"또는 "◌ֶהָ"로 발음되며 "◌ָהּ"가 되기도 한다. 이는 발음상 마지막 모음이 탈락되는 경우이다.

④ 완료 목적격어미의 모음은 파다(◌ַ) 또는 카메츠(◌ָ)이다. 그러나 미완료 목적격어미의 모음들은 체레(◌ֵ)와 세골(◌ֶ)이다.

3. 목적격어미 변화

① 목적격어미가 첨가될 경우, 몇 가지 완료동사의 인칭접미어는 원래 상태로 돌아간다.

인칭	완료형 변화	
3fs.	ה ָ → ת ַ	קָטְלָה → קָטְלַת → קְטָלַתְנִים
2fs.	תְּ → תִּי	קָטַלְתְּ → קְטַלְתִּי → קְטַלְתִּינִי
2mpl.	תֶּם → תּוּ	קְטַלְתֶּם → קְטַלְתּוּ → קְטַלְתּוּנִי

② 동사의 인칭어미가 모음을 가지고 있는 경우, 목적격어미가 첨가되면 한 자음에 모음이 겹치게 된다. 따라서 주어가 되는 인칭어미의 모음은 남겨두고, 목적격 어미의 모음은 제거한다.

קָטַלְתָּ → נִי ַ + קָטַלְתָּ → קָטַלְתַָּנִי → קָטַלְתָּנִי

(v.Qal.2ms.) (목1cs.)+(v.Qal.2ms.) (한 자음에 모음이 2개) (v.Qal.2ms.×목1cs.)

③ 동사 인칭어미가 모음을 가지고 있지 않을 때, 목적격어미는 그대로 첨가된다.

קָטַלְתְּ → נִי ַ + קָטַלְתְּ → קָטַלְתַּנִי

(v.Qal.2fs.) (목1cs.) (v. Qal.2fs.) (v.Qal.2fs.×목1cs.)

【연습문제】

1. 목적격어미를 쓰시오.

	한글 번역	단수어미	인칭	복수어미	한글 번역
완 료 목적격어미	그를		3m.		그들을
	그녀를		3f.		그녀들을
	너를(남)		2m.		너희들을(남)
	너를(여)		2f.		너희들을(여)
	나를		1c.		우리를
	한글번역	단수어미	인칭	복수어미	한글번역
미완료 목적격어미	그를		3m.		그들을
	그녀를		3f.		그녀들을
	너를(남)		2m.		너희들을(남)
	너를(여)		2f.		너희들을(여)
	나를		1c.		우리를

제 23과

동사의 파생어 1:
명령형(Imperative)

1. 동사의 파생어 개론

정동사(finitivum)	부정동사(infinitivum)
· 동사 인칭 어미 · 동사 자체에 시제 · 단수 복수 : 인칭어미	· 동사 인칭어미 없음 · 시제는 정동사에 의존 · 단수 복수 : 명사 어미 · 동사를 품고 있는 명사 · 분사(Participle)와 부정사(infinitive)

히브리어 동사의 종류는 정동사(finitivum)와 부정동사(infintivum)[11)]로 나눌 수 있다. 정동사는 인칭과 시제를 가지고 있기 때문에 동사 자체로 한 문장을 만들 수 있다. 그러나 부정동사는 인칭과 시제가 없으므로 정동사에 의존하며, 명사로 사용되는 경우가 일반적이다. 이러한 부정동사의 종류는 '분사'(동사 · 명사 · 한정형용사)와 '부정사'(동사 · 명사)가 있다.

2. 동사의 파생어 형태

동사의 파생어에는 분사와 부정사 외에 명령형이 있다. 이러한 동사의 파생어들의 원리를 알고 이를 본문에서 찾아내는 것이 중요하다. 특별히 부정동사(infinitivum)를 만들 경우, 먼저 7개의 동작동사의 접두어를 살펴보면, 특정자음을 취하지 않는 유형과 특정 자음을 취하는 형태로 나눌 수 있다.

	Qal	Piel	Pual	
특정자음을 취하지 않는 유형	קָטַל	קִטֵּל	קֻטַּל	
	יִקְטֹל	יְקַטֵּל	יְקֻטַּל	
	Niphal [נִ]	Hithpael [הִתְ]	Hiphil [הִ]	Hophal [הָ]
특정 자음을 취하는 유형	נִקְטַל	הִתְקַטֵּל	הִקְטִיל	הָקְטַל
	יִקָּטֵל	יִתְקַטֵּל	יַקְטִיל	יָקְטַל

칼(Qal), 피엘(Piel), 푸알(Pual)은 3개의 근자음에 특정 자음이 첨가되지 않지만, 니팔(נ), 히트파엘(הִתְ), 히필(הִ), 호팔(הָ)은 특정 자음이 첨가된다. 이런 분류에 따라서 부정동사도 두 가지 형태로 만들어진다. 특정 자음을 취하지 않는 유형들은 인칭접두어만 제거하면 부정동사가 된다. 특정한 자음을 취하는 형태들은 이차적으로 첨가된 명령형과 부정사의 특징을 제시하는 "ה"가 첨가되면 부정동사로 만들어진다.

3. 명령형[12]

히브리어의 명령형은 미완료 2인칭에서 만들어진다. 미완료 2인칭은 다음과 같다.

어 간		Qal	Niphal	Piel	Pual	Hithpael	Hiphil	Hophal
미완료	2ms.	תִקְטֹל	תִקָטֵל	תְקַטֵל	תְקֻטַל	תִתְקַטֵל	תַקְטִיל	תָקְטַל
	2fs.	תִקְטְלִי	תִקָטְלִי	תְקַטְלִי	תְקֻטְלִי	תִתְקַטְלִי	תַקְטִילִי	תָקְטְלִי
	2mpl.	תִקְטְלוּ	תִקָטְלוּ	תְקַטְלוּ	תְקֻטְלוּ	תִתְקַטְלוּ	תַקְטִילוּ	תָקְטְלוּ
	2fpl.	תִקְטֹלְנָה	תִקָטַלְנָה	תְקַטֵלְנָה	תְקֻטַלְנָה	תִתְקַטֵלְנָה	תַקְטֵלְנָה	תָקְטַלְנָה

미완료 접두어는 주어의 인칭과 시제를 나타낸다. 따라서 인칭과 시제를 제시하는 미완료 접두어를 제거하면 명령형이 된다. 수동형[13]에서는 명령형의 형태가 없다.

어 간		Qal	Niphal	Piel	Pual	Hithpael	Hiphil	Hophal
명령형	2ms.	קְטֹל	הִקָטֵל	קַטֵל	없음	הִתְקַטֵל	הַקְטֵל	없음
	2fs.	קִטְלִי	הִקָטְלִי	קַטְלִי		הִתְקַטְלִי	הַקְטִילִי	
	2mpl.	קִטְלוּ	הִקָטְלוּ	קַטְלוּ		הִתְקַטְלוּ	הַקְטִילוּ	
	2fpl.	קְטֹלְנָה	הִקָטַלְנָה	קַטֵלְנָה		הִתְקַטֵלְנָה	הַקְטֵלְנָה	

칼 미완료 2인칭 여성단수(Qal. Imp. 2fs.)와 2인칭 남성복수(2mpl.)일 경우, 인칭과 시제를 나타내는 "תִ"를 제거하면 첫 번째 모음과 두 번째 모음이 연이어 쉐바(◌ְ)이다. 따라서 쉐바법칙에 의해 앞의 쉐바(◌ְ)는 히렉(◌ִ)으로 변한다.

순장모음이 특징인 히필 명령형은 남성단수(ms.)일 때만 두 번째 모음이 체레(ֵ)이고, 그 외의 명령형(fs./mpl./fpl.)일 경우는 순장모음 히렉 요드(ִי)를 유지한다.

• 명령형의 번역[14)]

미완료 2인칭에서 나타나는 단순한 긍정의 명령을 의미한다.

원 문	לָכֶם	הִשָּׁמְרוּ
문법 번역	(전+2mpl.)	(Ni.Imp.mpl.)
한글 번역	너희들을 위해 스스로 삼가라	

금지명령으로 사용될 때 미완료 2인칭+부정어를 사용한다.

<table>
<tr><td rowspan="3">긍정명령</td><td>본문 출34:11</td><td colspan="2">שְׁמָר־לְךָ אֵת אֲשֶׁר אָנֹכִי מְצַוְּךָ הַיּוֹם</td></tr>
<tr><td rowspan="2">한글 번역</td><td colspan="2">부사 목적절 / 전+2ms.Imp.</td></tr>
<tr><td colspan="2">오늘(부사) 내가 너에게 명령한 것을 스스로 지켜라!
(일반적 명령형 사용)</td></tr>
<tr><td rowspan="4">부정명령</td><td></td><td>단순 금지 명령
화자의 바램을 나타내는 일시적 금지</td><td>강한 금지명령
단호하며, 영원한 금지의 표시</td></tr>
<tr><td>본문</td><td>אַל־תִּשְׁמְעוּ אֶל־חִזְקִיָּהוּ
(왕하 18:31)</td><td>לֹא תִּגְנֹב׃
(출 20:15)</td></tr>
<tr><td rowspan="2">한글 번역</td><td>Impf. / 2인칭 단순형 + אַל</td><td>Impf. / 2인칭 + לֹא</td></tr>
<tr><td>히스기야에게
복종하지 말라!</td><td>도적질 하지
않아야 한다.</td></tr>
</table>

【연습문제】

1. 명령형을 쓰시오.

<table>
<tr><th colspan="2">קטל</th><th>Qal</th><th>Niphal</th><th>Piel</th><th>Pual</th><th>Hithpael</th><th>Hiphil</th><th>Hophal</th></tr>
<tr><td rowspan="4">명령형</td><td>2ms.</td><td>קְטֹל</td><td></td><td></td><td rowspan="4">없음</td><td></td><td></td><td rowspan="4">없음</td></tr>
<tr><td>2fs.</td><td></td><td></td><td></td><td></td><td></td></tr>
<tr><td>2mpl.</td><td></td><td></td><td></td><td></td><td></td></tr>
<tr><td>2fpl.</td><td></td><td></td><td></td><td></td><td></td></tr>
</table>

2. 다음을 번역하시오(신 6:4–5).

4 שְׁמַ֖ע יִשְׂרָאֵ֑ל יְהוָ֥ה אֱלֹהֵ֖ינוּ יְהוָ֥ה ׀ אֶחָֽד׃

5 וְאָ֣הַבְתָּ֔ אֵ֖ת יְהוָ֣ה אֱלֹהֶ֑יךָ בְּכָל־לְבָבְךָ֥ וּבְכָל־נַפְשְׁךָ֖ וּבְכָל־מְאֹדֶֽךָ׃

제 24과

동사의 파생어 2:

부정사(Infinitive)

독립적 명사인 히브리어의 부정사는 '동사적 실명사'라고 한다. 이는 사실상 영어의 "-ing형"을 가진 동명사로서 사용된다. 부정사는 절대형[15]과 연계형[16]의 두 형태가 있다.

1. 부정사 절대형(Infinitivus absolutus: Inf.abs.)

어 간	Qal	Niphal	Piel	Pual	Hithpael	Hiphil	Hophal
Impf. 2ms.	תִּקְטֹל	תִּקָּטֵל	תְּקַטֵּל	תְּקֻטַּל	תִּתְקַטֵּל	תַּקְטִיל	תָּקְטַל
Imp ms.	קְטֹל	הִקָּטֵל	קַטֵּל	×	הִתְקַטֵּל	הַקְטֵל	×
부정사 절대형 (Inf.abs.)	קָטֹל	הִקָּטֹל (נִקְטֹל)	קַטֹּל (קַטֵּל)	קֻטֹּל	הִתְקַטֵּל	הַקְטֵל	תָּקְטֵל
	קָטוֹל	הִקָּטוֹל	קַטּוֹל	קֻטּוֹל	הִתְקַטֵּיל	הַקְטֵיל	תָּקְטֵיל

위의 표는 동사의 미완료 2인칭 남성단수 형태와 명령형 그리고 부정사 절대형을 비교해 놓은 표이다. 부정사 절대형을 만드는 방법 역시 명령형의 방법과 동일하다. 단, 부정사 절대형은 어근 두 번째 자음의 모음이 순장모

음이다. 부정사 절대형은 동사가 가지는 기능적인 면을 강조할 경우에 주로 사용되며 불변화사와 같이 어미(소유격 또는 목적격)가 첨가되지 않는다.

2. 부정사 절대형의 번역

<table>
<tr><th>동사</th><th>위치</th><th>정동사 3ms. + Inf. abs.</th><th>기능</th></tr>
<tr><td rowspan="10">פָּקַד
יִפְקֹד</td><td>pf.</td><td>פָּקֹד פָּקַד</td><td rowspan="4">① 동작의 강조
동작의 강조로 부사를
"확실하게"로 번역</td></tr>
<tr><td>한글 번역</td><td>그는 확실하게 아쉬워했다.</td></tr>
<tr><td>Impf.</td><td>פָּקֹד יִפְקֹד</td></tr>
<tr><td>한글 번역</td><td>그는 확실하게 아쉬워한다.</td></tr>
<tr><td>위치</td><td>Inf. abs. + 정동사 3ms.</td><td>기능</td></tr>
<tr><td>pf.</td><td>פָּקַד פָּקֹד</td><td rowspan="4">② 동작의 계속
동작의 계속으로 부사를
"계속하여"로 번역</td></tr>
<tr><td>한글 번역</td><td>그는 계속하여 아쉬워했다.</td></tr>
<tr><td>Impf.</td><td>יִפְקֹד פָּקֹד</td></tr>
<tr><td>한글 번역</td><td>그는 계속하여 아쉬워한다.</td></tr>
</table>

수 1:13	זָכוֹר אֶת־הַדָּבָר אֲשֶׁר צִוָּה אֶתְכֶם מֹשֶׁה
문법 번역	주어(부문장) / 목+2mpl / v / 접 / 목+관명남단 / Inf.abs.
한글 번역	모세가 너희들에게 명령했던 그 말을 기억해라! (③명령으로 번역)
왕하 5:10	הָלוֹךְ וְרָחַצְתָּ שֶׁבַע־פְּעָמִים בַּיַּרְדֵּן
문법 번역	전+관+고유명사 / 수사+명여단 / 접+v / Inf.abs.
한글 번역	가라! 그리고 요단강에서 일곱 번을 씻어라! (③명령으로 번역)

호 4:2	אָלֹה וְכַחֵשׁ וְרָצֹחַ וְגָנֹב וְנָאֹף
문법 번역	(Qal.Inf.abs.) (Qal.Inf.abs.) (Qal.Inf.abs.) (Pi.Inf.abs.) (Qal.Inf.abs.) **נאף** 간음하다/**גנב** 훔치다/**רצח** 살인하다/**כחש** 거짓말하다/**אלה** 저주하다
한글 번역	저주와 거짓말와 살인과 절도와 간음이 있다 (④명사번역)

부정사 절대형이 부사적으로 사용될 때, 동일한 어근을 반복하여 '① 강조'를 나타내거나 혹은 '②동작의 계속'을 표현하기도 한다. 그리고 2인칭이 연속적으로 나오는 경우에는 '③명령'으로 번역할 수도 있다. 또한 부정사 절대형은 '④명사'로 사용되기도 한다.

3. 부정사 연계형(Infinitivus constructus)

부정사의 연계형은 명령형과 동일하다. 그러나 명령형이 동작동사의 수동형(Pual, Hophal)에서는 없는 반면, 부정사 연계형에서는 7개의 동작동사를 모두 다 표현한다. 부정사 연계형은 명령형을 만드는 방법과 동일하지만 단독 사용보다는 접두전치사(כְּ/לְ/בְּ)와 함께 사용하는 경우가 많다. 그 경우 부정사 연계형의 번역은 부정사와 함께하는 전치사의 뜻이 중요하다. 예를 들면 전치사 בְּ의 경우 "~할 때", 전치사 לְ의 경우 "~할 목적으로" 그리고 전치사 כְּ의 경우 "~와 같이" 혹은 "~처럼"으로 부문장으로 번역한다.

어 간	Qal	Niphal	Piel	Pual	Hithpael	Hiphil	Hophal
Impf. 2ms.	תִּקְטֹל	תִּקָּטֵל	תְּקַטֵּל	תְּקֻטַּל	תִּתְקַטֵּל	תַּקְטִיל	תָּקְטַל
Imp. ms.	קְטֹל	הִקָּטֵל	קַטֵּל	×	הִתְקַטֵּל	הַקְטֵל	×
부정사 연계형 (inf.cstr.)	קְטֹל	הִקָּטֵל	קַטֵּל	קֻטַּל	הִתְקַטֵּל	הַקְטִיל	הָקְטַל

특별히 히트파엘(Hithpael)형의 명령형과 전치사가 없는 부정사 연계형은 완료 3인칭 남성단수와 형태가 동일하다. 따라서 부정사의 역할을 잘 이해하는 것이 중요하다.

4. 부정사 절대형과 부정사 연계형

부정사 연계형 (Inf.cs.)	소유격어미
	속격의 실명사
	대격 목적어 지배
	전치사와 결합
부정사 절대형 (Inf.abs.)	동사의 추상적 의미 강조
	동일한 어간의 정동사와 함께 명령의 의미

①부정사 연계형은 소유격어미와 목적격어미를 취할 수 있으며, 부정사 연계형의 소유격어미는 문장의 주어로 사용된다.

②부정사 연계형은 거의 접두전치사와 결합하여 여러 부문장을 형성한다. 주로 "~할 때(כְּ/בְּ)", "~처럼(כְּ)", "~하기 위하여(לְ)"라는 전치사의 뜻에 맞는 부문장을 형성한다. 예를 들면, 전치사(לְ)+부정사 연계형은 "~을 위하여"라는 목적 부문장을 형성한다.

부문장의 주어가 주문장의 주어와 동일할 때, 부정사 연계형에 소유격어미를 사용해 주어를 따로 제시하지 않는다. 그러나 부문장의 주어가 주문장의 주어와 다를 경우, 부문장을 형성하는 부정사 연계형에 소유격어미를 첨가하여 주어를 제시한다.

【연습문제】

1. 부정사 절대형을 쓰시오.

קטל	Qal	Niphal	Piel	Pual	Hithpael	Hiphil	Hophal
부정사 절대형 (Inf.abs.)							

2. 부정사 연계형을 쓰시오.

קטל	Qal	Niphal	Piel	Pual	Hithpael	Hiphil	Hophal
부정사 연계형 (Inf.abs.)							

3. 다음을 번역하시오.

(대상 4:9-10)

9 וַיְהִ֣י יַעְבֵּ֔ץ נִכְבָּ֖ד מֵאֶחָ֑יו וְאִמּ֗וֹ קָרְאָ֨ה שְׁמ֤וֹ יַעְבֵּץ֙ לֵאמֹ֔ר כִּ֥י יָלַ֖דְתִּי בְּעֹֽצֶב׃
10 וַיִּקְרָ֣א יַ֠עְבֵּץ לֵאלֹהֵ֨י יִשְׂרָאֵ֜ל לֵאמֹ֗ר אִם־בָּרֵ֨ךְ תְּבָרְכֵ֜נִי
וְהִרְבִּ֤יתָ אֶת־גְּבוּלִי֙ וְהָיְתָ֥ה יָדְךָ֛ עִמִּ֖י וְעָשִׂ֣יתָ מֵּרָעָ֑ה לְבִלְתִּ֣י עָצְבִּ֑י
וַיָּבֵ֥א אֱלֹהִ֖ים אֵ֥ת אֲשֶׁר־שָׁאָֽל׃

(창 12:11)

11 וַיְהִ֕י כַּאֲשֶׁ֥ר הִקְרִ֖יב לָב֣וֹא מִצְרָ֑יְמָה
וַיֹּ֙אמֶר֙ אֶל־שָׂרַ֣י אִשְׁתּ֔וֹ הִנֵּה־נָ֣א יָדַ֔עְתִּי כִּ֛י אִשָּׁ֥ה יְפַת־מַרְאֶ֖ה אָֽתְּ׃

제 25과

동사의 파생어 3:

분사(Participle)

분사는 부정사와 같이 동사, 명사의 역할을 하지만 가장 특징적인 역할은 형용사(거의 한정 형용사와 독립 형용사)로서 사용된다. 분사는 앞에 있는 명사를 설명해 주며 또한 수식해 주는 형용사의 역할도 하기 때문이다.

1. 분사의 형태

분사는 능동분사와 수동분사로 나눈다.

어 간		Qal	Niphal	Piel	Pual	Hithpael	Hiphil	Hophal
Impf. 2ms.		תִּקְטֹל	תִּקָּטֵל	תְּקַטֵּל	תְּקֻטַּל	תִּתְקַטֵּל	תַּקְטִיל	תָּקְטַל
Imp. ms.		קְטֹל	הִקָּטֵל	קַטֵּל		הִתְקַטֵּל	הַקְטֵל	
분사 (pt.)	능동	קֹטֵל		מְקַטֵּל		מִתְקַטֵּל	מַקְטִיל	
	수동	קָטוּל	נִקְטָל		מְקֻטָּל			מָקְטָל

위의 표는 분사의 형태를 동사의 미완료형과 명령형을 비교한 표이다. 분사도 미완료에서 파생된 것이며, 동작동사에 따라 다음의 특징들이 있다.

① 칼(Qal)은 자체로 모음을 가진다(□ֹ□ֵ□와 □ָ□וּ□).

시 127:1b	אִם־יְהוָה לֹא־יִשְׁמָר־עִיר שָׁוְא שָׁקַד שׁוֹמֵר׃
	שׁמר (Qal pt.ms. act.) '지키다'
한글 번역	만일 야훼께서 성읍을 지키지 않으신다면 지키는 자(파수꾼)는 헛되이 지키는 것이다(□ֹ□ֵ□ 능동형)
신 28:61a	גַּם כָּל־חֳלִי וְכָל־מַכָּה אֲשֶׁר לֹא כָתוּב בְּסֵפֶר הַתּוֹרָה
	כתב (Qal pt.ms pass.) '기록하다'
한글 번역	이 율법 책 안에 기록되지 않은 모든 질병과 모든 재앙 역시 … (□ָ□וּ□ 수동형)

② 니팔은 완료에서 만들어지며 두 번째 자음의 모음이 카메츠(□ָ)이다.

시 74:21a	אַל־יָשֹׁב דַּךְ נִכְלָם
	כלם (Ni.pt.ms.) '부끄럽게 여기다'
한글 번역	학대받은 자는 부끄럽게 여기는 자로 돌아가지 말라.(Ni.pt.)
시 51:19a (한글성경 51:17a)	זִבְחֵי אֱלֹהִים רוּחַ נִשְׁבָּרָה לֵב־נִשְׁבָּר וְנִדְכֶּה
	שׁבר (Ni.pt.ms/Ni.pt.fs.) '깨지다/부서지다' דכה (접.Ni.pt.ms.) '압박당하다'
한글 번역	하나님의 제사(하나님이 원하시는 제사)는 깨진 영이다. 부서지고, 압제당한 마음 … (Ni.pt.)

③ 그 외의 동작동사 형태(Piel/Pual/Hithpael/Hiphil/Hophal)는 명령형에 "מ"이 접두된다. 따라서 분사의 특징은 "מ"의 여부에 있다(Qal,

Niphal 제외).

창 12:3a	וַאֲבָרְכָה מְבָרְכֶיךָ וּמְקַלֶּלְךָ אָאֹר
문법 번역	Pi.Impf.1cs./접.Pi.pt.ms./목2ms./Pi.pt.mpl./목2ms./Pi.Impf.1cs.Cho.
한글 번역	내가 너를 축복하는 자들을 축복할 것이고, 너를 저주하는 자를 내가 저주할 것이다.(Pie. pt.) קלל '저주하다' / ברך '축복하다'
창 1:6	וִיהִי מַבְדִּיל בֵּין מַיִם לָמָיִם׃
문법 번역	היה (Qal.impf.3ms.juss.) / בדל (Hiph.pt.ms.) '나누다'
한글 번역	물과 물로 나뉘라! (jussive 표현/Hi. pt.)

2. 분사와 명사

분사는 명사의 독립형과 연계형으로 만들어지며, 소유격어미도 붙일 수 있다.

분 사		남 성		여 성	
		독립형	연계형	독립형	연계형
능동분사	단수(s)	קֹטֵל	קֹטֵל	קֹטְלָה/קֹטֶלֶת	קֹטַלַת/קֹטֶלֶת
	복수(pl)	קֹטְלִים	קֹטְלֵי	קֹטְלוֹת	קֹטְלוֹת
수동분사	단수(s)	קָטוּל	קְטוּל	קְטוּלָה	קְטוּלַת
	복수(pl)	קְטוּלִים	קְטוּלֵי	קְטוּלוֹת	קְטוּלוֹת

3. 분사의 번역

①분사는 주문장에 의존하기 때문에 정동사의 시제를 주목해야 한다.

②7개의 동작동사 분사의 형태를 파악해야 한다.

③분사는 대부분 자신의 목적어가 뒤에 오며, 분사 앞에 목적어가 오지 않는다.

④분사는 먼저 관계대명사로 번역하며, 이때 분사는 관계대명사의 문장에서 동사가 된다.[17)]

【연습문제】

1. 분사 형태를 쓰시오.

קטל		Qal	Niphal	Piel	Pual	Hithpael	Hiphil	Hophal
분사 (pt.)	능동	קֹטֵל		מְקַטֵּל		מְתְקַטֵּל	מְקְטִיל	
	수동	קָטוּל	נִקְטָל		מְקֻטָּל			מָקְטָל

2. 다음을 번역하시오(창 1:6–7).

6 וַיֹּ֣אמֶר אֱלֹהִ֔ים יְהִ֥י רָקִ֖יעַ בְּת֣וֹךְ הַמָּ֑יִם וִיהִ֣י מַבְדִּ֔יל בֵּ֥ין מַ֖יִם לָמָֽיִם׃

7 וַיַּ֣עַשׂ אֱלֹהִים֮ אֶת־הָרָקִיעַ֒ וַיַּבְדֵּ֗ל בֵּ֤ין הַמַּ֙יִם֙ אֲשֶׁר֙ מִתַּ֣חַת לָרָקִ֔יעַ

וּבֵ֥ין הַמַּ֖יִם אֲשֶׁ֣ר מֵעַ֣ל לָרָקִ֑יעַ וַֽיְהִי־כֵֽן׃

Ⅳ

약동사

제 26과

약동사의 특징과 명칭

1. 약동사의 특징

'약동사'라는 명칭은 동사의 세 개의 자음 중 후음문자(ר/ע/ח/ה/א)나 약문자(נ/י/ו)가 '하나' 혹은 '두 개'를 가지고 있는 동사를 의미한다. 일반적으로 "불규칙동사"라고 알려진 '약동사'는 자음이 자신의 음가를 잃어버리거나(ה/א) 또는 모음으로 변하거나(י/ו), 뒷 자음과 동화되는(נ) 그리고 발음하기 어려운 후음(ע/ח)을 가지고 있는 동사이다. 그러나 각각의 약동사는 자신의 규칙을 가지고 있으므로, 약동사를 불규칙동사로 처리하는 것은 무리라고 본다.[18)]

• 약동사의 분류는 다음과 같다:

①후음자음: 알렙(א)/헤(ה)/아인(ע)/헤트(ח) 그리고 반후음 러쉬(ר)

②약자음: 눈(נ)/요드(י)/바브(ו).

다른 자음들과는 다르게 이러한 자음들은 동화, 탈락, 교체, 전치 등이 빈번하게 일어난다. 예를 들면, 후음자음들은 목구멍 깊은 데서 나는 소리이기 때문에 연속적으로 발음하기가 어렵다. 따라서 일반자음에서 사용되는 중강점을 찍을 수 없으므로 후음 앞에 있는 모음을 길게 연장하는 특성을 지닌다. 또한 약자음 눈(נ)은 자음동화 현상으로 인해 히브리어 동사 세 자음 중 눈(נ)이 없어져서 두 개의 자음만 남게 한다. 이러한 경향은 정동사의 규칙적인 변화에 영향을 미치게 되어 7가지 동작동사의 유형을 알 수 없게 만든다.

그러므로 약동사를 이해하기 위해서는 후음법칙과 약문자의 특징을 알아야 하며, 또한 정동사의 7가지 기본동작의 특징과 형태를 반드시 기억해야만 한다. 왜냐하면 정동사의 특징과 형태를 기준으로, 후음문자와 약문자의 특징의 변화를 유추할 수 있기 때문이다.

1. 정동사의 형태

아래의 표는 정동사의 동작동사 3인칭 남성단수를 모아 놓은 표이다:

어 간		Qal	Niphal	Piel	Pual	Hithpael	Hiphil	Hophal
pf.	3ms.	קָטַל	נִקְטַל	קִטֵּל	קֻטַּל	הִתְקַטֵּל	הִקְטִיל	הָקְטַל
Impf.	3ms.	יִקְטֹל	יִקָּטֵל	יְקַטֵּל	יְקֻטַּל	יִתְקַטֵּל	יַקְטִיל	יָקְטַל

정동사의 3인칭 남성단수 14개의 형태는 칼(Qal) 완료를 제외하고 다음과 같은 공통된 특징을 가진다.

(1) 첫 음절이 폐음절이다.

(2) 첫 번째 폐음절은 단모음이다.

(3) 정동사는 히브리어 기본 자음 수, 세 개를 유지한다.

이러한 특징은 약동사의 변화의 범위를 이해하는데 도움이 된다.

2. 약동사의 형태

1) 어떤 약동사는 정동사의 특징인 첫 음절이 단모음으로 이루어진 폐음절의 특징을 파괴한다. 그러나 기본적인 히브리어의 자음 세 개는 그대로 유지한다.

어간		Qal	Niphal	Piel	Pual	Hithpael	Hiphil	Hophal
pf.	3ms.	עָמַד	נֶעֱמַד	עִמֵּד	עֻמַּד	הִתְעַמֵּד	הֶעֱמִיד	הָעֳמַד
Impf.	3ms.	יַעֲמֹד	יֵעָמֵד	יְעַמֵּד	יְעֻמַּד	יִתְעַמֵּד	יַעֲמִיד	יָעֳמַד

위의 도표에서 보듯이 페(פ)-후음동사는 정동사의 도표와 비교하면 다음과 같다:

① 칼 미완료(Qal.Impf.), 니팔 완료(Ni.pf.), 히필 완료(Hi.pf.) 및 미완료(Hi.Impf.) 그리고 호팔 완료(Ho.pf.)에서 단순쉐바를 취할 수 없는 후음은 복합쉐바를 모음으로 취한다. 따라서 첫 음절이 단모음을 가진 폐음절이라는 정동사의 특징에서 벗어난다.

② 니팔 미완료(Ni.Impf.)는 첫 자음이 중복(נ 법칙)되기 때문에 그 안에 중강점을 가질 수 없는 후음은 선행 앞모음이 장모음화 된다는 법칙에 따라 니팔 첫 모음은 길어진다.

2) 또 다른 유형들은 히브리어의 기본 자음 수 세 개를 파괴하는 약동사이다. 예를 들면, 아래의 도표는 첫 자음을 후음으로 가지고 있는, 소위 페(פ)–눈(נ)동사이다:

어간		Qal	Niphal	Piel	Pual	Hithpael	Hiphil	Hophal
pf.	3ms.	נָפַל	נִפַּל	נִפֵּל	נֻפַּל	הִתְנַפֵּל	הִפִּיל	הֻפַּל
Impf.	3ms.	יִפֹּל	יִנָּפֵל	יְנַפֵּל	יְנֻפַּל	יִתְנַפֵּל	יַפִּיל	יֻפַּל

위의 도표에서 보듯이 페(פ)–눈(נ)동사를 정동사와 비교하면 다음과 같다:

①칼 미완료(Qal.Impf.)에서 첫 음절인 눈(נ)이 음절의 끝이 되면 동화작용에 의하여 자음 하나가 숨어버려 기본 자음 3개를 형성하지 못한다.

יִקְטֹל(정동사.Qal.Impf.)

יִנְפֹּל(페–눈 동사.Impf.) → יִפֹּל

②자음 수가 생략되는 약동사(1개나 2개의 자음)는 **"원형으로 돌아가려는 움직임"**이 있다. 예를 들면, 위의 도표에서 호팔(Hophal)은 눈(נ)의 자음동화와 함께 악센트 없는 폐음절로 짧은 o[◌ָ]가 원래 모음 u[◌ֻ]로 변한다.

3) 약동사의 세 번째 특징은, 약문자의 특징과 관련되지 않으면 **"정동사와 동일하게 변화"**한다.

• 결론적으로 약동사의 특징들은 다음과 같다:

1) 동사의 세 개의 자음 중 한 개 내지 두 개의 자음이 약문자로 형성되어 있다.

2) 약문자로 형성된 자음들은 정동사의 규칙을 따르기 보다는 약문자의 규칙을 따른다.

3) 약문자의 규칙을 따르지 않는 형태들은 전부 정동사의 변화를 따른다.

2. 약동사의 명칭

문법 학자들은 약동사의 변화를 제시하기 위해 פעל(행하다) 동사를 사용하여 '약동사의 명칭'을 부여했다. 하지만 현재는 "첫째 자음동사(I-자음동사)", "둘째 자음동사(II-자음동사)" 그리고 "셋째 자음동사(III-자음동사)"로 사용하기도 한다.

(III-자음동사) ל (라메드)	(II-자음동사) ע (아인)	(I-자음동사) פ (페)
후음(חע)	후음(אהחע)/반후음(ר)	후음(החע)/반후음(ר)
알렙(א)		알렙 (א)
헤(ה)	중복 (일반자음)	눈 (נ)
		요드 (י)/바브 (ו)
	순장모음 동사 (ו י)	

위의 그림은 약동사의 명칭을 자세하게 제시해 주고 있다. 우선 **פעל**(행하다)의 자음 명칭, 즉 첫 번째 자음 "**פ**(페)", 두 번째 자음 "**ע**(아인)", 세 번째 자음 "**ל**(라메드)"가 약동사의 첫 명칭이 된다. 그것에 따라서 약문자가 "**פעל**" 동사의 세 자음 중 어디에 위치하는가에 따라서 명칭이 부여된다.

1) 첫 번째 자음 "페(פ)" 약동사: "Ⅰ-자음동사"

(1) 페(**פ**)-후음동사: **חשׁב עמד היה רשׁע**

(2) 페(**פ**)-알렙(**א**)동사: **אכל אמר**

(3) 페(**פ**)-눈(**נ**)동사: **נתן נגשׁ נפל**

(4) 페(**פ**)-요드(**י**)/바브(**ו**)동사: **ישׁב יטב**

2) 두 번째 자음 "아인(ע)" 약동사: "Ⅱ-자음동사"

(1) 아인(**ע**)-후음동사: **מחץ צעד מהר ברך שׁאל**

(2) 아인(**ע**)-중복동사[19]: **קלל סבב**

(3) 아인(**ע**)-순장모음동사[20]: **בוא קום**

3) 세 번째 자음 "라메트(ל)" 약동사: "Ⅲ-자음동사"

(1) 라메드(**ל**)-후음동사(**ע ח**): **סרח זרע**

(2) 라메드(**ל**)-알렙(**א**)동사: **מצא**

(3) 라메드(**ל**)-헤(**ה**) 동사: **כבה**

앞에서 설명한 약문자의 명칭은 매우 중요하므로 반드시 기억해 두어야 한다. 그렇다면 "약문자의 명칭"이 왜 중요한 것인가? 그 이유는, 약문자는 명칭 그 자체에 각각의 약문자를 풀 수 있는 열쇠를 가지고 있기 때문이다.

제 27과

페(פ)-후음동사

1. 페(פ)-후음동사의 특징

페(פ)-후음동사는 첫째 어근에 후음(ע/ח/ה/א)/반후음(ר)이 들어가 있는 동사이다.

חפך(Ni. 변화하다)　　הרג(죽이다),

עבר(건너가다)　　אסף(모으다)

페(פ)-후음동사를 이해하기 위해서는 후음의 특징을 알아야 한다. 그 특징은, ①선행모음을 파다(◌ַ)로 취하고, ②단순쉐바를 취할 수 없기 때문에 복합쉐바(대체로 ר/ע/ח/ה는 ◌ֲ, א은 ◌ֱ)를 취하며, ③중복될 수 없기 때문에 선행모음을 장음화한다.

2. 페(פ)–후음동사의 범위

페(פ)–후음동사는 정동사의 변화 가운데 후음의 특징이 적용되는 범위를 한정하면 된다.

어 간		Qal	Niphal	Piel	Pual	Hithpael	Hiphil	Hophal
pf.	3ms.	קָטַל	נִקְטַל	קִטֵּל	קֻטַּל	הִתְקַטֵּל	הִקְטִיל	הָקְטַל
Impf.	3ms.	יִקְטֹל	יִקָּטֵל	יְקַטֵּל	יְקֻטַּל	יִתְקַטֵּל	יַקְטִיל	יָקְטַל
pf.	3ms.	עָמַד	נֶעֱמַד①		정동사와 동일한 변화		הֶעֱמִיד①	הָעֳמַד③
Impf.	3ms.	יַעֲמֹד①	יֵעָמֵד②				יַעֲמִיד①	יָעֳמַד③

• 정동사 3인칭 남성단수와 페(פ)–후음동사 3인칭 남성단수를 비교하면,

①후음 밑에 단순쉐바를 찍을 수 없는 유형:

Qal.Impf./ Ni.pf./ Hi.pf./ Hi.Impf

②후음이 중복되지 않는 경우: Ni.Impf.

③동작을 지시하는 동사가 히렉(ִ) 이외에 다른 모음을 가진 형태:

Ho.pf./ Ho.Impf.

반면에, 페(פ)–후음동사에서 강조형(Piel, Pual, Hithpael)은 정동사와 동일하게 변화한다.

3. 페(פ)-후음동사의 완료와 미완료

		Qal(O형)	Qal(A형)	Niphal	Hiphil	Hophal
pf.	3ms.	עָמַד	חָזַק	נֶעֱזַב	הֶעֱמִיד	הָעֳמַד
	3fs.	עָמְדָה	חָזְקָה	נֶעֶזְבָה	הֶעֱמִידָה	הָעָמְדָה
	2ms.	עָמַדְתָּ	חָזַקְתָּ	נֶעֱזַבְתָּ	הֶעֱמַדְתָּ	הָעֳמַדְתָּ
	2fs.	עָמַדְתְּ	חָזַקְתְּ	נֶעֱזַבְתְּ	הֶעֱמַדְתְּ	הָעֳמַדְתְּ
	1cs.	עָמַדְתִּי	חָזַקְתִּי	נֶעֱזַבְתִּי	הֶעֱמַדְתִּי	הָעֳמַדְתִּי
	3cpl.	עָמְדוּ	חָזְקוּ	נֶעֶזְבוּ	הֶעֱמִידוּ	הָעָמְדוּ
	2mpl.	עֲמַדְתֶּם	חֲזַקְתֶּם	נֶעֱזַבְתֶּם	הֶעֱמַדְתֶּם	הָעֳמַדְתֶּם
	2fpl.	עֲמַדְתֶּן	חֲזַקְתֶּן	נֶעֱזַבְתֶּן	הֶעֱמַדְתֶּן	הָעֳמַדְתֶּן
	1cpl.	עָמַדְנוּ	חָזַקְנוּ	נֶעֱזַבְנוּ	הֶעֱמַדְנוּ	הָעֳמַדְנוּ
Impf.	3ms.	יַעֲמֹד	יֶחֱזַק	יֵעָזֵב	יַעֲמִיד	יָעֳמַד
	3fs.	תַּעֲמֹד	תֶּחֱזַק	תֵּעָזֵב	תַּעֲמִיד	תָּעֳמַד
	2ms.	תַּעֲמֹד	תֶּחֱזַק	תֵּעָזֵב	תַּעֲמִיד	תָּעֳמַד
	2fs.	תַּעַמְדִי	תֶּחֶזְקִי	תֵּעָזְבִי	תַּעֲמִידִי	תָּעָמְדִי
	1cs.	אֶעֱמֹד	אֶחֱזַק	אֵעָזֵב	אַעֲמִיד	אָעֳמַד
	3mpl.	יַעַמְדוּ	יֶחֶזְקוּ	יֵעָזְבוּ	יַעֲמִידוּ	יָעָמְדוּ
	3fpl.	תַּעֲמֹדְנָה	תֶּחֱזַקְנָה	תֵּעָזַבְנָה	תַּעֲמֵדְנָה	תָּעֳמַדְנָה
	2mp.	תַּעַמְדוּ	תֶּחֶזְקוּ	תֵּעָזְבוּ	תַּעֲמִידוּ	תָּעָמְדוּ
	2fpl.	תַּעֲמֹדְנָה	תֶּחֱזַקְנָה	תֵּעָזַבְנָה	תַּעֲמֵדְנָה	תָּעֳמַדְנָה
	1cpl.	נַעֲמֹד	נֶחֱזַק	נֵעָזֵב	נַעֲמִיד	נָעֳמַד

1. 후음 밑에 단순쉐바를 찍을 수 없는 유형:

Qal.pf./ Qal.Impf./ Ni.pf./ Hi.pf./ Hi.Impf.

대체로 이 형태는 3가지 유형으로 나누어진다.

①페(פ)－후음동사의 칼 완료 2인칭 남성복수(2mpl)와 2인칭 여성복수(2fpl)[21]일 때, 첫 음절의 모음이 단순쉐바에서 복합쉐바로 변한다.[22]

עָמַד → עָמַדְתֶּם → עְמַדְתֶּם → עֲמַדְתֶּם (Qal.pf.2mpl.)

עָמַד → עָמַדְתֶּן → עְמַדְתֶּן → עֲמַדְתֶּן (Qal.pf.2fpl.)

②페(פ)－후음동사 "O－형"의 칼 미완료(O－Qal.Impf.)와 히필 미완료(Hi.Impf.)는 "후음이 음절의 끝을 형성하는 경우 －한국어의 받침으로 끝나는 경우－ 그 앞의 모음을 파다(◌ַ)로 취하기를 좋아한다(G－K§22d)"라고 하는 후음법칙에 따라 후음 앞의 모음이 파다(◌ַ)로 변한다.

יִעְמֹד → יַעְמֹד → יַעֲמֹד (O－Qal.Impf.3ms.)

יִעְמֹד → יַעְמֹד → יַעֲמֹד → יַעֲמְדוּ → יַעַמְדוּ (Hi.Impf.3mpl.)

③페(פ)－후음동사 "A－형"의 칼 미완료(A－Qal.Impf.)와 니팔 완료(Ni.pf.) 그리고 히필 완료(Hi.pf.)는 접두모음을 첨가할 때 변화된다. 그 경우 접두모음의 히렉(◌ִ)이 파다(◌ַ)가 아니라 세골(◌ֶ)로 변한다.[23] 그리고 이후 첫 자음의 모음이 접두모음을 따라 복합쉐바(◌ֱ)로 변화한다.

יִחְזַק → יֶחְזַק → יֶחֱזַק → יֶחֱזַק (A－Qal.Impf.3ms.)

נֶעֱמַד → נֶעֱמַדָה → נֶעֱמְדָה (Ni.pf.3fs.)

הִעְבַּדְתֶּם → הֶעְבַּדְתֶּם → הֶעֱבַּדְתֶּם (Hi.pf.2mpl.)

2. 후음이 중복되지 않는 경우: Ni.Impf.

니팔 미완료의 특징은 첫째 어근의 중복이다. 그러나 페(פ)-후음동사의 니팔 미완료(Ni.Impf.)는 첫째 어근이 후음이기 때문에 중복할 수 없다. 따라서 중복 대신에 접두된 인칭어미의 모음이 장모음으로 변화한다.

יִעָּבֵד → יִעְעָבֵד → יֵעָבֵד (Ni.Impf.3ms.)

יִעָּבֵד → תִּעָבֵדִי → תִּעְעָבְדִי → תֵּעָֽבְדִי (Ni.Impf.2fpl.)

יִעָּבֵד → תִּעָבֵדְנָה → תִּעְעָבַדְנָה → תֵּעָבַדְנָה (Ni.Impf.3fpl.)

3. 동작을 지시하는 동사가 히렉(□ִ) 이외에 다른 모음을 가진 형태: Ho.pf./Ho.Impf.

페(פ)-후음동사의 호팔 완료(Ho.pf.)와 미완료(Impf.)는 히필 미완료(Hi.Impf.)와 같이 호팔의 모음인 카메츠 하툽(□ָ/ㅇ)의 영향으로 후음모음이 복합쉐바(□ֳ)로 변화한다. 따라서 페(פ)-후음동사의 호팔 형태는 거의 □ֳ□ָ이다.

יָעְבַד → תָּעְבַדִי → תָּעֳבְדִי → תָּֽעֳבְדִי (Ho.Impf.2fs.)

הָעְבַד → הָעְבַדְתֶּם → הָֽעֳבַדְתֶּם (Ho.pf.3mpl.)

4. 페(פ)-후음동사의 파생어

1. 칼(Qal)형의 파생어들(O형/ A형)

<table>
<tr><th colspan="2">명 령</th><th colspan="2">분 사</th><th>Jussive</th><th>יַעֲמֹד</th><th colspan="2">바브연속법</th></tr>
<tr><td>ms.</td><td>עֲמֹד</td><td>ms.</td><td>עֹמֵד</td><td>3ms.</td><td>יַעֲמֵד</td><td>3ms.</td><td>וַיַּעֲמֹד</td></tr>
<tr><td>fs.</td><td>עִמְדִי</td><td rowspan="2">fs.</td><td rowspan="2">עֹמְדָה
עֹמֶדֶת</td><td colspan="2" rowspan="2">Chohortative</td><td colspan="2" rowspan="2">부정사</td></tr>
<tr><td>mpl.</td><td>עִמְדוּ</td></tr>
<tr><td rowspan="2">fpl.</td><td rowspan="2">עֲמֹדְנָה</td><td>mpl.</td><td>עֹמְדִים</td><td>1cs.</td><td>אֶעֶמְדָה</td><td>Inf. cstr.</td><td>עֲמֹד</td></tr>
<tr><td>fpl.</td><td>עֹמְדוֹת</td><td>1cpl.</td><td>נַעַמְדָה</td><td>Inf. abs.</td><td>עָמוֹד</td></tr>
</table>

· 명령형의 남성단수과 여성복수는 복합쉐바(◌ֲ) 이다.

· 분사는 변화되지 않는다.

· 바브미완료연속법과 부정사 연계형은 복합쉐바(עֲ)를 취한다.

· Jussive와 Chohortative는 악센트의 변화 때문에 장음화 된다.

2. 니팔 미완료(Ni.Impf.)의 파생어

<table>
<tr><th colspan="2">명 령</th><th colspan="2">분 사</th><th colspan="2">Jussive</th><th colspan="2">바브연속법</th></tr>
<tr><td>ms.</td><td>הֵעָמֵד</td><td>ms.</td><td>נֶעֱמָד</td><td>3ms.</td><td>יֵעָמֵד</td><td>3ms.</td><td>וַיֵּעָמֵד</td></tr>
<tr><td>fs.</td><td>הֵעָמְדִי</td><td rowspan="2">fs.</td><td rowspan="2">נֶעֱמָדָה
נֶעֱמֶדֶת</td><td colspan="2">Chohortative</td><td colspan="2">부정사</td></tr>
<tr><td>mpl.</td><td>הֵעָמְדוּ</td><td>1cs.</td><td>אֵעָמְדָה</td><td>Inf. cstr.</td><td>הֵעָמֵד</td></tr>
<tr><td rowspan="2">fpl.</td><td rowspan="2">הֵעָמַדְנָה</td><td>mpl.</td><td>נֶעֱמָדִים</td><td rowspan="2">1cpl.</td><td rowspan="2">נֵעָמְדָה</td><td rowspan="2">Inf. abs.</td><td rowspan="2">הֵעָמוֹד</td></tr>
<tr><td>fpl.</td><td>נֶעֱמָדוֹת</td></tr>
</table>

· 니팔 완료(Ni.pf.)에서 파생된 분사형을 제외한 모든 형태들의 첫 모음은 장모음이다.

· 니팔 분사는 니팔의 특징인 눈(נ)의 모음이 세골(◌ֶ)로 그리고 첫 어근인 후음이 하텝 세골(◌ֱ)로 변화한다. 특별히 니팔 분사의 여성단수형은 ת어미와 ◌ָה 어미를 가지고 있는 두 가지 형태가 있다.

3. 히필(Hiphil)형의 파생어들

히필 미완료(Hi.Impf.)에서 모음이 파다(◌ַ)이기 때문에 ◌ַ◌ֲ이 된다.

<table>
<tr><th colspan="2">명령</th><th colspan="2">분사</th><th colspan="2">Jussive</th><th colspan="2">바브연속법</th></tr>
<tr><td>ms.</td><td>הַעֲמֵד</td><td>ms.</td><td>מַעֲמִיד</td><td>3ms.</td><td>יַעֲמֵד</td><td>3ms.</td><td>וַיַּעֲמֵד</td></tr>
<tr><td>fs.</td><td>הַעֲמִידִי</td><td rowspan="2">fs.</td><td rowspan="2">מַעֲמִידָה
מַעֲמֶדֶת</td><th colspan="2">Chohortative</th><th colspan="2">부정사</th></tr>
<tr><td>mpl.</td><td>הַעֲמִידוּ</td><td>1cs.</td><td>אַעֲמִידָה</td><td>Inf. cstr.</td><td>הַעֲמִיד</td></tr>
<tr><td rowspan="2">fpl.</td><td rowspan="2">הַעֲמֵדְנָה</td><td>mpl.</td><td>מַעֲמִידִים</td><td rowspan="2">1cpl.</td><td rowspan="2">נַעֲמִידָה</td><td rowspan="2">Inf. abs.</td><td rowspan="2">הַעֲמֵד</td></tr>
<tr><td>fpl.</td><td>מַעֲמִידוֹת</td></tr>
</table>

· 히필(Hiphil)은 칼(Qal)과 니팔(Niphal)과는 다르게 모음어미가 올 경우에도 악센트 변화가 없다. 그 때문에 순장모음을 그대로 유지한다.

· 간혹 히필 명령형에서 세골형이 나타나기도 한다. הֶעְמִיקוּ(렘 49: 8)

· 소위 Jussive, 바브연속법, 절대 부정사들은 마지막 음절이 체레(◌ֵ)이다.

【연습문제】

1. 후음 밑에 단순쉐바를 찍을 수 없는 유형:

Qal.Impf./ Ni.pf./ Hi.pf./ Hi.Impf.

삿 7:11a(Qal. Impf.)

וְשָׁמַעְתָּ מַה־יְדַבֵּרוּ וְאַחַר תֶּחֱזַקְנָה יָדֶיךָ וְיָרַדְתָּ בַּמַּחֲנֶה

출 7:15(Ni.pf.)

לֵךְ אֶל־פַּרְעֹה בַּבֹּקֶר הִנֵּה יֹצֵא הַמַּיְמָה וְנִצַּבְתָּ לִקְרָאתוֹ עַל־שְׂפַת הַיְאֹר
וְהַמַּטֶּה אֲשֶׁר־נֶהְפַּךְ לְנָחָשׁ תִּקַּח בְּיָדֶךָ׃

사 43:23b(Hi.pf.)

לֹא הֶעֱבַדְתִּיךָ בְּמִנְחָה וְלֹא הוֹגַעְתִּיךָ בִּלְבוֹנָה׃

렘 6:23a(Hi.Impf.)

קֶשֶׁת וְכִידוֹן יַחֲזִיקוּ אַכְזָרִי הוּא וְלֹא יְרַחֵמוּ
קוֹלָם כַּיָּם יֶהֱמֶה וְעַל־סוּסִים יִרְכָּבוּ

2. 후음이 중복되지 않는 경우: Ni.Impf.

겔 47:5(Ni.Impf.)

וַיָּמָד אֶלֶף נַחַל אֲשֶׁר לֹא־אוּכַל לַעֲבֹר
כִּי־גָאוּ הַמַּיִם מֵי שָׂחוּ נַחַל אֲשֶׁר לֹא־יֵעָבֵר׃

3. 동작을 지시하는 동사가 히렉 외에 다른 모음을 가진 형태:

Ho.pf./ Ho.Impf.

왕상 22:34(Ho.pf.)

וְאִישׁ מָשַׁךְ בַּקֶּשֶׁת לְתֻמּוֹ וַיַּכֶּה אֶת־מֶלֶךְ יִשְׂרָאֵל בֵּין הַדְּבָקִים וּבֵין הַשִּׁרְיָן
וַיֹּאמֶר לְרַכָּבוֹ הֲפֹךְ יָדְךָ וְהוֹצִיאֵנִי מִן־הַמַּחֲנֶה כִּי הָחֳלֵיתִי׃

신 13:3(Ho.Impf.)

וּבָא הָאוֹת וְהַמּוֹפֵת אֲשֶׁר־דִּבֶּר אֵלֶיךָ לֵאמֹר
נֵלְכָה אַחֲרֵי אֱלֹהִים אֲחֵרִים אֲשֶׁר לֹא־יְדַעְתָּם וְנָעָבְדֵם׃

4. 파생어들

삼상 26:19bδ(Qal.pt)

לֵךְ עֲבֹד אֱלֹהִים אֲחֵרִים׃

창 29:20a(바브 미완료 연속)

וַיַּעֲבֹד יַעֲקֹב בְּרָחֵל שֶׁבַע שָׁנִים

창 49:29a(Niph.pt)

וַיְצַו אוֹתָם וַיֹּאמֶר אֲלֵהֶם אֲנִי נֶאֱסָף אֶל־עַמִּי קִבְרוּ אֹתִי אֶל־אֲבֹתָי

출 6:5(Hiph.pt)

וְגַם אֲנִי שָׁמַעְתִּי אֶת־נַאֲקַת בְּנֵי יִשְׂרָאֵל אֲשֶׁר מִצְרַיִם מַעֲבִדִים אֹתָם
וָאֶזְכֹּר אֶת־בְּרִיתִי׃

왕하 3:23(Hoph.pt.abs.)

וַיֹּאמְרוּ דָּם זֶה הָחֳרֵב נֶחֶרְבוּ הַמְּלָכִים וַיַּכּוּ אִישׁ אֶת־רֵעֵהוּ
וְעַתָּה לַשָּׁלָל מוֹאָב׃

제 28과

페(פ)–알렙(א)동사

1. 페(פ)–알렙(א)동사의 특징

페(פ)–알렙(א)동사는 '첫 번째 자음'이 후음 '알렙(א)'으로 시작되는 동사로 그 특징에 따라서 장모음 ō(ֹ)에서 묵음이 되는 것이 일반적이다. 페(פ)–알렙(א)동사는 아래에 제시된 5개의 동사이며,[24] 나머지 알렙(א)으로 시작하는 동사는 페(פ)–후음동사에 속한다.[25]

אבד(멸망하다) / אפה(빵을 굽다) / אכל(먹다)

אמר(말하다) / אבה(동의하다)

2. 페(פ)-알렙(א)동사의 범위

어 간		Qal	Niphal	Piel	Pual	Hithpael	Hiphil	Hophal
pf.	3ms.	קָטַל	נִקְטַל	קִטֵּל	קֻטַּל	הִתְקַטֵּל	הִקְטִיל	הָקְטַל
Impf.	3ms.	יִקְטֹל	יִקָּטֵל	יְקַטֵּל	יְקֻטַּל	יִתְקַטֵּל	יַקְטִיל	יָקְטַל
pf.	3ms.		נֶאֱמַר	정동사와 동일한 변화			הֶאֱמִיר	הָאֳמַר
Impf.	3ms.	יֹאמַר	יֵאָמֵר				יַאֲמִיר	יָאֳמַר

페(פ)-알렙(א)동사는 칼(Qal) 미완료를 제외한 다른 동작동사의 경우 페(פ)-후음동사 변화와 동일하다. 칼(Qal) 미완료에서의 특별한 모음의 변화는 아래와 같다:

יִאְמֹר → יַאְמֹר → יַאֲמֹר → יָאמֹר → יֹאמֹר → יֹאמַר

3. 페(פ)-알렙(א)동사의 완료와 미완료

정동사 변화	페-알렙동사	말하다 אמר	먹다 אכל	멸망하다 אבד
יִקְטֹל	3ms.	יֹאמַר	יֹאכַל	יֹאבַד
תִּקְטֹל	3fs.	תֹּאמַר	תֹּאכַל	תֹּאבַד
תִּקְטֹל	2ms	תֹּאמַר	תֹּאכַל	תֹּאבַד
תִּקְטְלִי	2fs.	תֹּאמְרִי	תֹּאכְלִי	תֹּאבְדִי
אֶקְטֹל	1cs.	אֹמַר	אֹכַל	אֹבַד
יִקְטְלוּ	3mpl.	יֹאמְרוּ	יֹאכְלוּ	יֹאבְדוּ
תִּקְטֹלְנָה	3fpl.	תֹּאמַרְנָה	תֹּאכַלְנָה	תֹּאבַדְנָה
תִּקְטְלוּ	2mpl.	תֹּאמְרוּ	תֹּאכְלוּ	תֹּאבְדוּ
תִּקְטֹלְנָה	2fpl.	תֹּאמַרְנָה	תֹּאכַלְנָה	תֹּאבַדְנָה
נִקְטֹל	1cpl.	נֹאמַר	נֹאכַל	נֹאבַד

①페(פ)-알렙(א)동사는 Qal.Impf.에서만 자신의 모음을 가진다.

אָמַר (ʾāmar) / יֹאמַר (yōmar)

②1인칭에서 묵음인 두 번째 자음 '알렙(א)'은 보통 탈락되어 마치 3인칭 완료와 같은 형태를 취한다. 당연히 모음 ō(ׂ◌)는 '알렙(א)'의 소실에 대한 보상으로 장음이 된다. 완전 서법은 אוֹמַר(느 2:7 또한 אוֹמְרָה 시 42:10)이다. 그러나 페(פ)-알렙(א)동사에서 1인칭 공성단수(1cs)는 항상 불완전 서법(אֹמַר)으로 사용된다는 것을 주목해야 한다.

אֹמַר (ʾōmar / Impf. 1cs.)

③페(פ)-알렙(א)동사에서 '알렙(א)'은 자주 탈락된다.

יֹאמַר → תֹּאמַר → תֹּאמַרוּ → תֹּאמְרוּ → תֹּמְרוּךְ

4. 페(פ)-알렙(א)동사의 파생어

명령		분사	
ms.	אֱכֹל	act.	אֹכֵל
fs.	אִכְלִי	pass.	אָכוּל
mpl.	אִכְלוּ		
fpl.	אֱכֹלְנָה		
Jussive		**바브연속법**	
3ms.		3ms.	וַיֹּאכַל וַיֹּאמֶר
Chohortative		**부정사**	
1cs.	אֹכְלָה	Inf. cstr.	הַעֲמִיד
1cpl.	נֹאמְרָה	Inf. abs.	הַעֲמֵד

페-알렙	미완료	바브연속법
יֹאמַר	3ms.	וַיֹּאכַר / וַיֹּאמֶר(pausa)
תֹּאמַר	3fs.	וַתֹּאמֶר
תֹּאמַר	2ms.	וַתֹּאמֶר
תֹּאמְרִי	2fs.	וַתֹּאמְרִי
אֹמַר	1cs.	וָאֹמַר
יֹאמְרוּ	3mpl.	וַיֹּאמְרוּ
תֹּאמַרְנָה	3fpl.	וַתֹּאמַרְנָה
תֹּאמְרוּ	2mpl.	וַתֹּאמְרוּ
תֹּאמַרְנָה	2fpl.	וַתֹּאמַרְנָה
נֹאמַר	1cpl.	וַנֹּאמֶר

①파생어들은 페(פ)-알렙(א)동사의 형태가 아니라, 오히려 페(פ)-후음동사의 형태를 따른다.

②부정사 연계형에서 전치사 לְ와의 결합은 먼저 '알렙(א)'이 묵음이 되며, 그 보상으로 앞의 단모음 세골(ֶ)을 장음인 체레(ֵ)로 만든다.

לֶאֱמֹר → לֶאמֹר → לֵאמֹר

③바브미완료연속은 악센트의 영향[26]으로 미완료 마지막 음절을 항상 파다(ַ)를 지닌 음절로 만든다. 그러나 **אמר** 동사의 바브미완료연속은 마지막 음절의 악센트를 상실하기 때문에 휴지형을 제외하고 항상 세골(ֶ)을 취한다.

יֹאמַר → וַיֹּאמַר → וַיֹּאמֶר

【연습문제】

1. 삼상 14:28

וַיַּעַן אִישׁ מֵהָעָם וַיֹּאמֶר הַשְׁבֵּעַ הִשְׁבִּיעַ אָבִיךָ אֶת־הָעָם
לֵאמֹר אָרוּר הָאִישׁ אֲשֶׁר־יֹאכַל לֶחֶם הַיּוֹם וַיָּעַף הָעָם׃

2. 창 22:2

וַיֹּאמֶר קַח־נָא אֶת־בִּנְךָ אֶת־יְחִידְךָ אֲשֶׁר־אָהַבְתָּ אֶת־יִצְחָק וְלֶךְ־לְךָ אֶל־אֶרֶץ הַמֹּרִיָּה
וְהַעֲלֵהוּ שָׁם לְעֹלָה עַל אַחַד הֶהָרִים אֲשֶׁר אֹמַר אֵלֶיךָ׃

3. 왕상 13:8

וְדָוִיד וְכָל־יִשְׂרָאֵל מְשַׂחֲקִים לִפְנֵי הָאֱלֹהִים בְּכָל־עֹז
וּבְשִׁירִים וּבְכִנֹּרוֹת וּבִנְבָלִים וּבְתֻפִּים וּבִמְצִלְתַּיִם וּבַחֲצֹצְרוֹת׃

4. 잠 1:10

בְּנִי אִם־יְפַתּוּךָ חַטָּאִים אַל־תֹּבֵא׃

제 29과

페(פ)–요드(י)/바브(ו)동사

1. 페(פ)–요드(י)/바브(ו)동사의 특징

페(פ)–요드(י)동사는 첫 자음이 '요드(י)'인 동사나 첫 자음이 '바브(ו)'인 동사로 나눌 수 있다.

페–요드동사	요드(י)에서 시작 (Verba cum Iod originario)	ילל / ימן / יקץ / ינק / ישר / יָטַב / יצר / ישב
	요드(י)의 동화 (둘째 자음 중복)	יצק / יצב / יצת / יצג / יצע / ילד / יסר
페–바브동사	Waw(ו) 탈락형	יחד / יצא / ישב / ילד / ידע / ירד / יסף[27] / הלך / יקע
	Waw(ו) 보존형	יָעֵץ / יָשֵׁן / ירֵשׁ / יעץ / ירשׁ

• 페(פ)–요드(י)동사는 원래 첫 자음이 '요드(י)'로 시작하는 동사와 '눈(נ)'과 같이 동화작용을 하는 동사가 있다.

• 페(פ)–바브(ו)동사는 원래 첫 번째 자음이 '바브(ו)'였다. 그러나 점차 '요드(י)'로 변형되었다가 인칭어미와 동작동사의 첨가에 따라 다시 '바브(ו)'로 돌아간다. 그리고 '바브(ו)'로 환원된 후, 다시 '요드(י)'로 전환되거나 완전하게 탈락된다.

2. 페(פ)–요드(י)/바브(ו)동사의 범위

동사		Qal	Niphal	Piel	Pual	Hithpael	Hiphil	Hophal
pf.	3ms.	קָטַל	נִקְטַל	קִטֵּל	קֻטַּל	הִתְקַטֵּל	הִקְטִיל	הָקְטַל
Impf.	3ms.	יִקְטֹל	יִקָּטֵל	יְקַטֵּל	יְקֻטַּל	יִתְקַטֵּל	יַקְטִיל	יָקְטַל
pf.①	3ms.		נִיטַב				הֵיטִיב	
Impf.	3ms.	יִיטַב					יֵיטִיב	
pf.②	3ms.		נוֹשַׁב				הוֹשִׁיב	הוּשַׁב
Impf.	3ms.	יוֹשַׁב	יִוָּשֵׁב				יוֹשִׁיב	יוּשַׁב

1. 페(פ)–(י)요드동사

정동사와 비교해 보면, 페(פ)–요드(י)동사가 어느 부분에서 정동사의 형태와 다른지 알 수 있다.[28] 페(פ)–요드(י)동사는 첫 자음인 '요드(י)'가 모음이 되는 동작동사들이 있다(①).

- 칼 미완료(파생어들 포함)와 니팔 완료(분사 포함): 요드(י)+ i(◌ִ) = ◌ִי
- 히필 완료: 요드(י) + ē(◌ֵ) = ◌ֵי
- 히필 미완료: 요드(י) + a(◌ַ) = ◌ֵי

2. 페(פ)-(ו)바브동사

페(פ)-바브(ו)동사는 두 가지의 형태로 나타난다.

첫째, '요드(י)'가 '바브(ו)'로 변하는 경우이다.[29] '바브(ו)'로 변하는 동작동사는 니팔 완료와 미완료, 히필 완료와 미완료 그리고 호팔 완료와 미완료이다. 아마도 원형을 가지고 있는 "니팔(נַ→נִ)/히필(הַ→הִ)/호팔(הֻ→הָ)의 완료+요드(י)의 결합"이 발음과 관계된다. 따라서 '요드(י)'에서 원형인 '바브(ו)'로 돌아가고, 또한 동작동사에 첨가되는 모음들도 원형으로 돌아가는 듯하다.

이 중에서 니팔은 원래 첨가되는 형태가 "יִנ"이며(G-K§ 51a) 이 모음은 뒤의 '바브(ו)'와 연관되지 않기 때문에 모음화되지 않고 자음 '바브(ו)'로서 남는다. 그러나 니팔의 완료, 히필, 호팔은 모두 '바브(ו)'를 모음화한다.

둘째, '요드(י)'가 '바브(ו)'로 변화하나 미완료접두어 י가 첨가될 때, '바브(ו)'가 히렉(◌ִ) 뒤에서 탈락하는 경우이다. 요약하면,

- 정동사의 변화와 동일한 동작동사:

  Qal.pf.와 강조형(Piel, Pual, Hithpael).

- 첫 자음 '요드(י)'가 '바브(ו)'로 변하는 형태들:

  원형으로 돌아가지 않는 유형: Ni.Impf. (יִנ),

  원형으로 돌아가는 형: Ni.pf. (נִ → נַ), Hi.(הִ → הַ), Ho.(הָ → הֻ)

  탈락하는 형: Qal.Impf.

3. 페(פ)-요드(י)동사의 변화

1. 원래 첫 자음이 '요드(י)'인 동사(Verba cum Iod originario).

		Niphal	Hi. 페-요드			Qal 페-요드	Hi. 페-요드
pf.	3ms.	נִילַד	הֵיטִיב	Impf.	3ms.	יִיטַב	יֵיטִיב
	3fs.	נִילְדָה	הֵיטִיבָה		3fs.	תִּיטַב	תֵּיטִיב
	2ms.	נִילַדְתָּ	הֵיטַבְתָּ		2ms.	תִּיטַב	תֵּיטִיב
	2fs.	נִילַדְתְּ	הֵיטַבְתְּ		2fs.	תִּיטְבִי	תֵּיטִיבִי
	1cs.	נִילַדְתִּי	הֵיטַבְתִּי		1cs.	אִיטַב	אֵיטִיב
	3mpl.	נִילְדוּ	הֵיטִיבוּ		3mpl.	יִיטְבוּ	יֵיטִיבוּ
	3fpl.	נִילְדוּ	הֵיטִיבוּ		3fpl.	תִּיטַבְנָה	תֵּיטֵבְנָה
	2mpl.	נִילַדְתֶּם	הֵיטַבְתֶּם		2mpl.	תִּיטְבוּ	תֵּיטִיבוּ
	2fpl.	נִילַדְתֶּן	הֵיטַבְתֶּן		2fpl.	תִּיטבְנָה	תֵּיטֵבְנָה
	1cpl.	נִילַדְנוּ	הֵיטַבְנוּ		1cpl.	נִיטַב	נֵיטִיב

• 첫 자음이 '요드(י)'인 동사는 칼 미완료와 니팔 완료에서 '요드(י)'가 탈락하지 않는다. 모음어미를 제외한 두 번째 음절은 항상 악센트를 가지는 a(ַ)가 나타난다. 첫 자음 '요드(י)'는 인칭어미의 첨가에 따라서 폐음절을 형성하여 이어지는 동질모음 (homogeneous)[30]인 i(ִ)와 결합함으로 모음화된다.

יְיַטַב → תְּיַטַבְנָה → תִּיטַבְנָה

• 히필 완료(Hi.pf.)의 원 형태는 הַ로, '요드(י)'는 앞의 동질적인 모음 a(ַ)와 결합한다. 즉, 선행모음이 a(ַ)일 때, '바브(ו)'와 '요드(י)'는 선행

모음과 결합하여 대체로 "י + ◌ַ = י◌ֵ", "ו + ◌ַ= וֹ"로서 이중모음을 형성한다(G-K§ 24b,f).

הִיְטִיב → הַיְטִיב → הֵיטִיב

• 히필 미완료(Hi. Impf.)는 파다(◌ַ)를 가지고 있기 때문에 히필 완료(Hi. pf)의 변화와 마찬가지로 " יַ "는 뒤따르는 '요드(י)'와 결합하여 순장모음인 ê(י◌ֵ)가 된다.

יִיְטִיב → יַיְטִיב → יֵיטִ֫יב

그러나 가끔은 축약되지 않는 형이 나타나기도 한다.

יַיְשִׁרוּ (똑바로 앞을 쳐다보다: 잠4:25).

• 히필(Hiph)의 파생어

명 령 Imp.		분 사 pt.		간접명령 Juss.		바브연속법 w-Impf.	
ms.	הֵיטֵב	ms.	מֵיטִיב	3ms.	יֵיטֵב	3ms	וַיֵּ֫יטֶב
fs.	הֵיטִיבִי	fs.	מֵיטִיבָה	Chohortative		부정사 Inf.	
mpl.	הֵיטִיבוּ	mpl.	מֵיטִיבִים	1cs.	אֵיטִ֫יבָה	Inf. cstr.	הֵיטִיב
fpl.	הֵיטֵבְנָה	fpl.	מֵיטִיבוֹת	1cpl.	נֵיטִ֫יבָה	Inf. abs.	הֵיטֵב

히필(Hiph)의 파생어 중에서 명령형 남성단수, 간접명령 혹은 청유법(Jussive), 그리고 바브미완료연속법(w-Impf)들은 두 번째 모음이 순장모음이 아니라 "축약형"으로 나타난다. 그러나 명령형 여성단수와 복수형들은 순장모음을 유지한다. 특히 바브미완료연속법(w-Impf)은 축약된 형에 첨가되는데, 이때 악센트는 한 음절 앞당겨진다. 그리고 악센트가 없어진 음절은 단축되어 세골(◌ֶ)로 된다(G-K§27c).

2. 페(פ)-요드(י)동사가 눈(נ)과 같은 동화작용을 하는 경우: "יצת"

동작동사	변화 진행	성경구절
Qal.Impf.	יִיצַת → יִצְּצַת → יִצַּת(יִצַּתּוּ)	사33:12; 렘49:2; 51:58
Niph.pf.	נִיצַת → נִצְּצַת → נִצַּת →נִצַּתּוּ → נִצְּתוּ	왕하22:13; 느1:3; 2:17; 렘2:15
Hiph.pf.	הִיצִית → הִצְּצִית → הִצִּית	삼하14:30; 렘17:27; 21:14 등
Hiph.Impf.	יְיַצַּת → יַצְּצִית → יַצִּית → תַּצִּיתוּ	수8:8

4. 페(פ)-바브(ו)동사의 변화

		Niphal	Hi.페-바브	Hophal			Qal.페-바브	Hi.페-바브	Hophal
pf.	3ms.	נוֹלַד	הוֹלִיד	הוּבַל	Impf.	3ms.	יֵשֵׁב	יוֹלִיד	יוּבַל
	3fs.	נוֹלְדָה	הוֹלִידָה	הוּבְלָה		3fs.	תֵּשֵׁב	תּוֹלִיד	תּוּבַל
	2ms.	נוֹלַדְתָּ	הוֹלַדְתָּ	הוּבַלְתָּ		2ms.	תֵּשֵׁב	תּוֹלִיד	תּוּבַל
	2fs.	נוֹלַדְתְּ	הוֹלַדְתְּ	הוּבַלְתְּ		2fs.	תֵּשְׁבִי	תּוֹלִידִי	תּוּבְלִי
	1cs.	נוֹלַדְתִּי	הוֹלַדְתִּי	הוּבַלְתִּי		1cs.	אֵשֵׁב	אוֹלִיד	אוּבַל
	3mpl.	נוֹלְדוּ	הוֹלִידוּ	הוּבְלוּ		3mpl.	יֵשְׁבוּ	יוֹלִידוּ	יוּבְלוּ
	3fpl.	נוֹלְדוּ	הוֹלִידוּ	הוּבְלוּ		3fpl.	תֵּשַׁבְנָה	תּוֹלֵדְנָה	תּוּבַלְנָה
	2mpl.	נוֹלַדְתֶּם	הוֹלַדְתֶּם	הוּבַלְתֶּם		2mpl.	תֵּשְׁבוּ	תּוֹלִידוּ	תּוּבְלוּ
	2fpl.	נוֹלַדְתֶּן	הוֹלַדְתֶּן	הוּבַלְתֶּן		2fpl.	תֵּשַׁבְנָה	תּוֹלֵדְנָה	תּוּבַלְנָה
	1cpl.	נוֹלַדְנוּ	הוֹלַדְנוּ	הוּבַלְנוּ		1cpl.	נֵשֵׁב	נוֹלִיד	נוּבַל

1. 바브(ו) 탈락형

바브탈락형의 동사들은 칼 미완료(Qal.Impf.)에서 '요드(י)'가 '바브(ו)'로 된 후 탈락한다(G-K§ 69b,주1).

וַשֵׁב → וַשִׁב → יַוְשִׁב → יַשִׁב → יֵישֵׁ֫ב → יֵשֵׁ֫ב

2. 바브(ו) 유지형

• 바브 유지형은 니팔 미완료(Niph.impf)에서 '바브(ו)'가 중첩이 되기 때문에 자음으로 유지된다. 이러한 변화는 단지 '요드(י)'에서 '원형 바브(ו)'로 전환된 것뿐이며, 그 외에는 정동사의 변화와 동일하다. 특히 모음어미가 첨가되는 경우, '바브(ו)'에 메덱이 찍히는 것은 니팔 미완료의 특징을 나타내는 것이다.

יִיָּלֵד → תִּיָּלֵדִי → תִּוָּלְדִי → תִּוָּלְדִי

• 히필 완료(Hi.pf.)는 원형모음인 파다(ַ)와 음절 끝의 바브(ו)와 결합한다. 즉, '요드(י)'는 원형인 '바브(ו)'로 돌아간 후, 히필(Hiphil)의 모음인 히렉(ִ)도 원형인 파다(ַ)로 돌아간다. 그리고 동질자음(ו)과 동질 모음(파다 ַ)이 서로 결합한다.

הִיְלִיד → הִוְלִיד → הַוְלִיד → הוֹלִיד

• 히필 미완료(Hi.Impf.)는 히필 완료(Hi.pf.)와는 다르게 첫 음절의 모음인 파다(ַ)를 그대로 유지한다.

יַיְלִיד → תַּוְלִידוּ → תּוֹלִידוּ

• 호팔 완료(Ho.pf.)는 첫 자음 '요드(י)'가 '바브(ו)'로 전환되며, 그 후에 호팔(Hophal)의 특징인 강세 없는 폐음절의 카메츠 하툽(ָ)이 원형인 키부츠(ֻ) [u]로 돌아가면서 변화한다.

הָיְשַׁב → הָוְשַׁב → הֻוְשַׁב → הוּשַׁב

5. 페(פ)-요드(י)/바브(ו)동사의 파생어

		Qal. 페-바브	Niphal	Hi. 페-바브	Hophal
Imp.	ms.	שֵׁב	הִוָּשֵׁב	הוֹשֵׁב	
Inf. cstr.		שֶׁבֶת	הִוָּשֵׁב	הוֹשִׁיב	
Inf. abs.		יָשׁוֹב	הִוָּשֵׁב	הוֹשֵׁב	
pt.	ms.	יֹשֵׁב	נוֹשָׁב	מוֹשִׁיב	מוּבָל
	fs.	יֹשֶׁבֶת	נוֹשֶׁבֶת	מוֹשֶׁבֶת	מוּבֶלֶת
	fpl.	יֹשְׁבוֹת	נוֹשָׁבוֹת	מוֹשִׁיבוֹת	מוּבָלוֹת

① 칼 미완료(Qal.Impf.) 명령형과 구조부정사는 대부분 페-눈(נ)동사의 눈(נ) 탈락형 변화와 동일하다. 특히 명령형과 구조부정사에서 일부 동사들은 보존형과 탈락형을 둘 다 사용한다.

② 니팔(Niphal) 부정사와 명령형에서 '바브(ו)'는 확실하게 자음으로 유지된다. 이것은 약동사의 변화보다는 오히려 '원형 바브(ו)'로 돌아가는 형태이며, 그 후는 정동사의 변화와 동일하다. 그러나 니팔 미완료

가 간혹 '바브(ו)'가 아니라, '요드(י)'를 취하는 경우가 있다.

וַיִּיָּחֶל(창 8:12; 참고 출 19:13; 삼상 13:8)

③ 히필(Hiphil) 명령형은 일반적 형태인 הוֹשֵׁב 대신에 간혹 둘째 음절에서 히필의 표시인 순장모음 히렉 요드(◌ִי) [î]를 가진다:

הוֹצִיא(사 43:8) / הוֹפִיעַ(시 94:1).

• 또한 단어의 마지막 음절이 후음으로 형성될 때, 두 번째 음절은 파다(◌ַ)이다: הוֹדַע

• 히필 청유형(Hi.Juss.)과 바브미완료연속법(w-Impf.)은 강세가 뒤로 물러나면 두 번째 음절에 세골(◌ֶ)을 가진다: יוֹסֶף(잠 1:5)

④ 호팔(Hophal)의 분사는 다음과 같다:

יָיְשַׁב → יָוְשַׁב → יֶוְשַׁב → מוּשַׁב

【연습문제】

1. 페(פ)-요드(י)동사

①Qal.Impf.(창 12:13b)

לְמַעַן יִיטַב־לִי בַעֲבוּרֵךְ וְחָיְתָה נַפְשִׁי בִּגְלָלֵךְ׃

②Hi.pf.(창 12:16a)

וּלְאַבְרָם הֵיטִיב בַּעֲבוּרָהּ

③Hi.Impf.(민 10:32)

וְהָיָה כִּי־תֵלֵךְ עִמָּנוּ וְהָיָה ׀ הַטּוֹב הַהוּא אֲשֶׁר יֵיטִיב יְהוָה עִמָּנוּ וְהֵטַבְנוּ לָךְ׃

2. 페(פ)-바브(ו)동사

①Ni.Impf.(레 22:27a)

שׁוֹר אוֹ־כֶשֶׂב אוֹ־עֵז כִּי יִוָּלֵד

② Hi.pf.(느 9:14a)

וְאֶת־שַׁבַּת קָדְשְׁךָ הוֹדַעְתָּ לָהֶם

③ Hi.Impf.(잠 30:33)

כִּי מִיץ חָלָב יוֹצִיא חֶמְאָה וּמִיץ־אַף יוֹצִיא דָם וּמִיץ אַפַּיִם יוֹצִיא רִיב׃ פ

④Hi.pt.(삼상2:6)

יְהוָ֖ה מֵמִ֣ית וּמְחַיֶּ֑ה מוֹרִ֥יד שְׁא֖וֹל וַיָּֽעַל׃

⑤Ho.pf.(겔 38:8b)

וְהִיא֙ מֵעַמִּ֣ים הוּצָ֔אָה וְיָשְׁב֥וּ לָבֶ֖טַח כֻּלָּֽם׃

⑥Ho.Impf.(사 55:12a)

כִּֽי־בְשִׂמְחָ֣ה תֵצֵ֔אוּ וּבְשָׁל֖וֹם תּֽוּבָל֑וּן

⑦Ho.inf.(창 40:20a)

וַיְהִ֣י ׀ בַּיּ֣וֹם הַשְּׁלִישִׁ֗י י֚וֹם הֻלֶּ֣דֶת אֶת־פַּרְעֹ֔ה

제 30과

페(פ)–눈(נ)동사

1. 페(פ)–눈(נ)동사의 특징

페(פ)–눈(נ)동사는 첫 번째 자음이 약자음 눈(נ)인 동사로, 접두어의 첨가에 따라서 '눈(נ)'이 음절의 받침이 될 때,[31] 이어지는 자음과 동화 현상이 발생한다.

נבט(바라보다 Pi) / נגד(계시하다 Hi),
נפל(떨어지다) / נגשׁ(접근하다)

2. 페(פ)–눈(נ)동사의 범위

어 간		Qal	Niphal	Piel	Pual	Hithpael	Hiphil	Hophal
pf.	3ms.	קָטַל	נִקְטַל	קִטֵּל	קֻטַּל	הִתְקַטֵּל	הִקְטִיל	הָקְטַל
Impf.	3ms.	יִקְטֹל	יִקָּטֵל	יְקַטֵּל	יְקֻטַּל	יִתְקַטֵּל	יַקְטִיל	יָקְטַל
pf.	3ms.		נִפַּל	정동사와 동일한 변화			הִפִּיל	הֻפַּל
Impf.	3ms.	יִפֹּל					יַפִּיל	יֻפַּל

접두어 첨가로 약자음 '눈(נ)'은 무성 쉐바를 지닌 음절의 끝을 형성하여, 이어지는 자음과 동화현상(G-K §19 c)이 발생한다. 따라서 페(פ)-눈(נ)동사는 두 번째 자음을 중첩하게 만든다. 페(פ)-눈(נ)동사의 범위는 칼 미완료(Qal.Impf.), 니팔 완료와 분사(Ni.pf./pt.), 히필 완료와 미완료(Hi.pf./Impf.), 파생어(Imp./Inf./pt.) 그리고 호팔 완료와 미완료(Ho.pf./Impf.), 파생어이다.

3. 페(פ)-눈(נ)동사의 변화

		Niphal	Hiphil	Hophal			Qal	Hiphil	Hophal
pf.	3ms.	נִגַּשׁ	הִגִּיד	הֻגַּד	Impf.	3ms.	יִפֹּל	יַגִּיד	יֻגַּד
	3fs.	נִגְּשָׁה	הִגִּידָה	הֻגְּדָה		3fs.	תִּפֹּל	תַּגִּיד	תֻּגַּד
	2ms.	נִגַּשְׁתָּ	הִגַּדְתָּ	הֻגַּדְתָּ		2ms.	תִּפֹּל	תַּגִּיד	תֻּגַּד
	2fs.	נִגַּשְׁתְּ	הִגַּדְתְּ	הֻגַּדְתְּ		2fs.	תִּפְּלִי	תַּגִּידִי	תֻּגְּדִי
	1cs.	נִגַּשְׁתִּי	הִגַּדְתִּי	הֻגַּדְתִּי		1cs.	אֶפֹּל	אַגִּיד	אֻגַּד
	3mpl.	נִגְּשׁוּ	הִגִּידוּ	הֻגְּדוּ		3mpl.	יִפְּלוּ	יַגִּידוּ	יֻגְּדוּ
	3fpl.	נִגְּשׁוּ	הִגִּידוּ	הֻגְּדוּ		3fpl.	תִּפֹּלְנָה	תַּגֵּדְנָה	תֻּגַּדְנָה
	2mpl.	נִגַּשְׁתֶּם	הִגַּדְתֶּם	הֻגַּדְתֶּם		2mpl.	תִּפְּלוּ	תַּגִּידוּ	תֻּגְּדוּ
	2fpl.	נִגַּשְׁתֶּן	הִגַּדְתֶּן	הֻגַּדְתֶּן		2fpl.	תִּפֹּלְנָה	תַּגֵּדְנָה	תֻּגַּדְנָה
	1cpl.	נִגַּשְׁנוּ	הִגַּדְנוּ	הֻגַּדְנוּ		1cpl.	נִפֹּל	נַגִּיד	נֻגַּד

① 페(פ)-눈(נ)동사는 칼(Qal)에서 히필(Hiphil)까지 자음동화 현상만 나타난다.

יִנְפֹּל → יִפְּפֹל → יִפֹּל (Qal.Impf.3ms.)

נִנְגַשׁ → נִגְגַשׁ → נִגַּשׁ (Niph.pf.3ms.)

הִנְגִיד → הִגְגִיד → הִגִּיד (Hiph.pf.3ms.)

יַנְגִיד → יַגְגִיד → יַגִּיד (Hiph.Impf.3ms.)

② 페(פ)-눈(נ)동사의 호팔 완료와 미완료(Hoph.pf./Impf.)의 모음은 카메츠 하툽(ָ)이 아니라 전부 키부츠(ֻ)이다. 즉, "נ" 자음동화에 의하여 가운데 자음이 중복되면서 중 폐음절[32]을 형성하지만 주강세는 마지막 음절에 있게 된다. 폐음절에 강세가 없을 경우, 모음은 원형의 단모음으로 돌아가게 됨으로서 카메츠 하툽(ָ)이 키부츠(ֻ)가 된다.[33]

הָנְגַד → הָגְגַּד → הֻגַּד(Ho.pf.3ms.)

יָנְגַד → יָגְגַד → יֻגַּד(Hi.Impf.3ms.)

4. 페(פ)-눈(נ)동사의 파생어

		Qal(O-형)	Qal(A-형)	Hiphil	Hophal
Imp.	ms.	נְפֹל	גַּשׁ	הַגֵּד	
Inf. cstr.		נְפֹל	גֶּשֶׁת	הַגִּיד	הֻגַּד
Inf. abs.		נָפוֹל	נַגוֹשׁ	הַגֵּד	הֻגֵּד
pt.	ms.	נֹפֵל	נֹגֵשׁ	מַגִּיד	מֻגָּד

명령형과 구조부정사는 어두 음 ‘눈(נ)’이 탈락되거나 보존되는 경우에 따라서 구분되지만 다른 형태들(분사/부정사절대형)은 규칙적으로 변한다.

1. 페(פ)-눈(נ)동사의 “눈(נ)”의 탈락형(A-형)

어두 음인 ‘눈(נ)’의 탈락 현상은 절대적인 것은 아니지만 대부분 칼 미완료(Qal.Impf.)의 두 번째 음절이 a(◌ַ)를 가지는 A-형의 동사들에서 많이 나타난다.[34] 아래 도표는 칼 미완료 2인칭, 명령형과 부정사 연계형을 만드는 과정이다.

- 2ms: יִנְגַּשׁ → תִּנְגַּשׁ → תִּגְגַּשׁ → תִּגַּשׁ
- 명령형: תִּגַּשׁ → גַּשׁ
- 부정사 연계형: גַּשׁ → גַּשְׁתְּ → גַּשְׁתְ → גַּ֫שֶׁת → גֶּשֶׁת [לָגֶ֫שֶׁת]

대부분 A-형의 동사들은 명령형에서 어두에 ‘눈(נ)’이 탈락된다. 부정사 연계형 “보상법칙”에 따라서 탈락된 형태에 여성어미 ת가 첨가되며,[35] 이로 인해 단음절이 된 부정사 연계형의 발음을 위하여 보조모음인 세골(◌ֶ)을 삽입한다.[36]

그리고 보조모음으로 인해 선행모음은 “a(◌ַ) → e(◌ֶ)”로 변화하며, 전치사 לְ 와 함께 사용할 때, 모음은 항상 카메츠(◌ָ) [ā]이다.[37]

2. 페(פ)–눈(נ)동사의 "눈(נ)"의 보존형

페(פ)–눈(נ)동사의 칼 미완료(Qal.Impf.)에서 두 번째 음절에 홀렘(ֹ◌)[ō]를 가지고 있는 "O–형"의 동사들은 어두 음 '눈(נ)'이 보존되는 형태이다.

- 2ms: יִנְפֹּל → תִּנְפֹּל → תִּפְפֹּל → תִּפֹּל
- 명령형/부정사 연계형: תִּפֹּל → פֹּל → פְּפֹּל → נְפֹּל

명령형과 부정사 연계형에서 보듯이 중강점을 찍은 형태가 다시 동일한 자음으로 살아나고, 그 후에 '페(פ)'가 '눈(נ)'으로 되살아나는 과정을 볼 수 있다.

【연습문제】

1. 페(פ)-눈(נ)동사

①Qal.Impf.(왕상 1:52)

וַיֹּאמֶר שְׁלֹמֹה אִם יִהְיֶה לְבֶן־חַיִל לֹא־יִפֹּל מִשַּׂעֲרָתוֹ אָרְצָה

וְאִם־רָעָה תִמָּצֵא־בוֹ וָמֵת׃

②Ni.pf.(출 15:8a)

וּבְרוּחַ אַפֶּיךָ נֶעֶרְמוּ מַיִם נִצְּבוּ כְמוֹ־נֵד נֹזְלִים

③Hi.pf.(시 73:18)

אַךְ בַּחֲלָקוֹת תָּשִׁית לָמוֹ הִפַּלְתָּם לְמַשּׁוּאוֹת׃

④Hi.Impf.(시140:11a)

יָמִיטוּ עֲלֵיהֶם גֶּחָלִים בָּאֵשׁ יַפִּלֵם

⑤Ho.pf.(사 21:2a)

חָזוּת קָשָׁה הֻגַּד־לִי

⑥Ho.Impf.(창 4:24)

כִּי שִׁבְעָתַיִם יֻקַּם־קָיִן וְלֶמֶךְ שִׁבְעִים וְשִׁבְעָה׃

2. 페(פ)–눈(נ)동사의 파생어

①명령형(A–형의 탈락 형: גֶּשׁ)(창 19:9)

וַיֹּאמְרוּ גֶּשׁ־הָלְאָה וַיֹּאמְרוּ הָאֶחָד בָּא־לָגוּר וַיִּשְׁפֹּט שָׁפוֹט

עַתָּה נָרַע לְךָ מֵהֶם וַיִּפְצְרוּ בָאִישׁ בְּלוֹט מְאֹד וַיִּגְּשׁוּ לִשְׁבֹּר הַדָּלֶת׃

②명령형(O–형의 보존형: נִפְלוּ)(렘 25:27)

וְאָמַרְתָּ אֲלֵיהֶם ס כֹּה־אָמַר יְהוָה צְבָאוֹת אֱלֹהֵי יִשְׂרָאֵל

שְׁתוּ וְשִׁכְרוּ וּקְיוּ וְנִפְלוּ וְלֹא תָקוּמוּ מִפְּנֵי הַחֶרֶב אֲשֶׁר אָנֹכִי שֹׁלֵחַ בֵּינֵיכֶם׃

③부정사 연계형(לְהַכִּירֵנִי)(룻 2:10b)

וַתֹּאמֶר אֵלָיו מַדּוּעַ מָצָאתִי חֵן בְּעֵינֶיךָ לְהַכִּירֵנִי

④분사(מֻצָּל)(암4:11a)

הָפַכְתִּי בָכֶם כְּמַהְפֵּכַת אֱלֹהִים אֶת־סְדֹם וְאֶת־עֲמֹרָה וַתִּהְיוּ

כְּאוּד מֻצָּל מִשְּׂרֵפָה

제 31과

아인(ע)-후음동사

1. 아인(ע)-후음동사의 특징

아인(ע)-후음동사는 어근의 두 번째 자음이 후음인 동사로, '페(פ)-후음'이나 '라메드(ל)-후음'과는 달리 '후음-헤(ה)'와 '후음-알렙(א)'을 나누지 않는다. 또한 아인(ע)-후음동사에는 반후음인 러쉬(ר)를 가진 동사도 포함된다.

ברך(축복하다) / שׁחת(pi. 망하다),

מאן(거절하다) / מהר(정결케 하다)

2. 아인(ע)-후음동사의 범위

<table>
<tr><th colspan="2">어 간</th><th>Qal</th><th>Niphal</th><th>Piel</th><th>Pual</th><th>Hithpael</th><th>Hiphil</th><th>Hophal</th></tr>
<tr><td>pf.</td><td>3ms.</td><td>קָטַל</td><td>נִקְטַל</td><td>קִטֵּל</td><td>קֻטַּל</td><td>הִתְקַטֵּל</td><td>הִקְטִיל</td><td>הָקְטַל</td></tr>
<tr><td>Impf.</td><td>3ms.</td><td>יִקְטֹל</td><td>יִקָּטֵל</td><td>יְקַטֵּל</td><td>יְקֻטַּל</td><td>יִתְקַטֵּל</td><td>יַקְטִיל</td><td>יָקְטַל</td></tr>
<tr><td>pf.</td><td>3ms.</td><td colspan="2" rowspan="2">정동사와
동일한 변화</td><td>בֵּרֵךְ</td><td>בֹּרַךְ</td><td>הִתְבָּרֵךְ</td><td colspan="2" rowspan="2">정동사와
동일한 변화</td></tr>
<tr><td>Impf.</td><td>3ms.</td><td>יְבָרֵךְ</td><td>יְבֹרַךְ</td><td>יִתְבָּרֵךְ</td></tr>
</table>

강조형(Piel, Pual, Hithpael)은 두 번째 자음에 중강점이 있는 것이 특징이다. 그러나 후음은 중강점을 찍을 수 없기 때문에, 아인(ע)-후음동사의 모든 강조형의 형태는 정동사의 특징인 "첫음절이 단음을 가진 폐음절"이라는 특징에서 벗어난다. 따라서 후음 앞에 있는 모음들이 장음화되어 "중강점을 보상" 하게 된다. 그 외의 형태들은 정동사의 변화와 동일하다.

3. 아인(ע)-후음동사의 변화

		Qal	Niphal	Piel	Pual	Hithpael
pf.	3ms.			מֵאֵן	בֹּרַךְ	הִתְבָּרֵךְ
	3fs.	בָּֽחֲרָה	נִבְחֲרָה	מֵֽאֲנָה	בֹּרְכָה	הִתְבָּֽרְכָה
	2ms.			מֵאַנְתָּ	בֹּרַכְתָּ	הִתְבָּרַכְתָּ
	2fs.			מֵאַנְתְּ	בֹּרַכְתְּ	הִתְבָּרַכְתְּ
	1cs.			מֵאַנְתִּי	בֹּרַכְתִּי	הִתְבָּרַכְתִּי
	3cpl.	בָּֽחֲרוּ	נִבְחֲרוּ	מֵאֲנוּ	בֹּרְכוּ	הִתְבָּֽרְכוּ
	2mpl.			מֵאַנְתֶּם	בֹּרַכְתֶּם	הִתְבָּֽרַכְתֶּם
	2fpl.			מֵאַנְתֶּן	בֹּרַכְתֶּן	הִתְבָּֽרַכְתֶּן
	1cpl.			מֵאַנּוּ	בֹּרַכְנוּ	הִתְבָּרַכְנוּ
Impf.	3ms.			יְבָרֵךְ	יְבֹרַךְ	יִתְבָּרֵךְ
	3fs.			תְּבָרֵךְ	תְּבֹרַךְ	תִּתְבָּרֵךְ
	2ms.			תְּבָרֵךְ	תְּבֹרַךְ	תִּתְבָּרֵךְ
	2fs.	תִּבְחֲרִי	תִּבָּֽחֲרִי	תְּבָֽרֲכִי	תְּבֹרְכִי	תִּתְבָּֽרְכִי
	1cs.			אֲבָרֵךְ	אֲבֹרַךְ	אֶתְבָּרֵךְ
	3mpl.	יִבְחֲרוּ	יִבָּֽחֲרוּ	יְבָֽרֲכוּ	יְבֹרְכוּ	יִתְבָּֽרְכוּ
	3fpl.			תְּבָרֵכְנָה	תְּבֹרַכְנָה	תִּתְבָּרֵכְנָה
	2mpl.	תִּבְחֲרוּ	תִּבָּֽחֲרוּ	תְּבָרֵכוּ	תְּבֹרְכוּ	תִּתְבָּֽרְכוּ
	2fpl.			תְּבָרֵכְנָה	תְּבֹרַכְנָה	תִּתְבָּרֵכְנָה
	1cpl.			נְבָרֵךְ	נְבֹרַךְ	נִתְבָּרֵךְ

강조형들의 첫 모음(Piel과 Pual) 또는 두 번째 음절의 모음(Hithpael)은 장음화되어 있다.

①아인(ע)-후음동사는 칼(Qal)[38]과 니팔(Niphal)에서 모음어미가 첨가될 때, 단순쉐바(ְ) 대신에 복합쉐바 하텝 파다(ֲ)를 취한다.[39]

②피엘 완료(Pi.pf.)는 중복에 대한 보상으로 첫 번째 모음이 장음화되고, 모음어미 변화는 거의 복합쉐바 하텝 파다(ֲ)를 취한다[예외].[40]

מֵהַרְתֶּם → מִהְהַרְתֶּם → מִהַרְתֶּם → מִהֵר

③피엘 미완료(Pi.Impf.)는 피엘 완료(Pi.pf.)와 동일하지만 모음어미 첨가 시 메텍이 인칭어미가 아니라 어근 첫 자음에 찍힌다.

תְּבָֽרֲכִי → תְּבַרְרְכִי → תְּבָרֲכִי → יְבָרֵךְ

④푸알 완료(Pu.pf.)는 키부츠(ֻ)가 홀렘(ֹ)으로 길어지지만 강한 후음인 체트(ח)는 홀렘(ֹ)으로 길어지지 않는다.

בֹּרַךְ → בֻּרְרַךְ → בֻּרַךְ

רֻחַץ → רֻחְחַץ → רֻחַץ (시 30:12)

⑤히트파엘 완료와 미완료(Hith.pf./Impf.)

'러쉬(ר)' 혹은 '알렙(א)'이 두 번째 자음을 형성할 때는 선행모음을 장음화하지만 강한 후음(ה/ח/ע)이 두번째 자음을 형성할 때는 선행모음을 장음화하지 않는 경우가 있다.

הִתְבַּרֵּךְ → הִתְבַּרְרֵךְ → הִתְבָּרֵךְ

הִתְנַחֵם → הִתְנַחְחֵם → הִתְנַחֵם

4. 아인(ע)-후음동사의 파생어

		Piel	Pual	Hithpael
Imp.	ms.	בָּרֵךְ		הִתְבָּרֵךְ
Inf. Cs.		בָּרֵךְ		הִתְבָּרֵךְ
Inf. Abs.		בָּרֵךְ		הִתְבָּרֵךְ
pt.	ms.	מְבָרֵךְ	מְרֻחָם / מְבֹרָךְ	
	fpl.		מְרֻחָמוֹת / מְבֹרָכוֹת	מִבָּרְכוֹת
Cho.		אֲבָרְכָה		
w-Impf		וַיְבָרֵךְ		

①아인(ע)-후음동사 피엘(Piel)의 파생어 중 바브미완료연속법에 주의해야 한다. 예를 들면, יְבָרֵךְ에 바브접속법이 접두되면 악센트가 한 음절 앞으로 이동한다. 따라서 그 때 폐음절 “רֵךְ־”의 악센트가 사라지고 음절의 모음이 “רֶךְ־”로 짧아진다.

②푸알(Pual)형은 강조 수동형이기 때문에 명령형을 가질 수 없으며, 부정사 연계형 또는 청유형(Jussive, Chohortative)도 없다. 하지만 푸알의 파생어들도 키부츠(ֻ)가 홀렘(ֹ)으로 길어진 형태를 소유한다.

【연습문제】

1. 아인(פ)-후음동사

①Pi.pf.(삿 5:18)

זְבֻ֗לוּן עַ֣ם חֵרֵ֥ף נַפְשׁ֛וֹ לָמ֖וּת וְנַפְתָּלִ֑י עַ֖ל מְר֥וֹמֵי שָׂדֶֽה׃

②Pi.Impf.(시 65:5)

אַשְׁרֵ֤י תִּֽבְחַ֣ר וּתְקָרֵב֮ יִשְׁכֹּ֪ן חֲצֵ֫רֶ֥יךָ נִ֭שְׂבְּעָה בְּט֣וּב בֵּיתֶ֑ךָ קְ֝דֹ֗שׁ הֵיכָלֶֽךָ׃

③Piel.pt.(레 14:11a)

וְהֶעֱמִ֞יד הַכֹּהֵ֣ן הַֽמְטַהֵ֗ר אֵ֛ת הָאִ֥ישׁ הַמִּטַּהֵ֖ר וְאֹתָ֑ם

④Pu.pf.(겔 21:18)

כִּ֣י בֹ֔חַן וּמָ֕ה אִם־גַּם־שֵׁ֖בֶט מֹאֶ֑סֶת לֹ֣א יִהְיֶ֔ה נְאֻ֖ם אֲדֹנָ֥י יְהוִֽה׃ פ

⑤Pu.Impf.(느 7:64)

אֵ֗לֶּה בִּקְשׁ֧וּ כְתָבָ֛ם הַמִּתְיַחְשִׂ֖ים וְלֹ֣א נִמְצָ֑א וַיְגֹאֲל֖וּ מִן־הַכְּהֻנָּֽה׃

2. 아인(פ)-후음동사의 파생어

①Pu.pf.(스 2:62)

אֵ֗לֶּה בִּקְשׁ֧וּ כְתָבָ֛ם הַמִּתְיַחְשִׂ֖ים וְלֹ֣א נִמְצָ֑אוּ וַֽיְגֹאֲל֖וּ מִן־הַכְּהֻנָּֽה׃

②Hith.pf.(시 22:15a)

כַּמַּיִם נִשְׁפַּכְתִּי וְהִתְפָּרְדוּ כָּל־עַצְמוֹתָי הָיָה לִבִּי כַּדּוֹנָג

3. 히트파엘 미완료(Hith.Impf.)

①선행모음이 길어지는 경우(יִתְפָּרָדוּ): (욥 4:11)

לַיִשׁ אֹבֵד מִבְּלִי־טָרֶף וּבְנֵי לָבִיא יִתְפָּרָדוּ׃

②선행모음이 장모음화 되지 않는 경우(יִתְנֶחָם): (시 135:14)

כִּי־יָדִין יְהוָה עַמּוֹ וְעַל־עֲבָדָיו יִתְנֶחָם׃

여기에서 종지형의 영향으로 눈(נ)밑에 파다(ַ)의 형태가 개음절일 때, 그 개음절은 세골 (ֶ)로 약화된다(G-K§ 64f). 또한 종지형은 두 번째 어간의 후음에 영향을 미쳐서 카메츠(ָ)로 된다.

③히트파엘(Hithpael) 파생어(사 52:2a)

הִתְנַעֲרִי מֵעָפָר קוּמִי שְׁבִי יְרוּשָׁלִָם

제 32과

아인(ע)-순장모음 동사

1. 아인(ע)-순장모음동사의 특징

아인(ע)-순장모음동사는 두 번째 자음이 '순장모음(וּ/וֹ/◌ִי)'인 동사이다. 특이하게 동사의 기본형이 3인칭 남성단수인 반면에 아인(ע)-순장모음동사는 부정사가 기본형이다.

קוּם(일어서다) / בּוֹא(가다) / בּוֹשׁ(부끄러워하다)

בִּין(깨닫다) / מוּת(죽다)

2. 아인(ע)-순장모음동사의 범위

어간		Qal	Niphal	Piel	Pual	Hithpael	Hiphil	Hophal
pf.	3ms.	קָטַל	נִקְטַל	קִטֵּל	קֻטַּל	הִתְקַטֵּל	הִקְטִיל	הָקְטַל
Impf.	3ms.	יִקְטֹל	יִקָּטֵל	יְקַטֵּל	יְקֻטַּל	יִתְקַטֵּל	יַקְטִיל	יָקְטַל
어간		Qal	Naphol	Polel	Polal	Hithpoel	Hephil	Huphal
pf.	3ms.	קָם	נָקוֹם	קוֹמֵם	קוֹמַם	הִתְקוֹמֵם	הֵקִים	הוּקַם
Impf.	3ms.	יָקוּם	יִקּוֹם	יְקוֹמֵם	יְקוֹמַם	יִתְקוֹמֵם	יָקִים	יוּקַם

①아인(ע)−순장모음동사는 정동사 7개의 형태가 모두 다르며, 동작동사의 이름도 다르다(예: Niphal − Naphol). 따라서 동작동사 7개의 유형을 다 암기해야 한다.

②아인(ע)−순장모음동사의 강조형(Polel, Polal, Hithpoel)은 가운데 순장모음이 들어가기 때문에 마지막 자음을 한 번 더 써준다. 아마도 이 강조형은 원래 만들어질 수 없는 것이지만 대체형으로 발전한 것 같다(참조 G−K 72m).

3. 아인(ע)−순장모음동사의 변화

아인(ע)−순장모음동사의 변화표에서 히트포엘(Hithpoel)은 포엘(Poel)의 형태에 "הִתְ(Hith−)"만 접두되기 때문에 표에서 생략하였다.

		Qal	Naphol	Polel	Polal	Hephil	Huphal
pf.	3ms.	קָם	נָפוֹץ	כּוֹנֵן	כּוֹנַן	הֵקִים	הוּקַם
	3fs.	קָמָה	נָפוֹצָה	כּוֹנְנָה	כּוֹנְנָה	הֵקִימָה	הוּקְמָה
	2ms.	קַמְתָּ	נְפוּצוֹתָ	כּוֹנַנְתָּ	כּוֹנַנְתָּ	הֲקִימוֹתָ	הוּקַמְתָּ
	2fs.	קַמְתְּ	נְפוּצוֹת	כּוֹנַנְתְּ	כּוֹנַנְתְּ	הֲקִימוֹת	הוּקַמְתְּ
	1cs.	קַמְתִּי	נְפוּצוֹתִי	כּוֹנַנְתִּי	כּוֹנַנְתִּי	הֲקִימוֹתִי	הוּקַמְתִּי
	3cpl.	קָמוּ	נָפֹצוּ	כּוֹנְנוּ	כּוֹנְנוּ	הֵקִימוּ	הוּקְמוּ
	2mpl.	קַמְתֶּם	נְפֹצוֹתֶם	כּוֹנַנְתֶּם	כּוֹנַנְתֶּם	הֲקִימוֹתֶם	הוּקַמְתֶּם
	2fpl.	קַמְתֶּן	נְפֹצוֹתֶן	כּוֹנַנְתֶּן	כּוֹנַנְתֶּן	הֲקִימוֹתֶן	הוּקַמְתֶּן
	1cpl.	קַמְנוּ	נְפוּצוֹנוּ	כּוֹנַנּוּ	כּוֹנַנּוּ	הֲקִימוֹנוּ	הוּקַמְנוּ

		Qal	Naphol	Polel	Polal	Hephil	Huphal
Impf.	3ms.	יָקוּם	יִכּוֹן	יְכוֹנֵן	יְכוֹנַן	יָקִים	יוּקַם
	3fs.	תָּקוּם	תִּכּוֹן	תְּכוֹנֵן	תְּכוֹנַן	תָּקִים	תּוּקַם
	2ms.	תָּקוּם	תִּכּוֹן	תְּכוֹנֵן	תְּכוֹנַן	תָּקִים	תּוּקַם
	2fs.	תָּקוּמִי	תִּכּוֹנִי	תְּכוֹנְנִי	תְּכוֹנְנִי	תָּקִימִי	תּוּקְמִי
	1cs.	אָקוּם	אֶכּוֹן	אֲכוֹנֵן	אֲכוֹנַן	אָקִים	אוּקַם
	3mpl.	יָקוּמוּ	יִכּוֹנוּ	יְכוֹנְנוּ	יְכוֹנְנוּ	יָקִימוּ	יוּקְמוּ
	3fpl.	תְּקוּמֶינָה	תִּכּוֹנָה	תְּכוֹנֵנָּה	תְּכוֹנַנָּה	תְּקִימֶינָה	תּוּקַמְנָה
	2mpl.	תָּקוּמוּ	תִּכּוֹנוּ	תְּכוֹנְנוּ	תְּכוֹנְנוּ	תָּקִימוּ	תּוּקְמוּ
	2fpl.	תְּקוּמֶינָה	תִּכּוֹנָה	תְּכוֹנֵנָּה	תְּכוֹנַנָּה	תְּקִימֶינָה	תּוּקַמְנָה
	1cpl.	נָקוּם	נִכּוֹן	נְכוֹנֵן	נְכוֹנַן	נָקִים	נוּקַם

악센트에 따른 모음의 변화는 아인(ע)–순장모음동사에서 다음과 같이 변한다:

①첫 음절이 '개음절' 및 '강세 있는 폐음절'일 경우, 모음이 반드시 길다(קָם). 하지만 첫 음절이 폐음절일 경우에는 단음으로 된다(קַמְתְּ).

②그 외에는 일반적인 악센트 법칙들이 불규칙하게 진행된다.

③전체적으로 보조모음(וֹ)을 취하는 경우가 있다(자음어미의 첨가 시).

		Qal	Naphol	Polel	Polal	Hephil	Huphal
pf.	2ms.		נְפוּצוֹתָ			הֲקִימוֹתָ	הוּקַמְתָּ
	2fs.		נְפוּצוֹת			הֲקִימוֹת	הוּקַמְתְּ
	1cs.		נְפוּצוֹתִי			הֲקִימוֹתִי	הוּקַמְתִּי
	3cpl.						
	2mpl.		נְפֹצוֹתֶם			הֲקִימוֹתֶם	הוּקַמְתֶּם
	2fpl.		נְפֹצוֹתֶן			הֲקִימוֹתֶן	הוּקַמְתֶּן
	1cpl.		נְפוּצוֹנוּ			הֲקִימוֹנוּ	הוּקַמְנוּ

• 칼(Qal)과 강조형(Polel, Polal)을 제외한 그 밖의 모든 동작동사의 완료 자음어미(2ms./2fs./1cs./2mpl./2fpl./1cpl)에 보조모음 וֹ [ô]를 삽입한다.

• 칼(Qal), 헤필(Hephil) 그리고 Huphal(후팔)의 미완료 3인칭 여성단수(3fs.)는 보조모음 세골(◌ֶ)과 요드(י)를 삽입(יֶ)한다.

תְּקוּמֶינָה(Qal.Impf.3fs.) / תְּקִימֶינָה(Hephil.Impf.3fs.)

תּוּמֶינָה(Huphal.Impf.3fs.)

• 강조형(Polel, Polal)은 눈(נ)을 취한다.

4. 각 동작동사 형태의 변화

칼은 4개의 형태가 있는데, 완료에서 "מוּת(죽다)"를 제외하고는 모두 동일한 형태를 가진다. 또한 미완료도 대체로 동일한 형태를 취한다.

1. 칼(Qal)–켈(Qel)의 형태

①Qal /Qel의 완료: □ָ□ 또는 □ֵ□ :

קָם(קוּם) / מֵת(מוּת) / בָּן(בִּין) / בָּא(בּוֹא)

②Qal /Qel의 미완료: □וּ□ָי :

יָקוּם(קוּם) / יָמוּת(מוּת) / יָבִין(בִּין) / יָבוֹא(בּוֹא)

2. 니팔(Niphal)-나폴(Naphol)의 형태

①나폴(Naphol)의 완료: □וֹ□נָ (כּוּן → כּן → כּוֹן → נָכוֹן)

②나폴(Naphol)의 미완료: □וֹמ יִ (כּוּן → כּן → כּוֹן → יִכּוֹן)

3. 피엘(Piel)-폴엘(Polel)의 형태

①폴엘(Polel)의 완료: □□ֵוֹ□ (כּוּן → כּן → כּוֹן → כּוֹנֵן)

②폴엘(Polel)의 미완료: □□ֵוֹ□ְי (כּוּן → כּן → כּוֹן → כּוֹנֵן → יְכּוֹנֵן)

강조형은 마지막 자음을 한 번 더 사용하여 강조형의 특징을 나타낸다.

4. 푸알(Pual)-폴알(Polal)의 형태

①폴알(Polal)의 완료: □□ַוֹ□ (קוּם → קם → קוֹם → קוֹמַם)

②폴엘(Polel)의 미완료: □□ַוֹ□ְי :

(קוּם → קם → קוֹם → קוֹמַם → יְקוֹמַם)

5. 히트파엘(Hithpael)-히트폴렐(Hithpolel)의 형태

①히트폴렐(Hithpolel)의 완료: □□ֵוֹ□ הִתְ :

(קוּם → קם → קוֹם → הִתְקוֹמֵם)

②히트폴렐(Hithpolel)의 미완료: □□ֵוֹ□ יִתְ

(קוֹם → קוֹמֵם → יִתְקוֹמֵם)

6. 히필(Hiphil)-헤필(Hephil)의 형태

①헤필(Hephil)의 완료: □י□ִ הֵ (קוּם → קם → קִים → הֵקִים)

②헤필(Hephil)의 미완료: □ִי□ָי (קוּם → קם → קִים → יָקִים)

7. 호팔(Hophal)-후팔(Huphal)의 형태

①후팔(Huphal)의 완료: □□ַוּ□ (קוּם → קם → קַם → הוּקַם)

②후팔(Huphal)의 미완료: □□ַוּי (קוּם → קם → קַם → יוּקַם)

5. 아인(ע)-순장모음동사의 파생어

		Qal	Niphal	Polel	Polal	Hiphil	Hophal
Imp.	ms.	קוּם	הִכּוֹן	כּוֹנֵן		הָקֵם	
Inf. Cs.		בּוֹא/שִׁית	הִכּוֹן	כּוֹנֵן		הָקִים	הוּקַם
Inf. Abs.		קוֹם/שׁוֹם	הִכּוֹן			הָקֵם	
pt.	ms.	בָּא	נָכוֹן	מְכוֹנֵן	מְכוֹנָן	מֵקִים	מוּקָם
	fs.	בָּאָה	נְכוֹנָה	מְכוֹנֶנֶת	מְכוֹנָנָה	מְקִימָה	מוּקָמָה
	fpl.	בָּאוֹת	נְכוֹנוֹת	מְכוֹנְנוֹת	מְכוֹנָנוֹת	מְקִימוֹת	מוּקָמוֹת

원래 아인(ע)-순장모음동사의 칼(Qal) 기본형이 부정사 연계형(=명령형)이기 때문에 원형과 변화가 없다.

【연습문제】

▣ 아인(ע)-순장모음동사

①(왕상 13:14b)

וַיֹּ֤אמֶר אֵלָיו֙ הַאַתָּ֛ה אִישׁ־הָאֱלֹהִ֛ים אֲשֶׁר־בָּ֥אתָ מִֽיהוּדָ֖ה וַיֹּ֥אמֶר אָֽנִי׃

②(창 18:33)

וַיֵּ֣לֶךְ יְהוָֹ֔ה כַּאֲשֶׁ֣ר כִּלָּ֔ה לְדַבֵּ֖ר אֶל־אַבְרָהָ֑ם וְאַבְרָהָ֖ם שָׁ֥ב לִמְקֹמֽוֹ׃

③(삼상 23:7a)

וַיֻּגַּ֣ד לְשָׁא֔וּל כִּי־בָ֥א דָוִ֖ד קְעִילָ֑ה

④(왕하 8:2a)

וַתָּ֣קָם הָאִשָּׁ֔ה וַתַּ֕עַשׂ כִּדְבַ֖ר אִ֣ישׁ הָאֱלֹהִ֑ים

제 33과

아인(ע)-중복동사

1. 아인(ע)-중복동사의 특징

아인(ע)-중복동사는 '두 번째 자음'과 '마지막 자음'이 동일한 동사를 말한다. 원래 아인(ע)-중복동사는 두 개의 자음(תם/סב/על/קל)이었는데, 후대에 두 번째 자음이 반복(תמם, סבב, עלל, קלל) 되므로 세 개의 자음으로 발전된 것이다.

תמם(완성되다) / סבב(방향을 바꾸다)

עלל(poel, 종사하다) / קלל(빠르다)

2. 아인(ע)-중복동사의 범위

<table>
<tr><th colspan="2">어간</th><th>Qal</th><th>Niphal</th><th>Piel</th><th>Pual</th><th>Hithpael</th><th>Hiphil</th><th>Hophal</th></tr>
<tr><td>pf.</td><td>3ms.</td><td>קָטַל</td><td>נִקְטַל</td><td>קִטֵּל</td><td>קֻטַּל</td><td>הִתְקַטֵּל</td><td>הִקְטִיל</td><td>הָקְטַל</td></tr>
<tr><td>Impf.</td><td>3ms.</td><td>יִקְטֹל</td><td>יִקָּטֵל</td><td>יְקַטֵּל</td><td>יְקֻטַּל</td><td>יִתְקַטֵּל</td><td>יַקְטִיל</td><td>יָקְטַל</td></tr>
<tr><th colspan="2">어간</th><th>Qal</th><th>Niphal</th><th>Po'el②</th><th>Po'al②</th><th></th><th>Hiphil</th><th>Hophal</th></tr>
<tr><td rowspan="2">pf.</td><td rowspan="2">3ms.</td><td>תַּם①</td><td>נָמֵס</td><td rowspan="2">סוֹבֵב</td><td rowspan="2">סוֹבַב</td><td rowspan="2"></td><td>הֵסַב</td><td>הוּסַב</td></tr>
<tr><td>סָבַב②</td><td>נָסַב</td><td>הֵסֵב</td><td></td></tr>
<tr><td rowspan="2">Impf.</td><td rowspan="2">3ms.</td><td>יָסֹב</td><td rowspan="2">יִסַּב</td><td rowspan="2">יְסוֹבֵב</td><td rowspan="2">יְסוֹבַב</td><td rowspan="2"></td><td>יַסֵּב</td><td>יֻסַּב</td></tr>
<tr><td>יִסֹּב③</td><td>יָסֵב</td><td>יוּסַב</td></tr>
</table>

1) 정동사는 정확하게 3개의 자음으로 동작동사를 나타내는 것에 반해 아인(ע)-중복동사는 [①,②,③]의 차이가 나타난다:

2) 칼 완료(Qal.pf.) 동사에서 두개의 자음[①]으로 형성된 것과 3개의 자음[②]으로 형성된 것이 있다. 대부분 "2개의 자음"으로 되어 있는 아인(ע)-중복동사는 '자동사'이며, "3개의 자음"으로 되어 있는 아인(ע)-중복동사는 '타동사'이다 (Ges § 67.a 와 와이그린, 327을 보라).

• "3개의 자음"으로 되어 있는 아인(ע)-중복동사는 칼 완료(Qal.pf. 타동사)와 칼 부정사절대형(Qal.Inf.abs.) 그리고 칼 분사(Qal.pt.)의 능동과 수동 형태이다. 아마도 3개의 자음을 사용하는 이유는

첫째, 순장모음이 앞과 뒤에 있어서 발음상 자음강화 현상을 일으키기 때문일 것이다.

둘째, 강조형의 동사(poel과 poal동사 포함)들은 3개의 자음을 사용하여 강조를 나타내기 위해 두 번째 자음을 한 번 더 사용한 것으로 보인다.

3) 강조형을 제외한 그 밖의 미완료들은 다음과 같다.

첫째, 두 개의 기본자음으로 형성된 것과

둘째, 일반적인 두 개의 자음 형태에 첫 번째 자음이 중강점에 의하여 강화되는 것이다. 이 형태는 후대에 아람어로 발전된 것 같다.

3. 아인(ע)-중복동사의 파생어[41)]

	Qal	Niphal	Hiphil	Hophal	Po'el.(나)	Po'al.(나)
Inf. cs.	סֹב	הִסֵּב	הָסֵב		סוֹבֵב	
Inf. abs.	סָבוֹב(나)	הִמֵּס/הִסּוֹב	הָסֵב	הָשַׁמָּה	סוֹבֵב	סוֹבַב
Imp.ms.	סֹב	הִסַּב	הָסֵב		סוֹבֵב	
w-Impf	וַיָּסָב		וַיָּסֶב			
Impf. +suff.	יְסֻבֵּנִי		יְסִבֵּנִי יְסִבְּכֶם		יְסוֹבְבֵנִי	
pt. act.	סֹבֵב(나)	נָסָב	מֵסֵב		מְסוֹבֵב	
pt.pass.	סָבוּב(나)	נְסַבָּה		מוּסָב		מְסוֹבָב

4. 아인(ע)-중복동사의 변화

1. 두 개의 기본자음에서 세 개의 자음으로 발전한 형태

		Qal①	Qal-A②	Niphal	Hiphil	Hophal	Po'el	Po'al
	3ms.	תַּם	סָבַב	נָסַב	הֵסֵב	הוּסַב	סוֹבֵב	סוֹבַב
	3fs.	תַּמָּה	סָבֲבָה	נָסַבָּה	הֵסֵבָּה	הוּסַבָּה	סוֹבְבָה	סוֹבְבָה
	2ms.	תַּמּוֹתָ	סַבּוֹתָ	נְסַבּוֹתָ	הֲסִבּוֹתָ	הוּסַבּוֹתָ	סוֹבַבְתָּ	סוֹבַבְתָּ
	2fs.	תַּמּוֹת	סַבּוֹת	נְסַבּוֹת	הֲסִבּוֹת	הוּסַבּוֹת	סוֹבַבְתְּ	סוֹבַבְתְּ
pf.	1cs.	תַּמּוֹתִי	סַבּוֹתִי	נְסַבּוֹתִי	הֲסִבּוֹתִי	הוּסַבּוֹתִי	סוֹבַבְתִּי	סוֹבַבְתִּי
	3cpl.	תַּמּוּ	סָבֲבוּ	נָסַבּוּ	הֵסֵבּוּ	הוּסַבּוּ	סוֹבְבוּ	סוֹבְבוּ
	2mpl.	תַּמּוֹתֶם	סַבּוֹתֶם	נְסַבּוֹתֶם	הֲסִבּוֹתֶם	הוּסַבּוֹתֶם	סוֹבַבְתֶּם	סוֹבַבְתֶּם
	2fpl.	תַּמּוֹתֶן	סַבּוֹתֶן	נְסַבּוֹתֶן	הֲסִבּוֹתֶן	הוּסַבּוֹתֶן	סוֹבַבְתֶּן	סוֹבַבְתֶּן
	1cpl.	תַּמּוֹנוּ	סַבּוֹנוּ	נְסַבּוֹנוּ	הֲסִבּוֹנוּ	הוּסַבּוֹנוּ	סוֹבַבְנוּ	סוֹבַבְנוּ
	3ms	יִסֹּב / יָסֹב③		יִסַּב	יָסֵב ,יַסֵּב③	יוּסַב ,יֻסַּב③	יְסוֹבֵב	יְסוֹבַב
	3fs	תֵּתַם	תָּסֹב	תִּסַּב	תָּסֵב	תּוּסַב	תְּסוֹבֵב	תְּסוֹבַב
	2ms	תֵּתַם	תָּסֹב	תִּסַּב	תָּסֵב	תּוּסַב	תְּסוֹבֵב	תְּסוֹבַב
	2fs	תֵּתַמִּי	תָּסֹבִּי	תִּסַּבִּי	תָּסֵבִּי	תּוּסַבִּי	תְּסוֹבְבִי	תְּסוֹבְבִי
	1cs	אֵתַם	אָסֹב	אֶסַּב	אָסֵב	אוּסַב	אֲסוֹבֵב	אֲסוֹבַב
Impf.	3mpl.	יֵתַמּוּ	יָסֹבּוּ	יִסַּבּוּ	יָסֵבּוּ	יוּסַבּוּ	יְסוֹבְבוּ	יְסוֹבְבוּ
	3fpl.	תְּתַמֶּינָה	תְּסֻבֶּינָה	תִּסַּבֶּינָה	תְּסִבֶּינָה	תּוּסַבֶּינָה	תְּסוֹבֵבְנָה	תְּסוֹבַבְנָה
	2mpl.	תֵּתַמּוּ	תָּסֹבּוּ	תִּסַּבּוּ	תָּסֵבּוּ	תּוּסַבּוּ	תְּסוֹבְבוּ	תְּסוֹבְבוּ
	2fpl.	תְּתַמֶּינָה	תְּסֻבֶּינָה	תִּסַּבֶּינָה	תְּסִבֶּינָה	תּוּסַבֶּינָה	תְּסוֹבֵבְנָה	תְּסוֹבַבְנָה
	1cpl.	נֵתַם	נָסֹב	נִסַּב	נָסֵב	נוּסַב	נְסוֹבֵב	נְסוֹבַב

여기서 다루어진 것은 두 개의 자음에서 3개의 자음으로 발전한 경우이다.

①칼 완료(Qal.Pf.) 3인칭 남성단수(3ms.), 여성단수(3fs.) 그리고 3인칭

공성복수(3cpl.)는 기본자음의 강화현상이다. 특히 칼(Qal)인 경우, 2개의 자음에서 3개의 자음으로의 발전은 대부분 '타동사'이며, '자동사'는 두 개의 자음(תַּם)에 속한다.

종류	인칭	변 화
Qal. pf.	3ms.	סַב → סָבַב
Qal. pf.	3fs.	סַב → סָבַב → סָבַבָה → סָבְבָה
Qal. pf.	3cpl.	סַב → סָבַב → סָבַבוּ → סָבְבוּ

모음어미가 접미될 때, 앞의 음절은 폐음절이 되며, 그 뒤따르는 음절이 폐음절의 마지막 자음과 같을 경우 '자음 중첩'이 일어난다. 그러나 모음어미의 첨가로 인해 쉐바로 변화한 개음절의 모음일 경우에는 자음 중첩을 할 수 없다. 따라서 첫 음절에 메텍을 붙여서 그 뒤의 음절을 유성쉐바로 만든다.

②강조형의 동사는 항상 두 번째 자음이 중첩되어 중강점이 찍히지만 아인(ע)-중복동사에서는 이런 형태를 만들 수가 없다. 왜냐하면 모든 단어는 마지막 자음에 중강점을 찍을 수가 없기 때문이다.[42] 따라서 아인(ע)-중복동사는 중강점을 찍지 않는 대신에 두 번째 자음을 한 번 더 사용한다. 아인(ע)-중복동사의 강조형은 형태에 따라서 특별히 3가지로 발전하였다.

• Piel – Pual – Hithphael

	Piel	Pual	Hithpael
pf.	סִבֵב	סֻבַב	הִתְסַבֵב
Impf.	יְסַבֵב	יְסֻבַב	יִתְסַבֵב

• Poel – Poal – Hithpoel

	Po'el	Po'al	Hithpoel
pf.	סוֹבֵב	סוֹבַב	הִסְתּוֹבֵב
Impf.	יְסוֹבֵב	יְסוֹבַב	יִסְתּוֹבֵב

• Pilpel – Polpal – Hithpolpel

	Pilpel	Polpal	Hithpolpel
pf.	קִלְקֵל	קָלְקַל	הִתְקַלְקֵל
Impf.	יְקַלְקֵל	יְקָלְקַל	יִתְקַלְקֵל

2. 두 개의 기본자음을 사용하는 경우

	Qal	Niphal	Hiphil	Hophal
Pf. 3ms.	תַּם	נָסַב	הֵסֵב	הוּסַב
Impf.3ms.	יָסֹב	יִסַּב	יָסֵב	יוּסַב
Impf.3fs.	תָּסֹב	תִּסַּב	תָּסֵב	תּוּסַב
Impf.2ms.	תָּסֹב	תִּסַּב	תָּסֵב	תּוּסַב
Impf.1cs.	אָסֹב	אֶסַּב	אָסֵב	אוּסַב
Impf.1cpl.	נָסֹב	נִסַּב	נָסֵב	נוּסַב
w–Impf.3ms.	וַיָּסָב		וַיָּסֶב	
Inf.	סֹב(לָסֹב)	הִסֵּב	הָסֵב	
Imp. ms.	סֹב	הִסַּב	הָסֵב	

①강화 현상을 일으키는 칼 완료(Qal.pf.) 타동사를 제외하고 두 개의 자음만 사용하는 형태는 대부분 자동사에서 나타난다.[43] 인칭어미가 첨가되지 않았을 경우에는 두 개의 자음으로 동작을 표시한다.

②위의 도표에서 살펴보았듯이 두 개의 자음형태에 나타나는 공통적인 특징은 다음과 같다.

첫째, 인칭어미가 없는 경우, 두 번째 기본자음을 강화하기 위한 '중강점'의 형태는 일어나지 않는다. 왜냐하면 단어 끝에서 중강점은 마지막 단어 끝의 자음을 발음할 수 없기 때문이다.

둘째, 칼 미완료(Qal.Impf.), 니팔 완료(Niphal.pf.), 히필(Hiphil)과 호팔(Hophal)의 첫 음절은 장음절을 이룬다. 왜냐하면 두 자음은 명백히 단음절이므로 인칭과 동작을 의미하는 첫 음절은 강세 앞에 위치하기 때문이다.

5. 자음 인칭어미 첨가 시 보조모음을 취하는 경우

①강조형을 제외한 모든 동작동사 중에서 완료 자음어미(2ms./2fs./1cs./2mpl./2fpl./1cpl.)에 보조 모음 [ô](וֹ)가 들어간다.

		Qal①	Qal-A②	Niphal	Hiphil	Hophal
pf.	2ms.	תַּמּ֫וֹתָ	סַבּ֫וֹתָ	נְסַבּ֫וֹתָ	הֲסִבּ֫וֹתָ	הוּסַבּ֫וֹתָ
	2fs.	תַּמּוֹת	סַבּוֹת	נְסַבּוֹת	הֲסִבּוֹת	הוּסַבּוֹת
	1cs.	תַּמּ֫וֹתִי	סַבּ֫וֹתִי	נְסַבּ֫וֹתִי	הֲסִבּ֫וֹתִי	הוּסַבּ֫וֹתִי
	2mpl.	תַּמּוֹתֶם	סַבּוֹתֶם	נְסַבּוֹתֶם	הֲסִבּוֹתֶם	הוּסַבּ֫וֹתֶם
	2fpl.	תַּמּוֹתֶן	סַבּוֹתֶן	נְסַבּוֹתֶן	הֲסִבּוֹתֶן	הוּסַבּוֹתֶן
	1cpl.	תַּמּ֫וֹנוּ	סַבּ֫וֹנוּ	נְסַבּ֫וֹנוּ	הֲסִבּ֫וֹנוּ	הוּסַבּ֫וֹנוּ

②칼(Qal), 히필(Hiphil) 그리고 호팔(Hophal)의 미완료 3인칭 여성단수 에서는 보조모음 세골(◌ֶ)과 요드(י)가 삽입된다(ֶי).

		Qal①	Qal-A②	Niphal	Hiphil	Hophal
Impf.	3fpl.	תְּתַמֶּ֫ינָה	תְּסֻבֶּ֫ינָה	תִּסַּבֶּ֫ינָה	תְּסִבֶּ֫ינָה	תּוּסַבֶּ֫ינָה
	2fpl.	תְּתַמֶּ֫ינָה	תְּסֻבֶּ֫ינָה	תִּסַּבֶּ֫ינָה	תְּסִבֶּ֫ינָה	תּוּסַבֶּ֫ינָה

【연습문제】

▣ 아인(ע)-중복동사

①(창 2:11)

שֵׁם הָאֶחָד פִּישׁוֹן הוּא הַסֹּבֵב אֵת כָּל־אֶרֶץ הַחֲוִילָה אֲשֶׁר־שָׁם הַזָּהָב׃

②(삼상 2:20)

וּבֵרַךְ עֵלִי אֶת־אֶלְקָנָה וְאֶת־אִשְׁתּוֹ וְאָמַר יָשֵׂם יְהוָה לְךָ זֶרַע מִן־הָאִשָּׁה הַזֹּאת
תַּחַת הַשְּׁאֵלָה אֲשֶׁר שָׁאַל לַיהוָה וְהָלְכוּ לִמְקֹמוֹ׃

③(수 6:3)

וְסַבֹּתֶם אֶת־הָעִיר כֹּל אַנְשֵׁי הַמִּלְחָמָה הַקֵּיף אֶת־הָעִיר פַּעַם אֶחָת
כֹּה תַעֲשֶׂה שֵׁשֶׁת יָמִים׃

④(룻 1:1)

וַיְהִי בִּימֵי שְׁפֹט הַשֹּׁפְטִים וַיְהִי רָעָב בָּאָרֶץ וַיֵּלֶךְ אִישׁ מִבֵּית לֶחֶם יְהוּדָה
לָגוּר בִּשְׂדֵי מוֹאָב הוּא וְאִשְׁתּוֹ וּשְׁנֵי בָנָיו׃

⑤(수 4:10)

וְהַכֹּהֲנִים נֹשְׂאֵי הָאָרוֹן עֹמְדִים בְּתוֹךְ הַיַּרְדֵּן עַד תֹּם כָּל־הַדָּבָר אֲשֶׁר־צִוָּה יְהוָה
אֶת־יְהוֹשֻׁעַ לְדַבֵּר אֶל־הָעָם כְּכֹל אֲשֶׁר־צִוָּה מֹשֶׁה אֶת־יְהוֹשֻׁעַ
וַיְמַהֲרוּ הָעָם וַיַּעֲבֹרוּ׃

⑥(삼상 22:17)

וַיֹּ֣אמֶר הַ֠מֶּלֶךְ לָרָצִ֞ים הַנִּצָּבִ֣ים עָלָ֗יו סֹ֜בּוּ וְהָמִ֣יתוּ ׀ כֹּהֲנֵ֣י יְהוָ֗ה כִּ֤י גַם־יָדָם֙ עִם־דָּוִ֔ד
וְכִ֤י יָֽדְעוּ֙ כִּֽי־בֹרֵ֣חַ ה֔וּא וְלֹ֥א גָל֖וּ אֶת־אָזְנ֑וֹ וְלֹֽא־אָב֞וּ עַבְדֵ֣י הַמֶּ֗לֶךְ לִשְׁלֹ֙חַ֙ אֶת־יָדָ֔ם
לִפְגֹ֖עַ בְּכֹהֲנֵ֥י יְהוָֽה׃ ס

제 34과

라메드(ל)-후음동사

1. 라메드(ל)-후음동사의 특징

동사의 마지막 어근이 후음(ה/ח/ע)으로 끝나는 동사를 라메드(ל)-후음동사라고 한다. 후음문자 중에서 알렙(א)과 헤(ה)는 그 자체의 특징 때문에 다른 '약동사'로 분리된다. 또한 러쉬(ר)는 후음문자가 아닌 '강동사'로 취급된다.

בָּטַח(신뢰하다) / מָשַׁח(기름을 붓다)

גָּבַהּ(높아지다) / שָׁכַח(망각하다)

2. 라메드(ל)-후음동사의 범위

어간		Qal	Niphal	Piel	Pual	Hithpael	Hiphil	Hophal
pf.	3ms.	קָטַל	נִקְטַל	קִטֵּל	קֻטַּל	הִתְקַטֵּל	הִקְטִיל	הָקְטַל
Impf.	3ms.	יִקְטֹל	יִקָּטֵל	יְקַטֵּל	יְקֻטַּל	יִתְקַטֵּל	יַקְטִיל	יָקְטַל
pf.	3ms.			שִׁלַּח		הִתְשַׁלַּח	הִשְׁלִיחַ	
Impf.	3ms.	יִשְׁלַח	יִשָּׁלַח	יְשַׁלַּח		יִתְשַׁלַּח	יַשְׁלִיחַ	

라메드(ל)-후음동사의 범위는 위의 도표에서 보듯이 두 번째 음절의 모음이 파다(◌ַ)가 아닌 경우에 변화가 일어난다. 왜냐하면 라메드(ל)-후음동사는 "후음 문자들이 그 앞이나 뒤에서 짧은 a(◌ַ)를 선호하는데, 이는 이러한 모음이 발성학적으로 후음의 발음과 가장 유사하기 때문(G-K §22 d)"이라는 '후음의 특징'에 따라 관찰할 수 있다.

3. 라메드(ל)-후음동사의 파생어

정동사 파생어		Qal	Niphal	Piel	Pual	Hithpael	Hiphil	Hophal
Imp(ms).		קְטֹל	הִקָּטֵל	קַטֵּל		הִתְקַטֵּל	הַקְטֵל	
Inf.cs.		קְטֹל	הִקָּטֵל	קַטֵּל		הִתְקַטֵּל	הַקְטִיל	
Inf.abs.		קָטוֹל	הִקָּטֹל	קַטֹּל	קֻטֹּל*	הִתְקַטֵּל	הַקְטֵל	הָקְטֵל
pt.	act.	קֹטֵל		מְקַטֵּל		מִתְקַטֵּל	מַקְטִיל	
	pass.	קָטוּל	נִקְטָל		מְקֻטָּל			מָקְטָל
라메드-후음		Qal	Niphal	Piel	Pual	Hithpael	Hiphil	Hophal
Imp(ms).		שְׁמַע	הִשָּׁבַע	שַׁלַּח		הִשְׁתַּגַּע	הַשְׁלַח	
Inf.cs.		שְׁמֹעַ	הִשָּׁבַע	שַׁלַּח		הִשְׁתַּגַּע	הַשְׁלִיחַ	
Inf.abs.		שָׁמוֹעַ	הִשָּׁבֵעַ	שַׁלֵּחַ		הִשְׁתַּגֵּעַ	הַשְׁלֵחַ	הָשְׁלֵחַ
pt.	act.	שֹׁמֵעַ		מְשַׁלֵּחַ		מִשְׁתַּגֵּעַ	מַשְׁלִיחַ	
	pass.	שָׁלוּחַ	נִשְׁבָּע		מְשֻׁלָּח			מָשְׁלָח

칼(Qal)에서 호팔(Hophal)까지, 라메드(ל)-후음동사가 변화하는 두 가지 경우가 있다. 첫째, 어근 두 번째 모음이 파다(◌ַ)로 변하는 경우와 둘째, 음절 끝 후음(final guttural)에 보조모음이 있는 경우이다.

4. 라메드(ל)-후음동사의 변화

자음의 두 번째 모음이 파다(ַ)로 변하는 경우						
동작동사	Qal.Impf.[44]	Ni.Impf.	Piel	Hithpael	Hiphil	Hophal
파생어		명령형	명령형	명령형	명령형	
		부정사연계형	부정사연계형	부정사연계형		

음절 끝 후음(final guttural)에 보조모음[45]이 있는 경우						
동작동사	Qal	Niphal	Piel	Hithpael	Hiphil	Hophal
파생어	부정사절대형/연계형	부정사절대형	부정사절대형	부정사절대형	부정사연계형	부정사 절대형
	분사능동/ 수동		분사 능동	분사 능동	분사 능동	

1. 자음의 두 번째 모음이 파다(ַ)로 변하는 경우

		Qal	Niphal	Piel	Hithpael	Hiphil
pf.	3ms.			שִׁלַּח	הִשְׁתַּגַּע	
	3fs.			שִׁלְּחָה	הִשְׁתַּגְּעָה	
	2ms.			שִׁלַּחְתָּ	הִשְׁתַּגַּעְתָּ	
	2fs.			שִׁלַּחַתְּ	הִשְׁתַּגַּעַתְּ	
	1cs.			שִׁלַּחְתִּי	הִשְׁתַּגַּעְתִּי	
	3cpl.			שִׁלְּחוּ	הִשְׁתַּגְּעוּ	
	2mpl.			שִׁלַּחְתֶּם	הִשְׁתַּגַּעְתֶּם	
	2fpl.			שִׁלַּחְתֶּן	הִשְׁתַּגַּעְתֶּן	
	1cpl.			שִׁלַּחְנוּ	הִשְׁתַּגַּעְנוּ	
Impf.	3ms.	יִשְׁמַע	יִשָּׁבַע	יְשַׁלַּח	יִשְׁתַּגַּע	
	3fs.	תִּשְׁמַע	תִּשָּׁבַע	תְּשַׁלַּח	תִּשְׁתַּגַּע	
	2ms.	תִּשְׁמַע	תִּשָּׁבַע	תְּשַׁלַּח	תִּשְׁתַּגַּע	
	2fs.	תִּשְׁמְעִי	תִּשָּׁבְעִי	תְּשַׁלְּחִי	תִּשְׁתַּגְּעִי	
	1cs.	אֶשְׁמַע	אֶשָּׁבַע	אֲשַׁלַּח	אֶשְׁתַּגַּע	

Impf.	3mpl.	יִשְׁמְעוּ	יִשָּׁבְעוּ	יְשַׁלְּחוּ	יִשְׁתַּגְּעוּ	
	3fpl.	תִּשְׁמַעְנָה	תִּשָּׁבַעְנָה	תְּשַׁלַּחְנָה	תִּשְׁתַּגַּעְנָה	
	2mpl.	תִּשְׁמְעוּ	תִּשָּׁבְעוּ	תְּשַׁלְּחוּ	תִּשְׁתַּגְּעוּ	
	2fpl.	תִּשְׁמַעְנָה	תִּשָּׁבַעְנָה	תְּשַׁלַּחְנָה	תִּשְׁתַּגַּעְנָה	
	1cpl.	נִשְׁמַע	נִשָּׁבַע	נְשַׁלַּח	נִשְׁתַּגַּע	
Imp.	fs.	שְׁמַע	הִשָּׁבַע	שַׁלַּח	הִשְׁתַּגַּע	הַשְׁלַח
Inf.	cs.		הִשָּׁבַע	שַׁלַּח		

①칼 미완료(Qal.Impf.)와 파생어

יִשְׁמֹע → תִּשְׁמֵעְנָה → תִּשְׁמַעְנָה(미완료)

יִשְׁמֹע → תִּשְׁמֹע → שְׁמֹע → שְׁמַע(명령형)

②니팔 미완료(Ni.Impf.)와 파생어

יִשָּׁבֵע → תִּשָּׁבֵעִי → תִּשָּׁבַעִי → תִּשָּׁבְעִי(미완료)

יִשָּׁבֵע → תִּשָּׁבֵע → הִשָּׁבֵע → הִשָּׁבַע(명령형/부정사절대형)

③피엘 완료와 미완료(Pi.pf./Impf.)와 파생어

שִׁלֵּח → שִׁלַּח (완료)

יְשַׁלֵּח → תְּשַׁלֵּחְנָה → תְּשַׁלַּחְנָה(미완료)

יְשַׁלֵּח → תְּשַׁלֵּח → תְּשַׁלַּח → שַׁלַּח(명령형/구조부정사)

④히트파엘 완료와 미완료(Hith.pf./Impf.)(שׁגע)[46]

הִתְשַׁגֵּעַ → הִתְשַׁגֵּעְתֶּם → הִתְשַׁגַּעְתֶּם → הִשְׁתַּגַּעְתֶּם(완료)

יִתְשַׁגֵּעַ → תִּתְשַׁגֵּעְנָה → תִּתְשַׁגַּעְנָה → תִּשְׁתַּגַּעְנָה(미완료)

יִתְשַׁגֵּעַ → יִשְׁתַּגֵּעַ → הִשְׁתַּגֵּעַ → הַשְׁתַּגַּע(명령형/구조부정사)

⑤ 히필 명령형(Hi.Imp.)

Ⓐ Ⓑ Ⓒ Ⓓ

יַשְׁלִיחַ → תַּשְׁלִיחַ → הַשְׁלִיחַ → הַשְׁלִח → הַשְׁלֵח → הַשְׁלַח

• 정동사의 모음을 기록한 후, 히필 미완료 3인칭 남성단수(Hi.Impf. ms.)에서 2인칭 남성단수(2ms.)로의 변화, 그리고 미완료(תּ)에서 명령형(ה)까지의 변화과정이다(Ⓐ).

• 정동사의 명령형과 같이 '두 번째 모음'이 회귀 현상으로 인해 히렉(□ִ) [i]로 돌아간다(Ⓑ).

• 히렉(□ִ) [i]는 강세음절로 체레(□ֵ) [ē]로 길어진다(Ⓒ).

• 후음 앞에 파다(□ַ) 이외의 모음들은 전부 라메드(ל)-후음동사의 법칙에 따라서 파다(□ַ)로 고친다(Ⓓ).

2. 음절 끝에 후음(final guttural)과 보조모음이 오는 경우

① 히필 완료와 미완료(Hi.pf./Impf.)

Hiph	3ms.	3fs.	2ms.	2fs.	1cs.	3mpl.	3fpl.	2mpl.	2fpl.	1cpl.
pf.	הִשְׁלִיחַ	הִשְׁלִיחָה	הִשְׁלַחְתָּ	הִשְׁלַחַתְּ	הִשְׁלַחְתִּי	הִשְׁלִיחוּ	הִשְׁלִיחוּ	הִשְׁלַחְתֶּם	הִשְׁלַחְתֶּן	הִשְׁלַחְנוּ
Impf.	יַשְׁלִיחַ	תַּשְׁלִיחַ	תַּשְׁלִיחַ	תַּשְׁלִיחִי	אַשְׁלִיחַ	יַשְׁלִיחוּ	תַּשְׁלַחְנָה	תַּשְׁלִיחוּ	תַּשְׁלַחְנָה	נַשְׁלִיחַ

② 파생어

		Qal	Niphal	Piel	Hithpael	Hiphil	Hophal
Inf.cs.		שְׁמֹעַ				הַשְׁלִיחַ	
Inf.abs		שָׁמוֹעַ	הִשָּׁבֵעַ	שַׁלֵּחַ	הִשְׁתַּגֵּעַ	הַשְׁלֵחַ	הָשְׁלֵחַ
pt.	act.	שֹׁמֵעַ		מְשַׁלֵּחַ	מִשְׁתַּגֵּעַ	מַשְׁלִיחַ	
	pass.	שָׁלוּחַ					

- 칼(Qal)의 파생어

יִשְׁמֹע → יִשְׁמֹעַ → תִּשְׁמֹעַ → שְׁמֹעַ(부정사 연계형)

יִשְׁמֹע → שֹׁמוּע → שָׁמוּעַ(분사)

- 니팔(Ni.)의 부정사 절대형

תִּשָּׁבַע → הִשָּׁבַע → הִשָּׁבֵע → הִשָּׁבֵעַ(부정사 절대형)

니팔의 부정사 절대형은 순장모음 "ê(ֵי)"가 불완전 서법 "ē(ֵ)"이다.

- 피엘(Piel)의 파생어

ⓐ יְשַׁלֵּח → ⓑ תְּשַׁלַּח → ⓒ שַׁלַּח → ⓓ שַׁלֵּח → ⓔ שַׁלֵּחַ(부정사 절대형)

ⓐ יְשַׁלֵּח → ⓑ תְּשַׁלַּח → ⓒ מְשַׁלַּח → ⓓ מְשַׁלֵּח → ⓔ מְשַׁלֵּחַ(분사)

ⓐ부정사 절대형의 변화는 피엘 미완료 3인칭 남성단수(Piel. Impf.3ms.)에서 시작한다. 후음이 마지막 음절에 있는 경우, 선행모음 "a(ַ)"를 선호한다는 특징에 따라서 "ē(ֵ)"가 "a(ַ)"로 변화한다.

ⓑ3인칭에서 2인칭으로의 인칭변화를 한다.

ⓒ부정사 절대형을 만들기 전에 명령형으로 전환된다.

ⓓ라메드(ל)-후음동사 피엘 부정사 절대형의 형태인 두 번째 모음이 불완전 서법의 순장모음 "ē (◌ֵ)"가 첨가된다. 음절 끝에 후음(final guttural)과 보조모음 법칙에 따라서 '도입파다(◌ַ)'가 들어간다.

ⓔ분사의 경우는 부정사 절대형의 경우와 동일하지만, 단어 앞에 מ을 넣어서 분사를 표시한다.

• 히트파엘(Hithpael) 부정사 절대형과 분사

Hithpael	정동사	라메드-후음
Inf.abs.	הִתְקַטֵּל	הִשְׁתַּגֵּעַ
pt.act.	מִתְקַטֵּל	מִשְׁתַּגֵּעַ

부정사 절대형은 순장모음 "ê(◌ֵי)"의 불완전 서법 "ē (◌ֵ)"이다. 그로 인해 음절 끝에 후음(final guttural)과 선행모음이 순장모음일 경우, 원활하게 발음할 수 있도록 '도입파다(◌ַ)'가 들어간다.

• 히필 완료와 미완료(Hi.pf./Impf.) 그리고 파생어

Hiphil	정동사	라메드후음
Inf.cs.	הַקְטִיל	הַשְׁלִיחַ
Inf.abs.	הַקְטֵל	הַשְׁלֵחַ
pt.act.	מַקְטִיל	מַשְׁלִיחַ

정동사 변화에서 히필은 두 번째 모음에 순장모음을 가진 동사이다. 따라서 후음법칙에 따라서 라메드(ל)-후음에서 '도입파다(◌ַ)'가 들어간다.

3. 라메드(ל)-후음동사 중 히필동사의 변화

Hi.pf.	3ms.	הִשְׁלִיח → הִשְׁלִיחַ
	모음어미	הִשְׁלִיחַ → הִשְׁלִיחָה
	자음어미	הִשְׁלִיחַ → הִשְׁלִיחְתֶּן → הִשְׁלַחְתֶּן
Hiph.Impf.	3ms.	יַשְׁלִיח → יַשְׁלִיחַ
	자음어미	יַשְׁלִיח → תַּשְׁלֵחְנָה → תַּשְׁלַחְנָה
	모음어미	יַשְׁלִיח → יַשְׁלִיחַוּ → יַשְׁלִיחוּ
Inf.cs.		יַשְׁלִיח → יַשְׁלִיחַ → הַשְׁלִיחַ
Inf.abs.		יַשְׁלִיח → יַשְׁלִיחַ → הַשְׁלֵחַ
pt.act.		יַשְׁלִיח → יַשְׁלִיחַ → מַשְׁלֵחַ

• 히필 완료의 경우 모음어미가 첨가될 때, 순장모음은 있지만 후음에 모음이 첨가되기 때문에 음절 끝에 후음법칙이 성립되지 않는다(הִשְׁלִיחוּ 3cp). 또한 자음 어미가 첨가될 때, 순장모음은 원형으로 돌아가 "a(ַ)"가 된다(G–K§53 a).

• 히필 미완료는 어미(3fp와 2fp) "נָה"를 제외하고 두 번째 모음이 순장모음이기 때문에 '도입파다(ַ)'가 삽입된다. 히필에서 순장모음(ִי) 이 "ê(ֵ)"로 변하는 것은 정동사의 히필 변화[47]와 동일하며, 라메드(ל)-후음 때문에 "ē(ֵ)"에서 "a(ַ)"로 변하는 것이다.

• 라메드(ל)-후음동사 히필의 파생어들은 완전 서법(구조부정사와 분사)이나 불완전 서법(절대부정사) 모두 순장모음을 가진다. 그 때문에 모음어미가 첨가될 때를 제외하고는 항상 '도입파다(ַ)'가 삽입된다.

4. 라메드(ל)-후음동사의 2인칭 여성단수

pf. 2fs.	Qal	Niphal	Piel	Pual	Hithpael	Hiphil	Hophal
정동사	קָטַלְתְּ	נִקְטַלְתְּ	קִטַּלְתְּ	קֻטַּלְתְּ	הִתְקַטַּלְתְּ	הִקְטַלְתְּ	הָקְטַלְתְּ
라메드-후음	שָׁמַעַתְּ	נִשְׁבַּעַתְּ	שִׁלַּחַתְּ	שֻׁלַּחַתְּ	הִשְׁתַּגַּעַתְּ	הִשְׁלַחַתְּ	הָשְׁלַחַתְּ

• 후음이 무성쉐바와 함께 음절 끝에 올 때, 접미어가 첨가되지 않으면 일반적으로 무성쉐바가 되고 폐음절을 유지한다.

שָׁלַחְתָּ(pf.2ms.) / שָׁלַחְתִּי(pf.1cs.)

• 그러나 라메드(ל)-후음동사 완료 2인칭 여성단수는 보조모음 파다(◌ַ)가 쉐바를 대신한다. 원래 후음이 강세 있는 음절의 끝에 오는 경우에는, '도입파다(◌ַ)'가 불필요하나 2인칭 여성단수인 경우에는 삽입한다. 이 경우에 '도입파다(◌ַ)'는 폐음절에 있으며 복합쉐바가 아닌 단모음 파다(◌ַ)를 사용한다.[48)]

【연습문제】

▣ 라메드(ל)-후음동사

①(시 18:17)

יִשְׁלַ֣ח מִ֭מָּרוֹם יִקָּחֵ֑נִי יַ֝מְשֵׁ֗נִי מִמַּ֥יִם רַבִּֽים׃

②(암 6:6)

הַשֹּׁתִ֤ים בְּמִזְרְקֵ֣י יַ֔יִן וְרֵאשִׁ֥ית שְׁמָנִ֖ים יִמְשָׁ֑חוּ
וְלֹ֥א נֶחְל֖וּ עַל־שֵׁ֥בֶר יוֹסֵֽף׃

③(민 5:2a)

צַו֙ אֶת־בְּנֵ֣י יִשְׂרָאֵ֔ל וִישַֽׁלְּחוּ֙ מִן־הַֽמַּחֲנֶ֔ה כָּל־צָר֖וּעַ וְכָל־זָ֑ב

④(시 78:45)

יְשַׁלַּ֬ח בָּהֶ֣ם עָ֭רֹב וַיֹּאכְלֵ֑ם וּ֝צְפַרְדֵּ֗עַ וַתַּשְׁחִיתֵֽם׃

⑤(왕상 12:32a)

וַיַּ֣עַשׂ יָרָבְעָ֣ם ׀ חָ֡ג בַּחֹדֶשׁ֩ הַשְּׁמִינִ֨י בַּחֲמִשָּׁה־עָשָׂ֥ר י֣וֹם ׀
לַחֹ֗דֶשׁ כֶּחָ֣ג ׀ אֲשֶׁ֣ר בִּֽיהוּדָ֗ה וַיַּ֙עַל֙ עַל־הַמִּזְבֵּ֔חַ כֵּ֥ן עָשָׂ֛ה
בְּבֵֽית־אֵ֔ל לְזַבֵּ֖חַ לָעֲגָלִ֣ים אֲשֶׁר־עָשָׂ֑ה

제 35과

라메드(ל)-헤(ה)동사

1. 라메드(ל)-헤(ה)동사의 특징

라메드(ל)-헤(ה)동사는 세 자음 중 마지막 자음이 "헤(ה)"인 동사이다. 마지막 자음 "헤(ה)"는 장모음 "ā[ָ]"를 나타내기 때문에 라메드(ל)-헤(ה)동사는 두 번째 자음의 모음이 항상 길며 '개음절'로 끝난다. 그러나 גָּבַהּ와 같이 마지막 자음에 '마피크'를 찍어 "הּ"가 되면 명백한 자음으로 "라메드(ל)-헤(ה)동사"가 아니라 "라메드(ל)-후음동사(ע/ח/הּ)"가 된다.

בנה(건설하다) / גלה(벗기다)

פרה(구속하다) / קנה(구입하다)

2. 라메드(ל)–헤(ה)동사의 어원

'라메드(ל)–헤(ה)동사'는 '페(פ)–요드(י)/바브(ו)동사'와 같이 원동사의 마지막 자음 '요드(י)/바브(ו)'가 "헤(ה)"로 대치된 것이다.

종 류	동사	자음어미(2ms.)	모음어미(3cpl.)
라메드–요드	גָּלָה	גָּלִיתָ	גָּלוּ
라메드–바브	שָׁלָה	שָׁלַוְתָ	שָׁלוּ

모음어미는 마지막 자음 "헤(ה)"가 생략되는 특징으로 인해 두 어원이 분리되어 나타나지 않지만, 자음어미가 첨가되면 마지막 자음인 "헤(ה)"는 각각 "요드(י)/바브(ו)"로 돌아간다. 그러나 특정한 몇 개의 자음을 제외하고 대부분의 '라메드(ל)–헤(ה)동사'는 '라메드(ל)–요드(י)동사'이다(G–K §75 a).

3. 라메드(ל)–헤(ה)동사의 범위

	Qal	Niphal	Piel	Pual	Hithpael	Hiphil	Hophal
pf.	קָטַל	נִקְטַל	קִטֵּל	קֻטַּל	הִתְקַטֵּל	הִקְטִיל	הָקְטַל
Impf.	יִקְטֹל	יִקָּטֵל	יְקַטֵּל	יְקֻטַּל	יִתְקַטֵּל	יַקְטִיל	יָקְטַל
pf.	גָּלָה	נִגְלָה	גִּלָּה	גֻּלָּה	הִתְגַּלָּה	הִגְלָה	הָגְלָה
Impf.	יִגְלֶה	יִגָּלֶה	יְגַלֶּה	יְגֻלֶּה	יִתְגַּלֶּה	יַגְלֶה	יָגְלֶה

① 라메드(ל)-헤(ה)동사 완료는 둘째 자음의 모음이 카메츠(◌ָ)이다.

② 라메드(ל)-헤(ה)동사 미완료는 둘째 자음의 모음이 세골(◌ֶ)이다. 모든 미완료와 분사의 발음이 획일적으로 세골(◌ֶ)인 것은 칼(Qal) 미완료의 유비를 따른 것이다. 그리고 칼(Qal) 미완료가 세골[◌ֶ]로 된 것은 "◌ַי[ai]"의 축약에 의한 것이다(G-K §75, e).

종류	Qal.pf.3ms.	변화	Qal.Impf.3ms.
a. 라메드-요드	גָּלָה	יִגְלַי	יִגְלֶה
b. 라메드-바브	שָׁחָה	יִשְׁחַו	יִשְׁחֶה

4. 라메드(ל)-헤(ה)동사와 어미첨가

라메드(ל)-헤(ה)동사에서 자음어미들이 첨가되면, "헤(ה)"는 원래 상태인 "요드(י)와 바브(ו)"로 돌아가게 된다. 그 경우에 요드(י)와 바브(ו)는 모음문자이기 때문에 선행 모음과 모음화 현상[49]이 일어난다.

1. 요드(י)로 끝나는 라메드(ל)-헤(ה)동사

<table>
<tr><td colspan="3">י + ◌ַ = ◌ִי</td><td>גָּלִי</td><td>גָּלִיתָ</td><td>능동완료
(칼, 피엘, 히필, 히트파엘)</td></tr>
<tr><td>גָּלָה</td><td>גָּלָי</td><td>גָּלַי</td><td colspan="3"></td></tr>
<tr><td colspan="3">י + ◌ַ = ◌ֵי</td><td>גָּלֵי</td><td>גָּלֵיתָ</td><td>수동완료
(니팔, 푸알, 호팔)</td></tr>
</table>

라메드(ל)-헤(ה)동사는 자음어미가 첨가되기 전의 세 자음 중 마지막 "헤(ה)"는 "요드(י)"로 돌아간다. 그리고 자음 요드(י)는 앞에 있는 모음 a[ַ◌]와 결합하여 모음화 된다. 이때에 [ay] 음가는 두 가지의 형태인 수동완료와 능동완료로 발전하여 변화한다.

①능동 완료

종류	3ms.	3ms. → 2ms.
Qal	גָּלָה	גָּלָי → גָּלָי → גָּלַיתָ → גָּלִיתָ
Piel	גִּלָּה	גִּלָּי → גִּלַּי → גִּלַּיתָ → גִּלִּיתָ (גִּלֵּיתִי a)
Hithpael	הִתְגַּלָּה	הִתְגַּלָּי → הִתְגַּלַּי → הִתְגַּלַּיתָ → הִתְגַּלִּיתָ (הִתְגַּלֵּיתִי b)
Hiphil	הִגְלָה	הִגְלָי → הִגְלַי → הִגְלַיתָ → הִגְלִיתָ(הִגְלֵיתָ c)

• 피엘(Piel) 1인칭 공성단수(1cs.)에서 순장모음 "î(ִי◌)"와 "ê(ֵי◌)"가 번갈아 사용된다.

• 히트파엘(Hithpael) 1인칭 공성단수(1cs)에서 순장모음 "î (ִי◌)" 대신에 순장모음 "ê (ֵי◌)"가 사용된다.

• 히필(Hiphil) 2인칭 여성복수(2fpl)에서는 ê [ֵי◌]만 사용하지 않고 대체적으로 순장모음 "î(ִי◌)"와 "ê(ֵי◌)"를 번갈아 사용한다.

②수동 완료

종류	3ms.	3ms. → 2ms.
Niphal	נִגְלָה	נִגְלָי→ נִגְלַי→ נִגְלַיתָ → נִגְלֵיתָ
Pual	גֻּלָּה	גֻּלָּי → גֻּלַּי → גֻּלַּיתָ → גֻּלֵּיתָ
Hophal	הָגְלָה	הָגְלָי → הָגְלַי → הָגְלַיתָ→ הָגְלֵיתָ

2. 바브(ו)로 끝나는 라메드(ל)-헤(ה)동사

이 유형에 속하는 것은 שָׁלָה(안전하다)와 שָׁחָה(몸을 굽히다: Hith.) 이 두 단어이다.

종류	3ms.	3ms. → 2ms.	
Qal.	שָׁלָה	שָׁלָו → שָׁלַו → שָׁלַוְתָ	
	שָׁחָה	3ms.	
Hith.pf.	הִשְׁתַּחֲוָה	הִתְשַׁחֲוֵו → הִתְשַׁחֲוָה → הִשְׁתַּחֲוָה	
Hith.Impf.	יִשְׁתַּחֲוֶה	Hith.inf.cs.	הִשְׁתַּחֲוֹת
Hith.Imp.	הִשְׁתַּחֲוִי	Hith.pt.	מִשְׁתַּחֲוֶה

5. 라메드(ל)-헤(ה)동사의 파생어

	Qal	Niphal	Piel	Pual	Hithpael	Hiphil	Hophal
Imp.	קְטֹל	הִקָּטֵל	קַטֵּל		הִתְקַטֵּל	הַקְטֵל	
Pt.act.	קֹטֵל		מְקַטֵּל		מִתְקַטֵּל	מַקְטִיל	
pt.pass.	קָטוּל	נִקְטָל		מְקֻטָּל			מָקְטָל
Inf.cstr.	קְטֹל	הִקָּטֵל	קַטֵּל		הִתְקַטֵּל	הַקְטִיל	הָקְטַל
Inf.abs.	קָטוֹל	הִקָּטֹל	קַטֹּל	קֻטֹּל	הִתְקַטֵּל	הַקְטֵל	הָקְטֵל
Imp.	גְּלֵה	הִגָּלֵה	גַּלֵּה		הִתְגַּלֵּה	הַגְלֵה	
pt.act.	גֹּלֶה		מְגַלֶּה		מִתְגַּלֶּה	מַגְלֶה	
pt.pass.	גָּלוּי	נִגְלֶה		מְגֻלֶּה			מָגְלֶה
Inf.cstr.	גְּלוֹת	הִגָּלוֹת	גַּלּוֹת	גֻּלּוֹת	הִתְגַּלּוֹת	הַגְלוֹת	
Inf.abs.	גָּלֹה	הִגָּלֵה	גַּלֹּה			הַגְלֵה	הָגְלֵה

① 라메드(ל)-헤(ה)동사 명령형은 "헤(ה)" 앞에 "체레(ֵ)" 모음이 사용된다.

② 칼 분사 수동은 예외인 것 같지만 라메드-요드(י)동사의 형태가 보존된 것이다. 그 외에 분사 형태들은 예외 없이 "헤(ה)" 앞에 "세골(◌ֶ)" 모음이 사용된다.

③ 부정사 연계형은 모든 형태가 여성 복수어미와 같이 "וֹת"를 가진다. 그리고 부정사 절대형은 칼(Qal)과 피엘(Piel)만 순장모음 "ō[◌ֹ]" 혹은 드물지만 "ô[וֹ]"를 가지며, 그 외에는 "체레(◌ֵ)" 모음을 가진다.

④ 라메드(ל)-헤(ה)동사가 "ה◌ֶ"의 형태로 끝날 때 바브접속법이 접두되거나 또는 지시형(Jussive)로서 사용되는 경우, "ה◌ֶ"가 탈락한다. 지시형(Jussive)에서 발음할 수 없는 형태(칼/히필/호팔)를 보면, 세골명사 원형을 볼 수 있다. 그 때문에 모음변화가 불가피하게 일어난다(이용호, 기초 히브리어 문법, 115-117).

종 류	생략형	모음 변화 형태
Qal.Impf.	יִגְל	יִגְלֶה → יִגְל → יִגֶל → יֶגֶל
Hiph.Impf.	יַגְל	יַגְלֶה → יַגְל → תַּגֶל → תֶּגֶל
Hoph.Impf.	יָגְל	יָגְלֶה → יָגְל → יָגֶל → יגֶל

【연습문제】

▣ 라메드(ל)-헤(ה)동사

①(신 18:16)

כְּכֹל אֲשֶׁר־שָׁאַלְתָּ מֵעִם יְהוָה אֱלֹהֶיךָ בְּחֹרֵב בְּיוֹם הַקָּהָל לֵאמֹר
לֹא אֹסֵף לִשְׁמֹעַ אֶת־קוֹל יְהוָה אֱלֹהָי
וְאֶת־הָאֵשׁ הַגְּדֹלָה הַזֹּאת לֹא־אֶרְאֶה עוֹד וְלֹא אָמוּת׃

②(신 9:9)

בַּעֲלֹתִי הָהָרָה לָקַחַת לוּחֹת הָאֲבָנִים לוּחֹת הַבְּרִית
אֲשֶׁר־כָּרַת יְהוָה עִמָּכֶם וָאֵשֵׁב בָּהָר אַרְבָּעִים יוֹם וְאַרְבָּעִים
לַיְלָה לֶחֶם לֹא אָכַלְתִּי וּמַיִם לֹא שָׁתִיתִי׃

③(창 1:26)

וַיֹּאמֶר אֱלֹהִים נַעֲשֶׂה אָדָם בְּצַלְמֵנוּ כִּדְמוּתֵנוּ
וְיִרְדּוּ בִדְגַת הַיָּם וּבְעוֹף הַשָּׁמַיִם וּבַבְּהֵמָה וּבְכָל־הָאָרֶץ
וּבְכָל־הָרֶמֶשׂ הָרֹמֵשׂ עַל־הָאָרֶץ׃

④(왕상 18:15)

וַיֹּאמֶר אֵלִיָּהוּ חַי יְהוָה צְבָאוֹת אֲשֶׁר עָמַדְתִּי לְפָנָיו כִּי הַיּוֹם אֵרָאֶה אֵלָיו׃

⑤(민 14:40)

וַיַּשְׁכִּ֣מוּ בַבֹּ֔קֶר וַיַּעֲל֥וּ אֶל־רֹאשׁ־הָהָ֖ר לֵאמֹ֑ר
הִנֶּ֗נּוּ וְעָלִ֛ינוּ אֶל־הַמָּק֛וֹם אֲשֶׁר־אָמַ֥ר יְהוָ֖ה כִּ֥י חָטָֽאנוּ׃

⑥(왕상 3:2)

רַ֚ק הָעָ֔ם מְזַבְּחִ֖ים בַּבָּמ֑וֹת
כִּ֠י לֹא־נִבְנָ֥ה בַ֙יִת֙ לְשֵׁ֣ם יְהוָ֔ה עַ֖ד הַיָּמִ֥ים הָהֵֽם׃ פ

제 36과

라메드(ל)-알렙(א)동사

1. 라메드(ל)-알렙(א)동사의 특징

라메드(ל)-알렙(א)동사는 어근의 맨 마지막이 알렙(א)으로 끝나는 동사를 말한다.

מצא(만나다) / **קרא**(부르다)

חטא(죄짓다) / **נבא**(예언하다)

2. 라메드(ל)-알렙(א)동사의 범위

	Qal	Niphal	Piel	Pual	Hithpael	Hiphil	Hophal
pf.	קָטַל	נִקְטַל	קִטֵּל	קֻטַּל	הִתְקַטֵּל	הִקְטִיל	הָקְטַל
Impf.	יִקְטֹל	יִקָּטֵל	יְקַטֵּל	יְקֻטַּל	יִתְקַטֵּל	יַקְטִיל	יָקְטַל
pf.	מָצָא	נִמְצָא		מֻצָּא			הָמְצָא
Impf.	יִמְצָא			יְמֻצָּא			יֻמְצָא

라메드(ל)-후음동사는 남성단수(3ms.)에서 마지막 모음이 장모음을 가진 형태와 단모음을 가진 형태가 있다. 인칭어미가 첨가될 때, 완료와 미완료의 두 번째 모음이 변한다.

1. 3인칭 남성단수에서 종음절 모음의 형태

• 니팔 미완료(Ni.Impf.), 피엘(Pi.), 히트파엘(Hith.), 히필(Hi.) 그리고 분사(Pt.)와 절대 부정사(Inf.abs.)에서는 종음절의 모음이 장모음이기 때문에 정동사와 동일하게 변화된다.

• 칼(Qal), 니팔 완료(Ni.pf.), 푸알(Pu.) 그리고 호팔(Ho.)은 원래 종음절의 모음이 단모음이기 때문에 알렙(א) 앞의 모음이 장음화 된다.

2. 인칭어미가 첨가되는 경우

• 모음어미가 첨가될 때, 정동사의 변화와 동일하다.

• 자음어미가 첨가 될 때, 두 번째 모음의 변화는 다음과 같다.[50]

①완료

<table>
<tr><td>칼(Qal)</td><td>◌ָא</td><td>◌ָא[51]</td></tr>
<tr><td>니팔(Ni.)</td><td rowspan="3">◌ָא</td><td rowspan="6">◌ֵא[52]</td></tr>
<tr><td>푸알(Pu.)</td></tr>
<tr><td>호팔(Ho.)</td></tr>
<tr><td>피엘(Pi.)</td><td rowspan="2">◌ֵא</td></tr>
<tr><td>히트파엘(Hith.)</td></tr>
<tr><td>히필(Hi.)</td><td>◌ִיא</td></tr>
</table>

완료형에 자음어미가 첨가될 경우:

첫째, 칼(Qal)은 카메츠(◌ָ)가 그대로 남아 있고

둘째, 그 나머지 형태들(니팔 –호팔)은 전부 체레(◌ֵ)로 변한다.

②미완료(נָה)

<table>
<tr><td>칼(Qal)</td><td rowspan="4">◌ָא</td><td rowspan="7">◌ֶא[53]</td></tr>
<tr><td>니팔(Ni.)</td></tr>
<tr><td>푸알(Pu.)</td></tr>
<tr><td>호팔(Ho.)</td></tr>
<tr><td>피엘(Pi.)</td><td rowspan="2">◌ֵא</td></tr>
<tr><td>히트파엘(Hith.)</td></tr>
<tr><td>히필(Hi.)</td><td>◌ִיא</td></tr>
</table>

미완료의 형태는 자음어미가 첨가될 때, 모두 세골형(◌ֶ)으로 변한다.

3. 라메드(ל)-알렙(א)동사의 변화

		Qal	Niphal	Pual	Hophal
pf.	3ms.	מָצָא	נִמְצָא	מֻצָּא	הֻמְצָא
	3fs.	מָצְאָה	נִמְצְאָה	מֻצְּאָה	הֻמְצְאָה
	2ms.	מָצָאתָ	נִמְצֵאתָ	מֻצָּאתָ	הֻמְצָאתָ
	2fs.	מָצָאת	נִמְצֵאת	מֻצָּאת	הֻמְצָאת
	1cs.	מָצָאתִי	נִמְצֵאתִי	מֻצָּאתִי	הֻמְצָאתִי
	3mpl. / 3fpl.	מָצְאוּ	נִמְצְאוּ	מֻצְּאוּ	הֻמְצְאוּ
	2mpl.	מְצָאתֶם	נִמְצֵאתֶם	מֻצָּאתֶם	הֻמְצָאתֶם
	2fpl.	מְצָאתֶן	נִמְצֵאתֶן	מֻצָּאתֶן	הֻמְצָאתֶן
	1cpl.	מָצָאנוּ	נִמְצֵאנוּ	מֻצָּאנוּ	הֻמְצָאנוּ
Impf.	3ms.	יִמְצָא		יְמֻצָּא	יֻמְצָא
	3fs.	תִּמְצָא		תְּמֻצָּא	תֻּמְצָא
	2ms.	תִּמְצָא		תְּמֻצָּא	תֻּמְצָא
	2fs.	תִּמְצְאִי		תְּמֻצְּאִי	תֻּמְצְאִי
	1cs.	אֶמְצָא		אֲמֻצָּא	אֻמְצָא
	3mpl.	יִמְצְאוּ		יְמֻצְּאוּ	יֻמְצְאוּ
	3fpl.	תִּמְצֶאנָה		תְּמֻצֶּאנָה	תֻּמְצֶאנָה
	2mpl	תִּמְצְאוּ		תְּמֻצְּאוּ	תֻּמְצְאוּ
	2fpl.	תִּמְצֶאנָה		תְּמֻצֶּאנָה	תֻּמְצֶאנָה
	1cpl.	נִמְצָא		נְמֻצָּא	נֻמְצָא

4. 라메드(ל)-알렙(א)동사의 파생어

		Qal	Niphal	Pual	Hophal
Imp.	fs.	מְצָא	הִמָּצֵא		
Inf. cstr.		מְצֹא	הִמָּצֵא		
Inf. abs.		מָצוֹא	נִמְצֹא		
pt.	ms.	מֹצֵא	נִמְצָא	מְמֻצָּא	מֻמְצָא
	fs.	מֹצֵאת	נִמְצֵאת	מְמֻצָּאָה	מֻמְצָאָה
			נִמְצָאָה		
	fpl.	מֹצְאוֹת	נִמְצָאוֹת	מְמֻצָּאוֹת	מֻמְצָאוֹת

• 니팔 분사는 니팔 완료에서 만들어지기 때문에 라메드(ל)-알렙(א)동사에서는 니팔 완료와 니팔 분사의 형태가 동일하다.

5. 라메드(ל)-알렙(א)동사의 "알렙(א)" 탈락

"알렙(א)"은 단어에서 묵음이 될 때 이따금씩 탈락한다.

①낱말의 중간

형 태	정동사	"알렙(א)"의 탈락	
Qal.pf.1cs.	קָטַלְתִּי	מָצָאתִי → מָצָתִי	민 11:11
Qal.Impf.3fpl.	תִּקְטֹלְנָה	תִּשֶּׂאנָה → תִּשֶּׂנָה	렘 9:17
Ni.pf.2mpl.	נִקְטַלְתֶּם	נִטְמֵאתֶם → נִטְמֵתֶם	레 11:43

②낱말의 마지막

형 태	정동사	"알렙(א)"의 탈락	
Hi.pf.3ms.	הִקְטִיל	הֶחֱטִיא → חֶחֱטִי	왕하 13:6
Hi.Impf.1cs.	הָקְטַ֫לְתִּי	אָבִיא → אָבִי	왕상 21:29
Hi.Inf.cstr.	הַקְטִיל	חַחֲטִיא → הַחֲטִי	렘 32:35
Hi.pt.ms.	מַקְטִיל	הַמֵּבִיא → הַמֵּבִי	삼하 5:2

【연습문제】

▣ 라메드(ל)–알렙(א)동사

①(사 43:15)

אֲנִי יְהוָה קְדוֹשְׁכֶם בּוֹרֵא יִשְׂרָאֵל מַלְכְּכֶם׃ ס

②(겔 44:4)

וְהִנֵּה מָלֵא כְבוֹד־יְהוָה אֶת־בֵּית יְהוָה

③(삼상 22:11)

וַיִּשְׁלַח הַמֶּלֶךְ לִקְרֹא אֶת־אֲחִימֶלֶךְ בֶּן־אֲחִיטוּב הַכֹּהֵן

④(창 1:27)

וַיִּבְרָא אֱלֹהִים אֶת־הָאָדָם בְּצַלְמוֹ בְּצֶלֶם אֱלֹהִים בָּרָא אֹתוֹ

⑤(신 24:4)

לֹא תַחֲטִיא אֶת־הָאָרֶץ אֲשֶׁר יְהוָה אֱלֹהֶיךָ נֹתֵן לְךָ

⑥(창 4:17)

וַיִּקְרָא שֵׁם הָעִיר כְּשֵׁם בְּנוֹ חֲנֽוֹךְ׃

⑦(출 10:16)

וַיֹּאמֶר חָטָאתִי לַיהוָה אֱלֹהֵיכֶם וְלָכֶם׃

⑧(삼상 25:28)

רָעָה לֹא־תִמָּצֵא בְךָ מִיָּמֶיךָ׃

제 37과

특수한 동사들

1. 페(פ)-눈(נ)동사의 לקח와 נתן동사

이 동사들은 대체로 칼(Qal)에서만 변화를 하며, 다른 동작동사에서는 거의 페(פ)-눈(נ)동사와 같이 변한다.

1. לקח동사

	3ms.	3fs.	2ms.	2fs.	1cs.	3mpl.	3fpl.	2mpl.	2fpl.	1csl.
Impf.	יִקַּח	תִּקַּח	תִּקַּח	תִּקְחִי	אֶקַּח	יִקְחוּ	תִּקַּחְנָה	תִּקְחוּ	תִּקַּחְנָה	נִקַּח

① 첫 근자음인 라메드(ל 또한 ד/ת)는 눈(נ)과 같이 음절의 받침이 될 때, 다음 첫 음절의 자음과 동화(Assimilation)작용을 일으킨다. 자음동화 현상은 눈(נ)에서 빈번하게 발생되는 반면, ל/ד/ת들은 특수한 경우에만 일어난다.[54] 이런 경우는 칼 미완료(Qal. Impf.), Chohortative(אֶקְחָה), 명령

(קַח), 종지형 및 접미어 첨가 등에서 볼 수 있다.

יִלְקַח → יִקְקַח → יִקַּח

②인칭모음어미가 첨가될 때, 중강점이 생략된다.(2fs./3mpl./3fpl./2mpl./2fpl.)[55]

יִלְקַח → תִּקְקַחוּ → תִּקַּחוּ → תִּקְחוּ

③파생어(명령형과 부정사 연계형)

יִקַּח → תִּקַּח → קַּח → קַח(명령형)

קַ֫חַתְ → קַ֫חַת(לָקַ֫חַת: 부정사 연계형)

• לקח동사는 눈(נ)-탈락형으로 명령형은 '눈(נ)이 없는 단음절'로 된다. 그리고 부정사 연계형은 세골 보조모음(ֶ)이 들어가지 않으며, 전치사와 결합시, 전치사의 모음은 항상 장모음인 카메츠(ָ)가 된다.[56] 왜냐하면 לקח는 첫 음절에 악센트를 지닌 '단음절 단어'로 악센트 앞의 모음이 장모음으로 변화하기 때문이다.

명령		분사			칼 수동태 미완료		바브연속법	
ms.	קַח	능동	ms.	לֹקֵ֫חַ	3ms.	יֻקַּח	3ms.	וַיִּקַּח
fs.	קְחִי		fs.	לֹקַ֫חַת	Chohortative		부정사	
mpl.	קְחוּ	수동	ms.	לָקוּחַ	1cs.	אֶקְחָה	Inf. cstr.	קַחַת לָקַ֫חַת קַחְתִּי
fpl.	קַ֫חְנָה		fs.	לְקוּחָה	1cpl.	נִקְחָה	Inf. abs.	לָקֹ֫חַ

• 분사와 부정사 절대형은 도입파다(ַ)를 취한다. 또한 호팔 미완료 라고 제안하는 יֻקַּח의 형태는 사실 칼 수동태 미완료이다.(G-K§53 u)

· לקח동사의 예문들

출 4:17

וְאֶת־הַמַּטֶּה הַזֶּה תִּקַּח בְּיָדֶךָ אֲשֶׁר תַּעֲשֶׂה־בּוֹ אֶת־הָאֹתֹת׃ פ

창34:9

וְהִתְחַתְּנוּ אֹתָנוּ בְּנֹתֵיכֶם תִּתְּנוּ־לָנוּ וְאֶת־בְּנֹתֵינוּ תִּקְחוּ לָכֶם׃

삼상8:14

וְאֶת־שְׂדוֹתֵיכֶם וְאֶת־כַּרְמֵיכֶם וְזֵיתֵיכֶם הַטּוֹבִים יִקָּח
וְנָתַן לַעֲבָדָיו׃

창4:11

וְעַתָּה אָרוּר אָתָּה מִן־הָאֲדָמָה אֲשֶׁר פָּצְתָה אֶת־פִּיהָ
לָקַחַת אֶת־דְּמֵי אָחִיךָ מִיָּדֶךָ׃

신31:26

לָקֹחַ אֵת סֵפֶר הַתּוֹרָה הַזֶּה וְשַׂמְתֶּם אֹתוֹ
מִצַּד אֲרוֹן בְּרִית־יְהוָה אֱלֹהֵיכֶם וְהָיָה־שָׁם בְּךָ לְעֵד׃

잠9:7

יֹסֵ֤ר ׀ לֵ֗ץ לֹקֵ֣חַ ל֣וֹ קָל֑וֹן וּמוֹכִ֖יחַ לְרָשָׁ֣ע מוּמֽוֹ׃

2. נתן 동사

	3ms.	3fs.	2ms.	2fs.	1cs.	3mpl.	3fpl.	2mpl.	2fpl.	1cpl.
pf.	נָתַן	נָתְנָה	נָתַתָּ	נָתַתְּ	נָתַתִּי	נָתְנוּ	נָתְנוּ	נְתַתֶּם	נְתַתֶּן	נָתַנּוּ
Impf.	יִתֵּן	תִּתֵּן	תִּתֵּן	תִּתְּנִי	אֶתֵּן	יִתְּנוּ	תִּתֵּנָּה	תִּתְּנוּ	תִּתֵּנָּה	נִתֵּן

• 동사의 세 번째 근자음이 눈(נ)인 경우, 그 눈(נ)은 동화작용이 일어나지 않는다. 왜냐하면 세 번째 자음에서 동화작용이 일어나면 동사의 기본형을 알 수 없기 때문이다(G-K § 19 c). 그러나 נתן 동사는 마지막 눈(נ)이 동화작용을 한다. 단, 3인칭 여성단수는 예외이다.

נָתַן → נָתַנְתָּ → נָתַתָּ

• 페(פ)-눈(נ)동사 중에서 נתן 동사는 미완료에서 유일하게 체레(◌ֵ) 모음이다.[57]

미완료 3인칭 남성단수	미완료 자음어미	미완료 모음어미
יִנְתֹּן → יִתֹּן → יִתֵּן	יִתֵּן → תִּתְנֶנָה → תִּתֵּנָּה	יִתֵּן → יִתֵּנוּ → יִתְּנוּ

③ נתן동사의 파생어

<table>
<tr><th colspan="2">명 령</th><th colspan="3">분 사</th><th colspan="2">칼 수동태 미완료</th><th colspan="2">바브연속법</th></tr>
<tr><td>ms.</td><td>(가)תֵּן/תְּנָה</td><td rowspan="2">능동</td><td>ms.</td><td>נֹתֵן</td><td>3ms.</td><td>יֻתַּן</td><td>3ms.</td><td>וַיִּתֵּן</td></tr>
<tr><td>fs.</td><td>תְּנִי</td><td>fs.</td><td>נֹתֶנֶת</td><td colspan="2">Chohortative</td><td colspan="2">부정사</td></tr>
<tr><td>mpl.</td><td>תְּנוּ</td><td rowspan="2">수동</td><td>ms.</td><td>נָתוּן</td><td>1cs.</td><td>אֶתְּנָה</td><td>Inf. cstr.</td><td>(나)תַּת
לָתֵת
(다)(접미사)תִּתִּי</td></tr>
<tr><td>fpl.</td><td>תֵּנָּה</td><td>fs.</td><td>נְתוּנָה</td><td>1cpl.</td><td>נִתְּנָה</td><td>Inf. abs.</td><td>(수동)נֹתֵן/נָתוֹן</td></tr>
</table>

• 먼저, נתן동사의 명령형은 두 가지이다(가). "תֵּן"보다 더 자주 사용되는 תְּנָה의 형태는 아마도 인칭어미 '2인칭 남성'의 형태 "תָּ" 대신에 "תָּה"의 사용에서 그 유래를 찾을 수 있다(G–K§44g) .

תִּתֵּן → תְּתֵּנָה → תֵּנָה

• 또한 부정사 연계형은 (나)와 (다)에서 다음과 같이 변화한다.

תִּתֵּן → תֵּן → תְּנֶת → תִּתְּ → תַּת → תֵּת → תִּתִּי

• 페(פ)–눈(נ)동사의 탈락형인 נתן동사는 부정사 연계형을 나타내는 여성형 타우(ת)가 첨가된다. 그 후에 눈(נ)은 동화현상으로 인해 타우(ת)를 중복시킨다. 그러나 단어의 끝에 중강점이 올 수 없기 때문에 중복 대신 앞모음을 장음화한다(G–K §20l과 §27d). 접미어가 첨가될 때 중복은 다시 나타난다(תִּתִּי).

* נתן 동사의 예문들 *

출12:36

וַֽיהוָ֞ה נָתַ֨ן אֶת־חֵ֥ן הָעָ֛ם בְּעֵינֵ֥י מִצְרַ֖יִם וַיַּשְׁאִל֑וּם
וַֽיְנַצְּל֖וּ אֶת־מִצְרָֽיִם׃ פ

렘37:18

וַיֹּ֤אמֶר יִרְמְיָ֙הוּ֙ אֶל־הַמֶּ֣לֶךְ צִדְקִיָּ֔הוּ מֶ֣ה חָטָ֤אתִי לְךָ֙
וְלַעֲבָדֶ֙יךָ֙ וְלָעָ֣ם הַזֶּ֔ה כִּֽי־נְתַתֶּ֥ם אוֹתִ֖י אֶל־בֵּ֥ית הַכֶּֽלֶא׃

• **נָתַתָּה**(Qal.pf.2ms.): 칼 완료 2인칭 남성형에서 "תָּ" 대신에 "תָה"가 나타나기도 한다. 이는 마지막 눈(נ)의 동화를 보상하기 위한 정서법의 종류이다(말 2:14; 삼상 15:3; 창 3:12). 그러나 구약에서 נתן동사는 **נָתַתָּ** 보다는 **נָתַתָּה**가 두배 정도 더 많이 사용된다(G–K§ 44g, 66h).

잠13:15

שֵֽׂכֶל־ט֭וֹב יִתֶּן־חֵ֑ן וְדֶ֖רֶךְ בֹּגְדִ֣ים אֵיתָֽן׃

출22:16〈부정사 연계형 + 접미어(לְתִתָּהּ)〉

אִם־מָאֵ֧ן יְמָאֵ֛ן אָבִ֖יהָ לְתִתָּ֣הּ ל֑וֹ כֶּ֣סֶף יִשְׁקֹ֔ל כְּמֹ֖הַר הַבְּתוּלֹֽת׃ ס

창14:21〈명령형(תֶּן)/ 창 30:26a(תְּנָה)〉

וַיֹּ֥אמֶר מֶֽלֶךְ־סְדֹ֖ם אֶל־אַבְרָ֑ם תֶּן־לִ֣י הַנֶּ֔פֶשׁ וְהָרְכֻ֖שׁ קַֽח־לָֽךְ׃

2. 준 페(פ)-요드(י)동사의 הָלַךְ 동사

1. 칼(Qal) 동사의 미완료

Qal.	3ms.	3fs.	2ms.	2fs.	1cs.	3mpl.	3fpl.	2mpl.	2fpl.	1cpl.
Impf.	יֵלֵךְ	תֵּלֵךְ	תֵּלֵךְ	תֵּלְכִי	אֵלֵךְ	יֵלְכוּ	תֵּלַכְנָה	תֵּלְכוּ	תֵּלַכְנָה	נֵלֵךְ

2. 칼(Qal) 동사의 파생어

명 령		바브 미완료		Inf. cs.	분 사	
ms.	לֵךְ	3ms.	וַיֵּלֶךְ	לֶכֶת	ms.	הֹלֵךְ
fs.	לְכִי	1cs.	וָאֵלֵךְ	Inf-abs.	fs.	הֹלֶכֶת
mpl.	לְכוּ			הָלוֹךְ		
fpl.	לֵכְנָה					

3. 히필(Hiphil) 완료와 미완료

	3ms.	3fs.	2ms.	2fs.	1cs.
Hi. pf.	הוֹלִיךְ	הוֹלִיכָה	הוֹלִיכְתָּ	הוֹלִיכְתְּ	הוֹלִיכְתִּי
	3mpl.	3fpl.	2mpl.	2fpl.	1cpl.
	הוֹלִיכוּ	הוֹלִיכוּ	הוֹלִיכְתֶּם	הוֹלִיכְתֶּן	הוֹלִיכְנוּ
	3ms.	3fs.	2ms.	2fs.	1cs.
Hi. Impf.	יוֹלִיךְ	תּוֹלִיךְ	תּוֹלִיךְ	תּוֹלִיכִי	אוֹלִיךְ
	3mpl.	3fpl.	2mpl.	2fpl.	1cpl.
	יוֹלִיכוּ	יוֹלֵכְנָה	יוֹלִיכוּ	יוֹלֵכְנָה	נוֹלִיךְ

① 준 페(פ)-요드(י)동사에 속하는 הלךְ동사도 칼(Qal) 미완료와 파생어 그리고 히필(Hiphil)에서만 강하게 변화한다. הלךְ동사는 칼(Qal)

미완료에서는 페(פ)–요드(י)동사를 그리고 히필(Hiphil)에서는 페(פ)–요드(ו)동사를 따른다.[58)]

יְהָלֵךְ → יִיְלַךְ → יִילַךְ → יִלַךְ → יֵלֵךְ → יֵלֵךְ (Qal.Impf.: 페–요드)

הֶהְלִיךְ → הֵיְלִיךְ → הַוְלִיךְ → הוֹלִיךְ (Hi.pf.: 페–바브)

יַהְלִיךְ → יַיְלִיךְ → יַוְלִיךְ → יוֹלִיךְ (Hi.Impf: 페–바브)

*** הָלַךְ 동사의 예문들 ***

【Qal】

창 2: 14

וְשֵׁם הַנָּהָר הַשְּׁלִישִׁי חִדֶּקֶל הוּא הַהֹלֵךְ קִדְמַת אַשּׁוּר
וְהַנָּהָר הָרְבִיעִי הוּא פְרָת׃

창 7:18

בְּרוּ הַמַּיִם וַיִּרְבּוּ מְאֹד עַל־הָאָרֶץ וַתֵּלֶךְ הַתֵּבָה עַל־פְּנֵי הַמָּיִם׃
וַיִּגְ

창 11:31

וַיִּקַּח תֶּרַח אֶת־אַבְרָם בְּנוֹ וְאֶת־לוֹט בֶּן־הָרָן בֶּן־בְּנוֹ
וְאֵת שָׂרַי כַּלָּתוֹ אֵשֶׁת אַבְרָם בְּנוֹ
מֵאוּר כַּשְׂדִּים לָלֶכֶת אַרְצָה כְּנַעַן וַיָּבֹאוּ עַד־חָרָן וַיֵּשְׁבוּ שָׁם׃
וַיֵּצְאוּ אִתָּם

창 19:32

לְכָ֨ה נַשְׁקֶ֧ה אֶת־אָבִ֛ינוּ יַ֖יִן וְנִשְׁכְּבָ֣ה עִמּ֑וֹ וּנְחַיֶּ֥ה מֵאָבִ֖ינוּ זָֽרַע׃

【Hiphil】

레위기 26:13

אֲנִ֞י יְהוָ֣ה אֱלֹהֵיכֶ֗ם אֲשֶׁ֨ר הוֹצֵ֤אתִי אֶתְכֶם֙ מֵאֶ֣רֶץ מִצְרַ֔יִם
לָהֶ֖ם עֲבָדִ֑ים וָאֶשְׁבֹּר֙ מֹטֹ֣ת עֻלְּכֶ֔ם וָאוֹלֵ֥ךְ אֶתְכֶ֖ם קֽוֹמְמִיּֽוּת׃ פ
מִֽהְיֹ֥ת

민수기 17:11

וַיֹּ֨אמֶר מֹשֶׁ֜ה אֶֽל־אַהֲרֹ֗ן קַ֣ח אֶת־הַ֠מַּחְתָּה וְתֶן־עָלֶ֨יהָ אֵ֜שׁ מֵעַ֤ל הַמִּזְבֵּ֙חַ֙ וְשִׂ֣ים קְטֹ֔רֶת וְהוֹלֵ֧ךְ מְהֵרָ֛ה אֶל־הָעֵדָ֖ה וְכַפֵּ֣ר עֲלֵיהֶ֑ם כִּֽי־יָצָ֥א הַקֶּ֛צֶף מִלִּפְנֵ֥י יְהוָ֖ה הֵחֵ֥ל הַנָּֽגֶף׃

3. 라메드(ל)–헤(ה)동사의 הָיָה 동사

	3ms.	3fs.	2ms.	2fs.	1cs.	3mpl.	3fpl.	2mpl.	2fpl.	1cs.
pf.	הָיָה	הָיְתָה	הָיִיתָ	הָיִית	הָיִיתִי	הָיוּ	הָיוּ	הֱיִיתֶם	הֱיִיתֶן	הָיִינוּ
Impf.	יִהְיֶה	תִּהְיֶה	תִּהְיֶה	תִּהְיִי	אֶהְיֶה	יִהְיוּ	תִּהְיֶינָה	תִּהְיוּ	תִּהְיֶינָה	נִהְיֶה

라메드(ל)–헤(ה)동사의 특수한 동사인 הָיָה 동사는 단지 칼(Qal)에서만 다르게 변한다.

①완료. 3fs/2ms/2fs/1cs.들은 “ה”가 “ת”로 돌아간다.

הָיְהָה → הָיְיָה → הָיְתָה

②마지막 “ה”는 “י”로 변하여 순장모음을 만든다.

הָיִהְתְּ → הָיִיתְ → הָיִית

＊ הָיָה–동사의 예문들 ＊

창 3:1a

וְהַנָּחָשׁ הָיָה עָרוּם מִכֹּל חַיַּת הַשָּׂדֶה אֲשֶׁר עָשָׂה יְהוָה אֱלֹהִים

레 26:33b

וְהָיְתָה אַרְצְכֶם שְׁמָמָה וְעָרֵיכֶם יִהְיוּ חָרְבָּה׃

삼상 7:13

וַיִּכָּנְעוּ הַפְּלִשְׁתִּים וְלֹא־יָסְפוּ עוֹד לָבוֹא בִּגְבוּל יִשְׂרָאֵל
וַתְּהִי יַד־יְהוָה בַּפְּלִשְׁתִּים כֹּל יְמֵי שְׁמוּאֵל׃

대상 16:19

עַל־(חַטָּאתוֹ) [חַטֹּאתָיו] אֲשֶׁר חָטָא לַעֲשׂוֹת הָרַע בְּעֵינֵי יְהוָה
לָלֶכֶת בְּדֶרֶךְ יָרָבְעָם וּבְחַטָּאתוֹ אֲשֶׁר עָשָׂה לְהַחֲטִיא אֶת־יִשְׂרָאֵל׃

V

히브리어 해석 원리

"어떻게 히브리어 문장을 잘 번역할 수 있을까?"

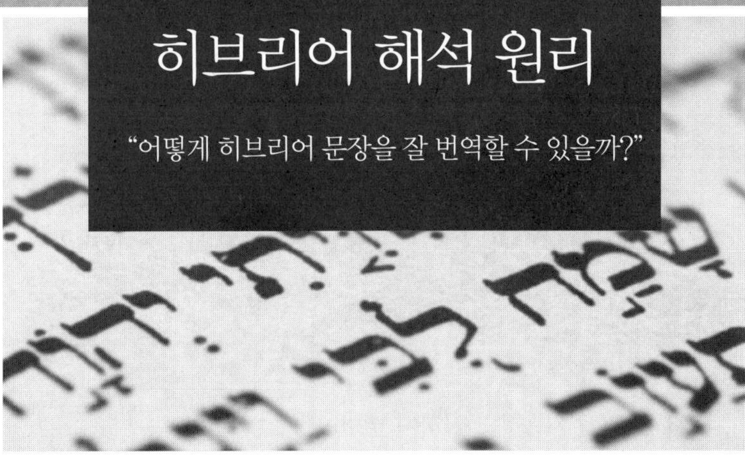

제 38과

히브리어 해석 이론

1. 해석의 이론 설명

창세기 1:1–2절을 통해 히브리어 문장을 해석할 때, 유의할 점은 다음과 같다.

1. 먼저 한 절을 처음부터 끝까지 읽어라!

한 절을 읽으면서 두 개의 악센트 즉 아트나(֑)와 자켑카톤(֔)을 유의해야 한다. 한 절은 한 문장 또는 그 이상의 여러 문장으로 이루어져 있기 때문에 정확한 번역을 위해 문장을 나누어야 한다. 그 때 도움이 되는 것이 아트나(֑)와 자켑카톤(֔)이다. 아트나(֑)는 한 문장으로 이루어진 절을 제외하고 한 절을 반으로 나누는 작용을 하기 때문에 반드시 여기서 문장이 끝난다.

다음의 창 1:1–2절을 비교하라:

본 문	성 경
בְּרֵאשִׁית בָּרָא אֱלֹהִ֑ים אֵת הַשָּׁמַיִם וְאֵת הָאָֽרֶץ׃	창 1:1
וְהָאָרֶץ הָיְתָה תֹהוּ֙ וָבֹהוּ	창 1:2
וְחֹשֶׁךְ עַל־פְּנֵי תְהֹ֑ום	
וְרוּחַ אֱלֹהִים מְרַחֶפֶת עַל־פְּנֵי הַמָּֽיִם׃	

창세기 1장 1절을 제외하고, 일반적으로 창세기 1장 2절은 아트나(֑)에서 문장이 나뉘어진다. 자켑카톤(֔)은 아트나(֑)처럼 한 절을 반드시 구분하지는 않지만 자켑카톤(֔) 후에 접속사 וְ가 나타나면 한 문장으로 나뉘어질 가능성이 매우 크다.

2. 한 절을 문장으로 분리한 후에 문법적으로 먼저 번역해라.

문법적 이해는 정확한 번역을 위해 매우 중요하다. 예를 들면, 창세기 1장 1절

וְאֵת הָאָֽרֶץ׃	אֵת הַשָּׁמַיִם	אֱלֹהִים	בָּרָא	בְּרֵאשִׁית	본문
וְ+אֵת+הַ+אָרֶץ	אֵת+הַ+שָׁמַיִם	אֱלֹהִים	בָּרָא	בְּ+רֵאשִׁית	원형
접+목+관+명fs.	목+관+명mdual.	명mpl.	Qal.pf.3ms.	전+명fs.	문법 번역

3. 주어와 동사를 찾아라!

문장에서 가장 중요한 것은 주어와 동사로, 이것을 '1차 정보'라고 한다. 그리고 목적어를 '2차 정보'라고 하며, 그 외에 품사들을 '3차 정보'라고 한다.

문법 분역을 한 후에 '1차 정보'를 파악하는 것이 중요하다. 주어는 명사 또는 여러 가지로 나올 수 있다. 그러나 문장에서 주어가 없을 때, 히브리어는 동사에 인칭어미를 첨가하여 주어를 포함할 수 있다.

וְאֵת הָאָרֶץ׃	אֵת הַשָּׁמַיִם	אֱלֹהִים	בָּרָא	בְּרֵאשִׁית	본문
접+목+관+명fs.	목+관+명ms.	명mpl.	Qal.pf.3ms.	전+명fs.	원형
목적어		주어	동사	전치사구	문법 번역

주어는 동사와 연관되며, 그 관련성에서 찾는다. 창세기 1장 1절에서 동사는 בָּרָא로 칼 완료 3인칭 남성단수(Qal.pf.3ms.)이다. 이 문장에서 주어가 될 수 있는 것은 3개의 명사(אֶרֶץ/שָׁמַיִם / אֱלֹהִים)이다. 그러나 שָׁמַיִם과 אֶרֶץ는 목적격 표시(אֶת־/אֵת)를 통해 목적어임을 나타낸다. אֱלֹהִים은 복수로 수가 일치하지 않는 것 같으나 존칭의 단수로서 하나님을 지칭할 때 사용한다. 따라서 주어가 동사와 일치하기 때문에 אֱלֹהִים이 주어가 된다.

4. 한글 번역

①1차 정보 번역 : 주어와 동사

וְאֵת הָאָרֶץ׃	אֵת הַשָּׁמַיִם	אֱלֹהִים	בָּרָא	בְּרֵאשִׁית	본문
		명mpl.	Qal.pf.3ms.	전+명fs.	원형
		주어	동사	전치사구	문법 번역
		1차 정보: 하나님이 창조했다.(완료)			한글 번역

②2차 정보 번역 : 목적어

동사는 목적어의 유무에 따라 자동사와 타동사로 나누어진다. 자동사는 목적어를 필요로 하지 않는데 반해 타동사는 목적어를 필요로 한다. 창세기 1장 1절에서는 목적격 표시인 אֵת/אֶת־로 목적어를 쉽게 찾을 수 있지만 없는 경우도 많다는 것을 기억해야 한다.

이제 2차 정보와 함께 번역하라.

<table>
<tr><td>וְאֵת הָאָרֶץ׃</td><td>אֵת הַשָּׁמַיִם</td><td>אֱלֹהִים</td><td>בָּרָא</td><td>בְּרֵאשִׁית</td><td>본문</td></tr>
<tr><td>접+목+관+명fs.</td><td>목+관+명mdual.</td><td>명mpl.</td><td>Qal.pf.3ms.</td><td rowspan="4"></td><td>원형</td></tr>
<tr><td>목적어</td><td>목적어</td><td>주어</td><td>동사</td><td>문법 번역</td></tr>
<tr><td colspan="2">2차 정보</td><td colspan="2">1차 정보</td><td rowspan="2">한글 번역</td></tr>
<tr><td colspan="4">하나님이 그 하늘과 그 땅을 창조하셨다.</td></tr>
</table>

③3차 정보 번역 : 그 외의 품사들

<table>
<tr><td>וְאֵת הָאָרֶץ׃</td><td>אֵת הַשָּׁמַיִם</td><td>אֱלֹהִים</td><td>בָּרָא</td><td>בְּרֵאשִׁית</td><td>본문</td></tr>
<tr><td>접+목+관+명fs.</td><td>목+관+명mdual.</td><td>명mpl.</td><td>Qal.pf.3ms.</td><td>전+명여단</td><td>원형</td></tr>
<tr><td>목적어</td><td>목적어</td><td>주어</td><td>동사</td><td>전치사구</td><td>문법 번역</td></tr>
<tr><td colspan="2"></td><td colspan="2">1차 정보</td><td rowspan="3">3차 정보</td><td>한글 번역</td></tr>
<tr><td colspan="2">2차 정보+1차 정보</td><td colspan="2">하나님이 창조했다.</td><td>1차 정보</td></tr>
<tr><td colspan="4">하나님이 그 하늘과 그 땅을 창조했다.</td><td>2차 정보</td></tr>
<tr><td colspan="5">태초에(3차 정보) 하나님이(1차 정보:주어/동사)
그 하늘과 그땅을(2차 정보) 창조하셨다.</td><td></td></tr>
</table>

주어/동사(1차 정보)와 목적어(2차 정보)를 번역한 후에 문장을 더 풍성하게 만드는 역할이 바로 3차 정보이다. 여기에서는 전치사+명사인 전치사구를 통해 창조행위의 때를 묘사한다.

이제 한 절을 정확하게 번역하라!

제 39과

히브리어 해석의 실례

1. 단순한 문장의 해석(창 1:2)

1. 창세기 1장 2절을 읽어라!

וְהָאָרֶץ הָיְתָה תֹהוּ וָבֹהוּ וְחֹשֶׁךְ עַל־פְּנֵי תְהוֹם וְרוּחַ אֱלֹהִים מְרַחֶפֶת עַל־פְּנֵי הַמָּיִם	창 1:2

창세기 1장 2절은 3개의 문장으로 나누어진다. תֹהוּ וָבֹהוּ에서 자켑 카톤(̇)으로 한 문장이 끊어지며, 두 번째는 아트나 תְהוֹם에서 그리고 세 번째는 절의 마지막 표시인 הַמָּיִם: 실룩(:)에서 나누어진다.

2. 문법적 번역을 하라.

①창 1:2aα

וָבֹהוּ	תֹהוּ	הָיְתָה	וְהָאָרֶץ	원문
접+명ms.	명ms.	Qal.pf.3fs.	접+관+명fs.	문법 번역

②창 1:2aβ

וָבֹהוּ	תֹהוּ	הָיְתָה	וְהָאָרֶץ	원문
접+명ms.	명ms.	Qal.pf.3fs.	접+관+명fs.	문법 번역

③창 1:2b

הַמָּיִם׃	פְּנֵי	עַל־	מְרַחֶפֶת	אֱלֹהִים	וְרוּחַ	원문
관+명mdual.	명mpl.cstr.	전	pt.fs.	고명	접+명fs.cstr.	문법 번역

4. 주어와 동사를 파악하라.

①창 1:2aα

וָבֹהוּ	תֹהוּ	הָיְתָה	וְהָאָרֶץ	원문
접+명ms.	명ms.	Qal.pf.3fs.	접+관+명fs.	문법 번역
		동사	주어	

동사는 הָיְתָה로 칼 완료 3인칭 여성단수이다. 이 동사의 주어가 될 수 있는 단어는 אֶרֶץ로, 이것이 여성단수명사이기 때문이다. 그리고 동사는 히브리어의 be동사이면서 자동사이기 때문에 2형식 문장이다.

②창 1:2aβ

תְהוֹם	פְּנֵי	עַל־	וְחֹשֶׁךְ	원문
명ms.	명mpl.cstr.	전	접+명ms.	문법 번역
			주어	

창 1:2aβ는 명사문장이다(명사문장은 구문론 참조). 명사문장에서 동사는 הָיָה(be)인 자동사를 사용한다. 따라서 주어는 חֹשֶׁךְ이다. 왜냐하면 עַל־פְּנֵי תְהוֹם은 전치사구로 주어가 될 수 없기 때문이다.

③창 1:2b

הַמָּיִם׃	פְּנֵי	עַל־	מְרַחֶפֶת	אֱלֹהִים	וְרוּחַ	원문
관+명mdual	명mpl.cstr.	전	pt.fs.	고명	접+명fs.cstr.	문법 번역
				주어		

창 1:2b절도 명사문장이다. 간혹 분사(מְרַחֶפֶת)를 동사로 해석하는 경우도 있으나, 분사(מְרַחֶפֶת)는 동사를 품고 있는 명사로 뒤에 나오는 전치사구를 포함하여, 앞의 אֱלֹהִים을 설명하는 한정형용사 기능을 한다. 여기에서 주어는 독립형의 אֱלֹהִים과 연계형의 רוּחַ가 된다. 문장은 명사문장이며 1형식 문장이다.

4. 한글 해석

①창1:2aα

a. 1차 정보에 의한 번역

וָבֹהוּ	תֹהוּ	הָיְתָה	וְהָאָרֶץ	원문
접+명ms.	명ms.	Qal.pf.3fs.	접+관+명fs.	문법 번역
		동사	주어	
		그리고 그 땅이 있었다.		

b. 2차 정보와 함께 한 번역

וָבֹהוּ	תֹהוּ	הָיְתָה	וְהָאָרֶץ	원문
접+명ms.	명ms.	Qal.pf.3fs.	접+관+명fs.	문법 번역
보어(2차 정보)		동사(1차 정보)	주어(1차 정보)	
(그리고) 그 땅이 공허하고 비어 있었다.				한글 번역

②창1:2aβ

a. 1차 정보에 의한 번역

תְהוֹם	פְּנֵי	עַל־	וְחֹשֶׁךְ	원문
명ms.	명mpl.cstr.	전	접+명ms.	문법 번역
			주어(1차 정보)	
			그리고 어두움이 (있었다)	한글 번역

여기서 "~있었다(be동사)"의 번역은 명사문장이기 때문이다.

b. 3차 정보와 함께 한 번역

תְהוֹם	פְּנֵי	עַל־	וְחֹשֶׁךְ	원문
명ms.	명mpl.cstr.	전	접+명ms.	문법 번역
전치사구(3차 정보)			주어(1차 정보)	
그리고 어두움이 깊은 면 위에 있었다				한글 번역

③창1:2b

a. 1차 정보에 의한 번역

הַמָּיִם׃	פְּנֵי	עַל־	מְרַחֶפֶת	אֱלֹהִים	וְרוּחַ	원문
관명mdual.	명mpl.cstr.	전	pt.fs.	고명	접+명fs.cstr.	문법 번역
				주어(1차 정보)		
				그리고 하나님의 영이 (있었다.)		한글 번역

b. 2차 정보와 함께 한 번역

הַמָּיִם׃	פְּנֵי	עַל־	מְרַחֶפֶת	אֱלֹהִים	וְרוּחַ	원문
관+명mdual.	명mpl.cstr.	전	pt.fs.	고명	접+명fs.cstr.	문법 번역
분사구(3차 정보)				주어(1차 정보)		
그리고 그 물 위를 떠다니는 하나님의 영이 (있었다.)						한글 번역

מְרַחֶפֶת는 분사 여성단수이다. 그 때문에 남성복수인 אֱלֹהִים이 아니라 여성단수인 רוּחַ를 수식한다. 왜냐하면 מְרַחֶפֶת와 רוּחַ의 성과 수가 일치하며, 또한 명사 뒤에 있기 때문이다.

2. 목적절과 함께 한 문장의 해석(수 9:3)

1. 본문을 읽어라.

וְיֹשְׁבֵי גִבְעוֹן שָׁמְעוּ אֵת אֲשֶׁר עָשָׂה יְהוֹשֻׁעַ לִירִיחוֹ וְלָעָי׃	수 9:3

본문은 아트나(֑)의 구별이 필요 없는 한 문장으로 이루어진 구절이다.

2. 문법적 분석을 하라.

לִירִיחוֹ וְלָעָי׃	יְהוֹשֻׁעַ	עָשָׂה	אֵת אֲשֶׁר	שָׁמְעוּ	וְיֹשְׁבֵי גִבְעוֹן	원문
전+고명/ 접+고명	고명	Qal pf. 3ms.	목적절 표시	Qal.pf. 3cpl.	접+Qal. pt.mpl.cstr. +고명	문법 번역

3. 주어와 동사를 찾아라.

לִירִיחוֹ וְלָעָי׃	יְהוֹשֻׁעַ	עָשָׂה	אֵת אֲשֶׁר	שָׁמְעוּ	וְיֹשְׁבֵי גִבְעוֹן	원문
전+고명/ 접+고명	고명	Qal pf. 3ms.	목적절 표시	Qal.pf. 3cpl.	접+Qal. pt.mpl.cstr. +고명	문법 번역
				동사 (1차 정보)	주어(1차 정보)	

①여기에서 주어는 יֹשְׁבֵי גִבְעוֹן이다.

동사 שָׁמְעוּ는 칼 완료 3인칭 남성복수(Qal.pf.3mpl.)로 복합명사인 יֹשְׁבֵי גִבְעוֹן이 주어이다. 목적격 표시 אֵת가 이끄는 אֲשֶׁר는 목적절을 이끈다.

②목적절인 אֵת אֲשֶׁר 에서 동사는 עָשָׂה로 칼 완료 3인칭 남성단수(Qal. pf.3ms.)로 주어는 יְהוֹשֻׁעַ이다. 동사 עָשָׂה는 여격 목적어를 가지고 있다.

לִירִיחוֹ וְלָעָי:	יְהוֹשֻׁעַ	עָשָׂה	אֵת אֲשֶׁר	שָׁמְעוּ	וְיֹשְׁבֵי גִבְעוֹן	원문
전+고명/ 접+고명	고명	Qal.pf. 3ms.	목적절 표시	Qal. pf.3cpl.	접+Qal. pt.mpl.cstr. +고명	문법 번역
목적어 (여격 사용)	주어	동사	목적어표시	동사 (1차 정보)	주어 (1차 정보)	
목적절(2차 정보)				주어+동사(1차 정보)		

4. 한글 번역

①1차 정보를 번역하라.

לִירִיחוֹ וְלָעָי:	יְהוֹשֻׁעַ	עָשָׂה	אֵת אֲשֶׁר	שָׁמְעוּ	וְיֹשְׁבֵי גִבְעוֹן	원문
				Qal. pf.3cpl.	접+Qal. pt.mpl.cstr. +고명	문법 번역
				동사 (1차 정보)	주어 (1차 정보)	
				그리고 기브온 주민들이 (있었다)		한글 번역

②2차 정보를 1차 정보와 함께 번역하라.

<table>
<tr><td>לִירִיחוֹ וְלָעָי׃</td><td>יְהוֹשֻׁעַ</td><td>עָשָׂה</td><td>אֵת אֲשֶׁר</td><td>שָׁמְעוּ</td><td>וְיֹשְׁבֵי גִבְעוֹן</td><td>원문</td></tr>
<tr><td>전+고명/
접+고명</td><td>고명</td><td>Qal.
pf.3ms.</td><td>목적절 표시</td><td>Qal.
pf.3cpl.</td><td>접+Qal.
pt.mpl.cstr.
+고명</td><td rowspan="3">문법
번역</td></tr>
<tr><td>목적어
(여격 사용)</td><td>주어</td><td>동사</td><td>목적어 표시</td><td colspan="2" rowspan="2">주어+동사(1차 정보)</td></tr>
<tr><td colspan="4">목적절(2차 정보)</td></tr>
<tr><td colspan="4">여호수아가 여리고와 아이에서 행하였다.</td><td colspan="2">그리고 기브온
주민들이 들었다.</td><td rowspan="2">한글
번역</td></tr>
<tr><td colspan="6">그리고 기브온 주민들이 여호수아가 여리고와 아이에서
행하였던 것을 들었다.</td></tr>
</table>

3. 부문장이 있는 해석(창세기 15:7)

1. 본문을 읽어라.

<table>
<tr><td>וַיֹּאמֶר אֵלָיו
אֲנִי יְהוָֹה אֲשֶׁר הוֹצֵאתִיךָ מֵאוּר כַּשְׂדִּים
לָתֶת לְךָ אֶת־הָאָרֶץ הַזֹּאת לְרִשְׁתָּהּ׃</td><td>창 15:7</td></tr>
</table>

여기에서 7절은 아트나(֑)를 기준으로 두 문장으로 나눌 수 있다.

2. 문법적 분석을 하라.

①창 15:7a

אֵלָיו	וַיֹּאמֶר	원문
전+3ms.	Qal.w-Impf.3ms.	문법 번역

②창 15:7b

כַּשְׂדִּים	מֵאוּר	הוֹצֵאתִיךָ	אֲשֶׁר	יְהֹוָה	אֲנִי	원문
고명	전+고명	Hi.pf.1cs./2ms.	관접	고명	인대1cs.	문법 번역
	לְרִשְׁתָּהּ׃	הַזֹּאת	אֶת־הָאָרֶץ	לְךָ	לָתֶת	원문
	전+Qal.Inf. cstr.×3fs.	관+지대fs.	목적어–관+명fs.	전+2ms.	전+Qal. Inf.cstr.	문법 번역

3. 주어와 동사를 찾아라.

①창 15:7a

אֵלָיו	וַיֹּאמֶר	원문
전+3ms.	Qal.w-Impf.3ms.	문법 번역
전치사구	주어+동사	

동사 **אמר**는 3인칭 남성단수이며, 바로 전치사구가 이어지기 때문에 동사의 인칭어미가 주어가 된다.

②창 15:7b

창 15:7b는 명사문장으로, 주어는 אֲנִי인 인칭대명사이다.

יְהוָה	אֲנִי	원문
고명	인대1cs.	문법 번역
보어	주어	

관계접속사인 אֲשֶׁר는 부문장을 이끌며 야훼(יְהוָה)를 수식하는 관계대명사로서 사용된다. אֲשֶׁר가 이끄는 부문장의 동사는 יצא이며, 주어는 동사의 인칭어미인 1인칭 공성단수이다. 또한 יצא동사는 타동사로 인칭어미뿐만 아니라 목적격어미도 함께 첨가되어 있다.

כַּשְׂדִּים	מֵאוּר	הוֹצֵאתִיךָ	אֲשֶׁר	יְהוָה	אֲנִי	원문
고명	전+고명	Hi.pf.1cs.×2ms.	관접	고명	인대1cs.	문법 번역
전치사구		주어+동사 +목적어				문장 성분

이것은 부정사 연계형으로 연결된 부문장을 가지고 있는 '부문장'이다. 즉, לְרִשְׁתָּהּ(전+Qal.Inf.cs.×3fs.)에서 소유격 어미(הּ ָ)는 앞의 אֶרֶץ를 가리킨다. 그리고 이 부정사 연계형을 포함하는 부문장은 큰 단위의 목적 문장인 다른 부정사 연계형 לָתֶת를 가지고 있다.

לְרִשְׁתָּהּ׃	הַזֹּאת	אֶת־הָאָרֶץ	לְךָ	לָתֶת	원문
전+Qal.Inf. cstr.×3fs.	관+지대fs.	목적어-관+명fs.	전+ms.	전+Qal.Inf. cstr.	문법 번역
부문장 속의 부문장	부문장의 목적어		전+접미어	부문장	문장 성분

4. 한글 번역

①창 15:7a

• אמר 동사의 번역

אֵלָיו	וַיֹּאמֶר	원문
전+3ms.	Qal.w-Impf.3ms.	문법 번역
전치사구	주어+동사	
그리고 그가 그에게 말했다.		한글 해석

동사 אמר는 대체로 간접화법을 유도한다. 예를 들면, 우리가 다음의 도표에 나타나는 번역을 유의해 볼 필요가 있다.

※ 부록 : אמר의 해석

אוֹר	יְהִי	אֱלֹהִים	וַיֹּאמֶר	원 문(창1:3)
명ms.	Qal.Impf.3ms.(juss.)	고명	Qal.w-Impf.3ms.	문법 번역
주어	동사	주어	동사	
ⓐ그리고 하나님이 "빛이 있으라"고 말씀하셨다.(간접화법) ⓑ그리고 하나님이 말씀하셨다. "빛이 있으라"(직접화법)				한글 번역

창 1:3절은 두 문장으로 보인다. 왜냐하면 אָמַר동사와 הָיָה동사가 있기 때문이다. 그러나 אמר동사는 원래부터 목적절(영어의 that절/ 독일어의 dass절)을 유도하기 때문에 한 문장이다.[59] 따라서 목적절을 유도하면 ⓐ처럼 간접화법으로 번역된다. 그러나 다른 동사와는 달리 אמר는 목적절에 대한 표시를 하지 않기 때문에 직접화법인 ⓑ의 번역을 하는 것이 용이하다.

주의해야 할 점은 אמר 동사의 전형적인 패턴이다.

<table>
<tr><td colspan="2">כִּי צָחָקְתְּ</td><td>לֹא</td><td>וַיֹּאמֶר</td><td rowspan="3">ⓐ</td></tr>
<tr><td colspan="2">접속사+동사</td><td>부정어</td><td>주어+동사</td></tr>
<tr><td colspan="4">그리고 그가 말했다: “아니다, 오히려 네가 웃었다.”</td></tr>
<tr><td colspan="2">הִנֵּה</td><td>אֲבִימֶלֶךְ</td><td>וַיֹּאמֶר</td><td rowspan="3">ⓑ</td></tr>
<tr><td colspan="2">문장 시작 불변화사</td><td>주어</td><td>동사</td></tr>
<tr><td colspan="4">그리고 아비멜렉이 말했다 : “보라!”</td></tr>
<tr><td>אַל־יֵרַע</td><td>אֶל־אַבְרָהָם</td><td>אֱלֹהִים</td><td>וַיֹּאמֶר</td><td rowspan="3">ⓒ</td></tr>
<tr><td>부정어+동사</td><td>전치사구</td><td>주어</td><td>동사</td></tr>
<tr><td colspan="4">그리고 하나님이 아브라함에게 말했다 : “두려워 말라!”</td></tr>
</table>

위의 도표는 אמר 동사의 다양한 패턴을 보여준다. 그러나 중요한 것은 אמר 동사에 속한 것이 어떤 경우인지를 알아보는 것이다.

1 אמר 동사가 인칭을 포함하고 있는 패턴:

그(주어)가 말했다. “ ____________ ”

אמר 동사 뒤에 부정어(לֹא), 그리고 접속사+동사로 이어지는 새로운 문장이 나타난다.

2 (명사) 주어+אמר 동사의 패턴:

아비멜렉(주어)가 말했다. “ ____________ ”

동사와 고유명사인 주어 뒤에 문장을 새롭게 시작하는 불변화사(הִנֵּה)가 나타난다. 이 불변화사는 문장을 새롭게 시작하는 표시이다.

❸ 전치사אֶל+주어+אמר동사의 패턴:

하나님이(주어) 아브라함에게 말했다. “ ______________ ”

주어+동사+전치사구(אֶל־אַבְרָהָם) 이후에 부정어와 동사가 나타난다. 여기에서 동사(אמר)+전치사구(אֶל)가 나타날 수도 있다. 대체적으로 이런 경우 אמר동사에 속한 한 문장으로 간주하고 직접화법으로 번역하는 것이 쉽다.

②창 15:7b

a. 1차 정보로 번역하라(주어+동사).

כַּשְׂדִּים	מֵאוּר	הוֹצֵאתִיךָ	אֲשֶׁר	יְהוָֹה	אֲנִי	원문
				고명	인대1cs.	문법 번역
				보어	주어(동사)	문장 성분
				나는 야훼(이다)		한글 번역

אֲשֶׁר에 속한 문장들은 2차 정보로, 1차 정보는 2형식(S+V+C)의 명사 문장이다.

b. 2차 정보를 찾아서 번역하라.

כַּשְׂדִּים	מֵאוּר	הוֹצֵאתִיךָ	אֲשֶׁר	יְהוָֹה	אֲנִי	원문
고명	전+고명	Hi.pf.1cs.×2ms.	관접	고명	인대1공cs.	문법 번역
전치사구 (2차 정보 속의 3차 정보)		주어+동사+목적어 (2차 정보 속의 1차 정보)	관대 (2차 정보)	주어+보어 (1차 정보)		문장 성분
나는 너를 갈대아 우르에서 이끌었다				나는 야훼이다		한글 번역
나는 너를 갈대아 우르에서 이끌어 냈었던 야훼이다.						

2차 정보는 אֲשֶׁר가 이끄는 절로, 여기에서 אֲשֶׁר는 야훼를 수식하는 관계대명사로서 사용된다.

c. 3차 정보를 찾아라!

לְרִשְׁתָּהּ׃	הַזֹּאת	אֶת־הָאָרֶץ	לְךָ	לָתֵת	원문
전+Qal.Inf. cstr.×3fs.	관+지대fs.	목적어 –관+명fs.	전+2ms.	전+Qal.Inf. cstr.	문법 번역
수단의 여격	목적절/지대	목적절/목적어	목적절/ 전치사구	목적절 (3차 정보)	문장 성분
그 것을 유산으로 이 땅을 너에게 주기 위하여					한글 번역

3차 정보는 목적절로 사용된 부정사 연계형(לָתֵת)속에 부정사 구조형(לְרִשְׁתָּהּ)이 있는 경우이다.

d. 종합해서 번역하라

כַּשְׂדִּים	מֵאוּר	הוֹצֵאתִיךָ	אֲשֶׁר	יְהוָה	אֲנִי	원문
고명	전+고명	Hi.pf.1cs. ×2ms.	관접	고명	인대1cs.	문법 번역
(2차 정보)			관대 (2차 정보)	주어+동사+보어 (1차 정보)		문장 성분
내가 너를 갈대아 우르에서 이끌어 냈다.				나는 야훼이다		한글 번역
	לְרִשְׁתָּהּ׃	הַזֹּאת	אֶת־הָאָרֶץ	לְךָ	לָתֵת	원문
	전+Qal.Inf. cstr.×3fs.	관+지대fs.	목적어– 관+명fs.	전+ 2ms.	전+Qal. Inf.cstr.	문법 번역
	수단의 여격 (4차 정보)	목적절 / (3차정보)				문장 성분
	그것을 유산으로	이땅을 너에게 주기 위하여				한글 번역

"나는 그것을 유산으로 삼는 이 땅을 너에게 주기 위하여 내가 너를 갈대아 우르로부터 이끌어 낸 야훼이다."

4. 복잡한 문장의 해석(수 5:1)

1. 본문을 읽어라.

본문	
וַיְהִי כִשְׁמֹעַ כָּל־מַלְכֵי הָאֱמֹרִי אֲשֶׁר בְּעֵבֶר הַיַּרְדֵּן יָמָּה וְכָל־מַלְכֵי הַכְּנַעֲנִי אֲשֶׁר עַל־הַיָּם אֵת אֲשֶׁר־הוֹבִישׁ יְהוָה אֶת־מֵי הַיַּרְדֵּן מִפְּנֵי בְנֵי־יִשְׂרָאֵל עַד־עָבְרָנוּ וַיִּמַּס לְבָבָם וְלֹא־הָיָה בָם עוֹד רוּחַ מִפְּנֵי בְּנֵי־יִשְׂרָאֵל׃ ס	수 5:1

본문은 아주 복잡한 것 같지만 1a절은 시간을 나타내는 부문장(**וַיְהִי**)이고, 주문장은 1b절에서 제시하는 두 문장(**וַיִּמַּס**와 **הָיָה**)으로 이루어져 있다.

2. 문법적 분석을 하라!

①여호수아 5:1a

יָמָּה	הַיַּרְדֵּן	בְּעֵבֶר	אֲשֶׁר	הָאֱמֹרִי	מַלְכֵי	כָּל־	כִשְׁמֹעַ	וַיְהִי	원문
명ms. H.Loc	관+고명 abs.	전+명 ms.cs.	관접	관+고명 abs.	명mpl. cstr.	명 ms.cstr.	전+Qal. Inf.cstr.	Qal.w-Impf.3ms.	문법 번역

הַיָּם	עַל־	אֲשֶׁר	הַכְּנַעֲנִי	מַלְכֵי	וְכָל־	원문
관+명ms.	전	관접	관+고명 abs.	명mpl. cstr.	접+명ms.	문법 번역

עַד־עָבְרָנוּ	בְנֵי־יִשְׂרָאֵל	מִפְּנֵי	הַיַּרְדֵּן	־מֵי	אֶת	יְהוָה	־הוֹבִישׁ	אֵת אֲשֶׁר	원문
전+Qal.Inf. cstr.×1cp.	명mpl.cstr.+ 고명	전+명 mpl.cstr.	관+고명 abs.	명mpl. cstr.	목적어	고명	Hi. pf.3ms.	목적어-관접	문법 번역

②여호수아 5:1b

רוּחַ	עוֹד	בָם	הָיָה־	וְלֹא	לְבָבָם	וַיִּמַּס	원문
명cs.	부	전+3mpl.	Qal.pf.3ms.	접+부정어	명ms.cstr. ×3mpl.	Ni.w–Impf.3ms.	문법 번역
				יִשְׂרָאֵל־	בְנֵי	מִפְּנֵי	원문
				고명	명mpl.cstr.	전+명mpl. cstr.	문법 번역

3. 주어와 동사를 찾아라.

①여호수아 5:1a

– 1차 정보

יָמָּה	הַיַּרְדֵּן	בְּעֵבֶר	אֲשֶׁר	הָאֱמֹרִי	מַלְכֵי	כָּל־	כִשְׁמֹעַ	וַיְהִי	원문
				주어(1차정보)			전+Qal. Inf.cstr.	동사 (1차 정보)	문장 성분

הַיָּם	עַל־	אֲשֶׁר	הַכְּנַעֲנִי	מַלְכֵי	וְכָל־	원문
			주어(1차정보)			문장 성분

עַד־עָבְרֻנוּ	בְנֵי־יִשְׂרָאֵל	מִפְּנֵי	הַיַּרְדֵּן	מֵי־	אֵת	יְהוָה	הוֹבִישׁ־	אֵת אֲשֶׁר־	원문
			목적절(2차 정보)						문법 번역

부문장은 כִּשְׁמֹעַ וַיְהִי의 결합으로 시간을 나타낸다. 부문장에서 주동사는 부정사 연계형(שׁמע)이며, 주어는 관계대명사(접속사)를 가지고 있다.

ⓛוְכָל־לְמַכֵי הַכְּנַעֲנִי ㉠כָּל־מַלְכֵי הָאֱמֹרִי

타동사인 שׁמע는 전치사(עַד)와 함께 부정사 연계형으로 이루어진 목적절을 갖는다.

הָאֱמֹרִי	מַלְכֵי	㉠כָּל־	כִּשְׁמֹעַ	וַיְהִי	원문
주어(1차 정보)			전치사구	동사(1차 정보)	문장 성분
עַל	אֲשֶׁר	הַכְּנַעֲנִי	־מַלְכֵי	㉡וְכָל	원문
		주어(1차 정보)			문장 성분

②여호수아 5:1b

㉡רוּחַ	עוֹד	בָּם	הָיָה	וְלֹא־	㉠לְבָבָם	וַיִּמַּס	원문
명cs.	부	전+3mpl.	Qal. pf.3ms.	접+부정어	명ms. cstr.×3mpl	Ni.w-미완3남단	문법 번역
주어 (1차 정보)			동사 (1차 정보)	불변화사	주어 (1차 정보)	동사 (1차 정보)	문장 성분
				יִשְׂרָאֵל	בְּנֵי־	מִפְּנֵי	원문
				고명	명mpl.cstr.	전+명mpl. cstr.	문법 번역

수 5장 1b절은 두 개의 문장으로 된 주절이다. 첫 번째 문장의 주어는 לְבָב이며 동사는 바브 접속법으로 쓰인 מסס이다. 두 번째 문장의 주어는 רוּחַ이며 동사는 הָיָה이다.

– 그 외에 3차 정보들

רוּחַ	עוֹד	בָם	הָיָה־	וְלֹא	לְבָבָם	וַיִּמַּס	원문
명공단	부	전×3mpl.	Qal.pf.3ms.	접+부정어	명ms.cstr. ×3mpl.	Ni.w–Impf.3ms.	문법 번역
주어 (1차 정보)	부사	전치사구	동사 (1차 정보)	불변화사	주어 (1차 정보)	동사 (1차 정보)	문장 성분
	3차 정보						

יִשְׂרָאֵל	בְנֵי־	מִפְּנֵי	원문
고명	명mpl. cstr.	전+명mpl. cstr.	문법 번역
전치사구(3차 정보)			문장 성분

4. **한글번역을 시도하라.**

①수 5:1a

a. 1차 정보를 번역하라.

הָאֱמֹרִי	מַלְכֵי	㉠כָּל־	כִשְׁמֹעַ	וַיְהִי	원문
주어(1차 정보)			㉢동사(1차 정보)		문장 성분

הַכְּנַעֲנִי	מַלְכֵי	㉡וְכָל־	원문
주어(1차 정보)			문장 성분

그 아모리 사람의 모든 왕들(㉠)과 그 가나안 사람들의 모든 왕들(㉡)이 들었을 때(㉢)

b. 2차 정보를 번역하라.

אֶת־מֵי הַיַּרְדֵּן	יְהוָה	הוֹבִישׁ־	אֵת אֲשֶׁר	원문
목적어(㉡-㉡)	주어+동사(②-㉠)		목적절 표시	문법 번역
목적절(2차 정보)				

야훼께서(㉡-㉠) 요단강을(㉡-㉡) 바싹 마르게 하였다(②-①)는 것을 (אֵת אֲשֶׁר).

c. 3차 정보를 함께 번역하라.

אֲשֶׁר בְּעֵבֶר הַיַּרְדֵּן יָמָּה ㉠-㉢	כָּל־מַלְכֵי הָאֱמֹרִי ㉠	וַיְהִי כִשְׁמֹעַ ㉠-㉡		원문
전치사구	주어	전치사구	동사	문법 번역
3차 정보	1차 정보	1차 정보		

	אֲשֶׁר עַל־הַיָּם ㉠-㉢	וְכָל־מַלְכֵי הַכְּנַעֲנִי ㉠	원문
	전치사구	주어	문장 번역
	3차 정보	1차 정보	

מִפְּנֵי בְנֵי־יִשְׂרָאֵל עַד־עָבְרָנוּ ㉡-㉢		אֵת אֲשֶׁר־הוֹבִישׁ יְהוָה אֶת־מֵי הַיַּרְדֵּן ㉡	원문
목적문장	전치사구	목적어 주어 동사 목적절	문법 번역
3차 문장		2차 정보	

강 쪽으로 요단의 한 쪽에 있는(3차 정보: 관대) 그 아모리 사람의 모든 왕들(㉠부문장의 주어) 그리고 그 해변 근처의(㉢3차 정보: 관대) 그 가나안 사람의 모든 왕들(㉠부문장의 주어)이 [야훼가 이스라엘 자손 앞에서 그들이 지나기까지(㉡-㉢2차 정보 안의 3차 정보) 요단의 물을 바싹 마르게 했다는 것을](㉡2차 정보) 들었을 때(㉠-㉡부문장의 동사).

②수 5:1b

a. 첫 번째 문장은 1차 정보만 있다.

לְבָבָם	וַיִּמַּס	원문
주어	동사	문법 번역
1차정보		
그리고 그들의 마음이 녹았다.		한글 번역

b. 두 번째 문장의 1차적 정보

רֽוּחַ	הָיָה־	원문
명cs.	Qal.pf.3ms.	문법 번역
주어(1차 정보)	동사(1차 정보)	
영이 있었다.		한글 번역

c. 두 번째 문장의 3차적 정보

רֽוּחַ	עוֹד	בָּם	הָיָה	וְלֹא־	원문
명cs.	부	전+3mpl.	Qal.pf.3ms.	접+부정어	문법 번역
주어(1차 정보)	부사+전치사구 (3차 정보)		동사(1차 정보)	불변화사 (3차 정보)	
בְּנֵי־יִשְׂרָאֵל			מִפְּנֵי		원문
고유+명mpl.cstr.+고명			전명mpl.cstr.		문법 번역
전치사구(3차 정보)					
이스라엘 자손들 앞에서 영이 그들 안에 계속 있지 않았다.					한글 번역

두 번째 문장의 동사는 자동사이다. 그 때문에 이 문장에서는 2차 정보가 들어있지 않다. 3차적 정보는 전치사구들과 부사이다.

d. 여호수아 5장 1b의 전체 번역

רוּחַ	עוֹד	בָּם	הָיָה־	וְלֹא	לְבָבָם	וַיִּמַּס	원문
명cs.	부	전치사 ×3mpl.	Qal.완 3남단	접+부정어	명ms.cstr. ×3mpl.	Ni.w −Impf.3ms.	문법 번역
주문장의 두 번째 문장에 속한 주어 (1차 정보)	주문장 두 번째 문장에 속한 3차정보들		주문장 두 번째 문장에 속한 동사 (1차정보)	주문장 두 번째 문장에 속한 3차 정보	주문장 첫 번째 문장 주어 (1차 정보)	주문장 첫 번째 문장동사 (1차 동사)	문장 성분

יִשְׂרָאֵל־	בְּנֵי	מִפְּנֵי	원문
고명	명mpl.cstr.	전+명mpl. cstr.	문법 번역
주문장 두 번째 문장에 속한 전치사구(3차 정보)			문장 성분

그리고 그들의 마음이 녹았다. 그리고 영이 이스라엘 자손들 앞에서 그들 안에 계속 있지 않았다.

e. 여호수아 5:1절의 전체 번역

• 수 5:1a. 강쪽으로 요르단 강의 한쪽에 있는 그 아모리 사람의 모든 왕들과 그 해변 근처에 있는 가나안 사람의 모든 왕들이 야훼가 이스라엘 자손 앞에서 그들이 지나가기까지 요단의 물을 바싹 마르게 했다는 것을 들었을 때,

• 수 5:1b. 그들의 마음이 녹았으며 그리고 영혼이 이스라엘 자손 앞에서 그들 안에 계속 있지 않았다.

VI

해석 이론을 돕는 구문들

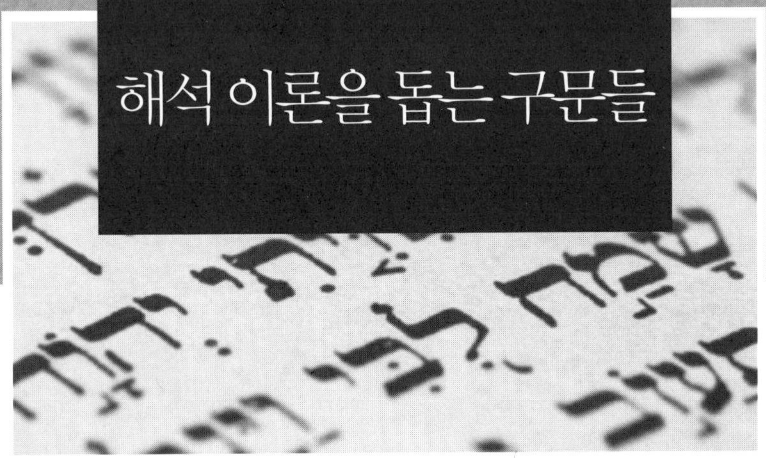

– 이 구문은 T. O. Lambdin의 Lehrbuch Bibel–Lebräisch의 책 중에서
“Abriss der Syntax”와 게제니우스 「히브리어 문법」에서 재구성했다 –

제 40과

문장 안에서 명사, 형용사와 대명사의 번역

1. 명사 한정(Determination)

히브리어에서 명사를 한정하는 방법은 다음과 같다. 고유명사는 그 자체로 한정된다.

1. 관사와 함께 【예: 왕상 16:16】

אֶת־הַמֶּלֶךְ	רָאָה
그 왕을(목적어)	그가 보았다(주어+동사)

2. 대명사의 접미어와 함께 【예: 신 28:36】

אֶת־מַלְכֵּנוּ	רָאָה
우리의 왕을(목적어)	그가 보았다(주어+동사)

3. 연계형과 독립형과 함께 【예: 왕상 22:34】

יִשְׂרָאֵל	אֶת־מֶלֶךְ	רָאהְתִי
이스라엘의(목적어/독립형)	왕을(목적어/연계형)	나는 보았다(주어+동사)

4. 고유명사 【예: 삼상 17:42】

אֶת־דָּוִד	רָאִיתִי
다윗을(목적어)	나는 보았다(주어+동사)

2. 명사의 격(格)

1. 주격(Nominativ: **명사**)

주격이 될 수 있는 품사들은 명사, 대명사, 독립형용사, 부정사, 분사, that-절, אֲשֶׁר-절이다. **【예: 삼상 20:6】**

שָׁם	הַמֶּלֶךְ
거기에(부사)	그 왕(관사+명사)

2. 소유격 (Genitiv: Gen.)

① 히브리어 소유격의 형태는 명사의 연계형과 독립형의 형태와 전치사 לְ를 통해 표현한다.

• 연계형과 독립형을 통한 번역 **【예: 창 20:7】**

הָאִישׁ	אֵשֶׁת
그 남자의(독립형)	아내(연계형)

• 전치사 לְ의 소유격 의미를 통한 번역 **【예: 삼상 16:18】**

לַמֶּלֶךְ	אִשָּׁה
그 왕의(전치사+명사–Gen.)	여자(독립형–명사)

② 히브리어는 소유격을 통하여 다양하게 독립형을 구체적으로 표현한다.

• 주어적 소유격(genitivus subjectivus): "개의 두려움" **【예: 민 4:4】**

בְּנֵי־קְהָת	עֲבֹדַת
고핫 자손의(독립형, Gen.)	일(연계형)

• 목적어적 소유격(genitivus objectivus): "개에 대한 두려움"[60)]

【예: 창 18:20a】

וַיֹּאמֶר יְהוָה זַעֲקַת סְדֹם וַעֲמֹרָה כִּי־רָבָּה

(목적어적 속격 관계)

야훼가 말씀하셨다: 소돔과 고모라에 대한 외침이 있다.

왜냐하면 그것이 거대하기 때문이다.

a. 재료/성질/특징을 통한 소유격(genitivus materiae/qualitatis)의 표현: "고유한 특징을 표시"

레 6:21	חֶרֶשׂ 독립형(abs.)	כְּלִי־ 연계형(cstr.)	옹기그릇 (옹기로 만든 그릇)
출 24:12	הָאֶבֶן 독립형(abs.)	לֻחֹת 연계형(cstr.)	돌판 (돌로 만든 판)
시 1:3	מָיִם 독립형(abs.)	פַּלְגֵי 연계형(cstr.)	물길 (물이 다니는 길)

b. 관점/견해를 제시하는 소유격(genitirus respectus/limitations):

어떤 관련성 혹은 어떤 관점에서 보는가에 대한 질문의 대답을 시도하는 것으로 명사를 한정하는 형용사와 분사로 번역 **【예: 삼하 14:27】**

מַרְאֶה	יְפַת	אִשָּׁה
독립형	연계형	명사(fs.)

아름다운 용모를 가진 여자

c. אִישׁ(남자), בַּעַל(주인/소유) 그리고 בֵּן(아들)과 함께 하는 연계형-독립형 표현: 사물이나 고유한 특성 내지 상태의 소유주로서 사람을 표현하는 데 사용한다.

	독립형(abs.)	연계형(cstr.)	
창 46:34	מִקְנֶה	אַנְשֵׁי	목축업자(가축의 남자들)
출 12:5	שָׁנָה -	בֶּן	한 살된 (1년의 남자)
삼하 3:34	עַוְלָה -	בְנֵי	범죄자들(부정의의 아들들)
창 49:23	חִצִּים	בַּעֲלֵי	궁수(화살의 소유자)

3. 여격(Dative: dat.)

• 여격 (Dativ: Dat.) ; 전치사(לְ)를 통한 여격 사용(nota dativi)

【예: 민 2:16】

מַיִם	לָהֶם	אֶתְּנָה
목적어(AO)	여격(Dat.)	동사

나는 그들에게 물을 주길 원한다.

4. 목적어(Akkusativ: AO)

목적어는 일반명사, 목적어 표시(אֶת־/אֵת)와 함께 그리고 동사와 결합하는 접미어를 통해 표현한다.

①일반명사 사용(목적격 표시 없음): **【예: 왕하 6:14】**

סוּסִים	שָׁמָּה	וַיִּשְׁלַח
목적어(AO)	부사(adv.)	주어+동사(S+V)

그리고 그가 거기로 말들을 보냈다.

②목적격 표시(אֶת־/אֵת)와 함께: **【예: 민 21:16】**

אֶת־הָעָם	אֱסֹף
목적어(AO)	동사(V)

그 민족을 모아라!

③동사와 결합하는 목적격 접미어: 【예: 삿 6:14】

שְׁלַחְתִּיךָ S+V+목적격(2ms) / 나는 너를 보냈다.

5. 호격(Vokativ: Vo)

• 관사와 함께하는 명사는 호격으로도 사용된다.【예: 삼하 14:4】

הַמֶּלֶךְ	הוֹשִׁעָה	וַתֹּאמֶר
호격(Vo)	동사(V)	주어+동사(S+V)

그리고 그녀가 말했다. "나를 도우소서, 왕이여!"

제 41과

형용사와 분사의 구문을 통한 번역

1. 형용사의 분사의 번역

형용사와 분사는 한정적 번역과 서술적 번역으로 나누어진다. 형용사의 경우에서는 한정적 사용과 서술적 사용은 형용사의 위치에 따라 구분되지만 분사는 위치와는 상관없다.

1. 한정적 사용

①명사 뒤에 위치하며, 관사 · 성 · 수가 일치한다.

• 관사를 사용하는 경우:

【신 1:35】 הַטּוֹבָה(관+형fs.) הָאָרֶץ(관+명fs.) ⇨ **그 좋은 땅**

【창 24:43】 הַיֹּצֵאת(관+pt.fs.) הָעַלְמָה(관+명fs.)

⇨ **그 다가오는 젊은 여자**

• 관사를 사용하지 않는 경우:

【잠 15:30】 טֹובָה(형fs.) שְׁמוּעָה(명fs.) ⇨ 좋은 소식

【출 2:7】 מֵינֶקֶת(형fs.) אִשָּׁה(명fs.) ⇨ 젖을 먹이는 여인

2. 서술적 사용

【민 13:28】 הָעָם(관+명ms.) עַז(형+명ms.) ⇨ 민족은 강하다

【창 17:19】 יֹלֶדֶת(Qal.pt.fs.) אִשְׁתְּךָ(명fs.×2ms.) שָׂרָה

⇨ 사라가 아기를 낳을 것이다

【잠 15:26】 אִמְרֵי־נֹעַם(명mpl.cstr./형ms.) טְהֹרִים(Qal.pt.mpl.)

⇨ 선한 말은 정결하다

【잠 20:8】 כָּל־רָע(명ms.cstr./형ms.) בְעֵינָיו(명mdual.×3ms.)

מְזָרֶה(pt.) ⇨ 그의 눈을 통하여 모든 악을 흩어지게 한다.

그러나 "문장을 강조"하는 경우, 형용사의 위치는 자유롭게 명사 앞과 뒤에 위치할 수 있다. 그와 같은 경우에는 문맥에서 해결해야 한다.

2. 형용사의 비교급과 최상급

1. 비교급의 형태

히브리어 비교급은 "전치사 מִן + 형용사"로서 제시된다.

【삼상 24:18】 מִמֶּנִּי 전치사(전×1cs.) אַתָּה (2ms.) צַדִּיק (형)

⇨ **너는(S) 나보다 더(מִן) 정직하다.**

2. 동사로 확장된 형태의 번역

비슷한 구조는 "전치사 מִן+상태동사"와 함께 사용하는 경우이다.

①자동사의 표현: **【예: 나 3:8a】**

הֲתֵיטְבִי מִנֹּא אָמוֹן הַיֹּשְׁבָה בַּיְאֹרִים מַיִם סָבִיב לָהּ

비교대상 V(자동사)

그 강들 사이에 물의 지류들이 흐르는 노아몬보다 네가 낫겠는가?

②타동사의 표현: **【예: 창 37:3】**

וְיִשְׂרָאֵל אָהַב אֶת־יוֹסֵף מִכָּל־בָּנָיו

비교대상 V(타동사)

그리고 이스라엘은 모든 그의 아들들보다 요셉을 더 사랑했다,

3. 최상급의 형태

①형용사와 관사의 결합: **【예: 창 42:15】**

הַקָּטֹן(관사+형용사)　　אֲחִיכֶם(명사+2mpl.)

너희들의 가장 작은 형제(너희들의 막내)

②동일한 어근에 연계형과 독립형의 형태: **【예: 창 9:25】**

עֶבֶד עֲבָדִים　　יִהְיֶה　　לְאֶחָיו

(전+명mpl./3ms.)　(Qal.Impf.3ms.)　(명ms.cstr.+명mpl.)(최상급)

그의 형제를 위하여 종들의 종이 되기를 원한다.

③반복의 형태: **【예: 창 7:19a】**

וְהַמַּיִם גָּבְרוּ מְאֹד מְאֹד עַל־הָאָרֶץ

(반복)

그리고 물은 점점 더 땅 위로 넘치고 있었다.

3. 명사의 형용사 번역

형용사적 성질과 특징을 제시하는 명사(선, 악 또는 성결 등등)들은 연계형과 독립형의 관계일 때, 형용사로서 사용될 수 있다(genitivus qualitatis).

【출 29:29】 הַקֹּדֶשׁ(관+명ms.) וּבִגְדֵי(접+명mpl.cstr.)

성스런 의복 (성결의 의복)

【시 2:6】 הַר־קָדְשִׁי (명ms.cstr./명ms.cstr.×1cs.) עַל־צִיּוֹן(전+고명)

나의 성스러운 산인, 시온 위에(나의 성결의 산인, 시온 위에)

제 42과

인칭대명사의 번역

1. 문장의 주어

히브리어는 명사 문장과 동사 문장이 있다. 명사 문장에서 인칭대명사는 주어로 사용되고, 동사문장에서는 동사의 인칭어미가 주어로 거의 사용되며, 인칭대명사가 자주 사용되지 않는다. 그러나 동사문장에 인칭대명사가 있는 경우, 강조의 용법으로 해석하여 "부사"로 번역한다.

1. 명사 문장【예: 룻 3:9】

אֲמָתֶךָ(명fs.cstr.×2ms.)　רוּת(고명)　אָנֹכִי(인대)

나는 당신의 여종인 룻입니다.

2. 동사 문장【예: 창 31:39】

(חטא)אֲחַטֶּנָּה(Pi.Impf.1cs.×3fs.)　אָנֹכִי(인대.1cs.)(강조용법)

나는 그것을 속제물로 바치길 원한다.

2. 명사 문장과 인칭대명사

명사문장에서 3인칭 인칭대명사는 중복되어 사용되기도 한다. 이 경우 문장을 강조하기 위한 수단이다.

【왕상 18:39】

אֱלֹהִים(서술어) הוּא인대(3ms./중복) יְהוָה(주어.3ms./고명)

야훼, 그는 하나님이시다.

【삼하 7:28】

הָאֱלֹהִים(서술어) הוּא־(인대.3ms.) אַתָּה(주어.2ms./인대)

당신은 (그는) 참 하나님 이십니다.

3. 동격과 인칭대명사

인칭대명사가 이전 명사의 접미어와 일치할 때, 동격으로 취급하며 일반적으로 번역하지 않는다.

【창 27:34b】

וַיֹּאמֶר לְאָבִיו בָּרֲכֵנִי גַם־אָנִי אָבִי׃

(인대.1cs.) (동사의 목적격 어미/1인칭)

그리고 그가 그의 아버지에게 말했다.
"나의 아버지여! 나를 또한 축복하여 주옵소서!"

【왕상 21:19bγ】

יָלֹקּוּ הַכְּלָבִים אֶת־דָּמְךָ גַּם־אָתָּה׃

(인대.2ms.) 목적격(2인칭)

그 개들이 또한 너의 피를 마실 것이다.

제 43과

히브리어의 다양한 표현

1. 재귀적 표현, 부정대명사적 표현, 분배의 그리고 상호적 표현

히브리어에서는 재귀적 표현, 부정대명사 표현, 그리고 분배나 상호적 표현에 대한 특별한 형태가 없기 때문에 문맥에 따라 번역해야 한다.

1. 재귀적 표현

재귀적 표현이란 주어의 행위가 다시 주어에 영향을 미치는 것을 말한다. 히브리어에서 재귀적 표현은 소유격 접미어, 니팔(Niphal)동사와 히트파엘(Hithpael)동사, 전치사 לְ, 또는 נֶפֶשׁ(영혼, 생명)와 לֵב(심장)를 통해서 표현한다.

① 소유격 접미어를 통하여 **【예: 렘 7:19】**

הַאֹתִי הֵם מַכְעִסִים נְאֻם־יְהוָה הֲלוֹא אֹתָם

목×3mpl. H.Interr.+부정어 명ms.cstr./고명 Hi.pt.mpl. 인대.3mpl. H.Interr.+목(1cs.)

야훼의 말씀이다. 그들이 나를 노하게 하는 자들이냐?

② 전치사 לְ를 사용할 때는 반드시 לְ접미어와 주어의 성 · 수가 일치

해야 한다. **【예: 창 3:7】**

וַיַּעֲשׂוּ לָהֶם חֲגֹרֹת

명fpl. 전×3mpl. Qal.w−Impf.3mpl.

그리고 그들 스스로를 무화과 잎으로 가렸다.

③ נֶפֶשׁ와 לֵב을 통해서

【잠 29:24】

חוֹלֵק עִם־גַּנָּב שׂוֹנֵא נַפְשׁוֹ

명cs.cstr.×3ms. Qal.pt.ms. 전+명ms. Qal.pt.ms.

도둑과 함께 짝하는 자는 그 자신을 (그의 영혼을) 미워하는 자이다.

【왕상 12:26】

וַיֹּאמֶר יָרָבְעָם בְּלִבּוֹ

전+명ms.×3ms. 고명 Qal.w−Impf.3ms.

그리고 여로보암이 그 스스로(그 자신의 심장에게) 말했다.

2. 부정대명사적 표현

부정대명사란 정해져 있지 않은 명사를 지칭하는 것으로 "어떤 사람", "약간의", "어떤 것" 또는 "아무도 ~아니다.", "아무것도 아닌"으로 번역되며 다음과 같은 단어들과 함께 표현한다.

① אִישׁ("남자" 또는 "어떤 사람" + 부정어: 어떤 사람도 ~하지 않는다.)

【창 13:16】

אִם־יוּכַל אִישׁ לִמְנוֹת אֶת־עֲפַר הָאָרֶץ …

If(조건)+Qal.Impf.3ms. 주어/명ms. 전+Qal.Inf.cstr. 목–명ms.cstr. 명fs.abs.

만일 어떤 사람이 흙으로부터 나온 먼지를 셀수 있다면…

【출 16:29】 אַל־יֵצֵא אִישׁ

부정어+Qal.Impf.3ms.(Juss.) 주어/명ms.

결코 어떤 사람도 나갈 수 없다.

② דָּבָר(어떤 것; + 부정어: 어떤 일을 하지 않는다.)

【창 19:8】 אַל־תַּעֲשׂוּ דָבָר

부정어 Qal.Impf.2mpl.(juss.) 명ms.

그 어떤 것도 행하지 마라!

【창 44:7】 כַּדָּבָר כַּזֶּה

전+관+명ms. 지대ms.

그러한 사실과 같이

③ 전치사 כְּ와 (무엇보다도) מִן의 경우:

전치사 כְּ와 מִן을 통해서 한 명(einer)/어떤 사람(jemand)/약간의 (einipe)들이 종종 보충된다.

【레 5:9】 מִדַּם הַחַטָּאת

전+명ms.cstr. 관+명fs.

속죄 제물의 어떤(어느정도의) 피

【단 8:15】 כְּמַרְאֵה־גָבֶר

전+명ms.cstr. 명ms.abs.

한 남자의 모습

④ "각각/ 모든"은 כֹּל/כָּל־("전체"를 의미하는 명사)을 통해서 표현한다.

	단수(한정되지 않음)	한 정	복수(빈번하게 한정됨)
필요한 명 사	때때로, 어떤(것)		
셀 수 있는 명사	◇ 각각[61](또는 "모든") · כָּל־רֹאשׁ 모든 머리(렘48:37) · כָּל־אֹכֶל 모든 음식물(시107:18)	◇ 온전(전체) 또는 각각 · כָּל־הַלַּיְלָה 모든 저녁(출14:21)	◇ 모든 · כָּל־הָאֲסִירִם 모든 사로잡힌 자들(창 39:22)
셀 수 없거나 또는 집합명사	◇ ~의 각 종류대로, 각 종의(여러가지) · בְּכָל־חָזוֹן 이전의 모든 종류 (단1:17) · כָּל־צָרָה 여러 가지의 고난 (대하15:6) · כָּל־כְּלִי 어떤 물건(레15:22)	◇모든, 전체 · כָּל־הַשֹּׁמֵעַ 듣는 모든 자(창 21:6) · כָּל־הַזָּהָב 모든 황금(출38:24) · כָּל־הָעֹשֶׁר 모든 부귀(창31:16)	

– 부정하는 문장들에서는 “하나도~하지 않다”/ “아무 것도 아닌” 또는 “어떤 것도 ~하지 않다”라고 번역할 것을 제안한다.

⑤ כָּל־אֲשֶׁר의 표현:

כָּל־אֲשֶׁר는 목적어 표시(**אֶת־**)와 같이 한정된 것으로 “~하는 모든 것”으로 번역된다.

【창 1:31】

עָשָׂה	אֶת־כָּל־עֲשֶׁר	אֱלֹהִים	וַיַּרְא
동사	목+명ms.cstr.+rel cj+Qal.pf.3ms.	주어	Qal.w–Impf.3ms.

그리고 하나님께서 **그가 행한 모든 것을** 보았다.

3. 배분의 표현 (Distributive)

אִישׁ와 **אִשָּׁה** +복수 주어/서술어

【왕상 12:24】 – 복수 주어

לְבֵיתוֹ	אִישׁ	שׁוּבוּ
전+명ms.×3ms.	명ms./배분	Qal.Imp.mpl.

각각 그들의 집으로 돌아가라!

【룻 1:8】 – 서술어

אִמָּהּ	לְבֵית	אִשָּׁה	שֹׁבְנָה
명fs.cstr.×3fs.	전+명ms.cstr.	명fs./배분	Qal.Imp.fpl.

각각 그녀의 어머니의 집으로 돌아가라!

4. 상호적 관점으로 표현(אִישׁ)

【출 10:23】

אֶת־אָחִיו	אִישׁ	לֹא־רָאוּ
목적어–명ms.×3ms.	명ms./상호대명사	부정어+Qal.pf.3mpl.

그들은 **서로서로** 그의 형제들을 볼 수 없었다.

5. עֶצֶם(스스로, 그 자체, 바로 그것)을 통한 표현

【출 24:10】

הַשָּׁמַיִם	כְּעֶצֶם
관+명mpl.	전+명fs.cstr.

그 하늘 **자체**와 같이…

제 44과

지시대명사

1. זֶה와 הוּא

2개의 지시대명사(זֶה와 הוּא)는 의미론적인 차이가 있다.

① זֶה(이것)는 원래 지시대명사이며, 본문에서 앞에 나오는 어구를 가리키거나(anaphoric) 혹은 뒤에 나오는 어구를 가리키거나(kataphorisch) 또는 멀리 떨어져 있는 어구를 가리킬 때 사용한다. ("이것" /"여기"/"거기")

【창 9:17】 אוֹת־הַבְּרִית זֹאת

명cs.cstr./관+명fs. 지대/fs.

이것이 언약의 표시이다.

【창 5:1】 תּוֹלְדֹת אָדָם זֶה

명fpl.cstr.+명ms. 지대/ms.

이것이 아담 자손의 책이다

【사 29:11】 נָא־זֶה קְרָא

불변화사/지대 Qal.Imp.ms.

확실하게 이것을 읽으라!

②**הוּא**(저것)는 인칭대명사에서 기안된 지시대명사이다. 이 지시대명사는 이미 언급한 것을 지적한다. 또한 동일하다는 개념을 사용하여 "동일한/거의 같은" 또는 "그 적합한 것"으로서 번역할 수 있다.

【수 20:6】 הָהֵם בַּיָּמִים

관+지대/3mpl. 전+관+명mpl.

"저 날에/ 저 시간에"

【신 17:5】 הַהוּא אֶת־הָאִישׁ

관+지대/3ms. 목+관+명ms.

이 (언급된) 남자

【삼상 4:12】 הַהוּא בַּיּוֹם שִׁלֹה וַיָּבֹא

관+지대/3ms. 전+관+명ms. 고명 Qal.w−Impf.3ms.

그리고 그들은 같은 날에 실로로 왔다.

2. 지시대명사와 형용사

지시대명사는 형용사와 분사의 구문론적 사용(한정용법/서술용법)과 일치한다.

【신 22:14】 הָאִשָּׁה הַזֹּאת

관+지대/fs. 전+관+명fs.

이 여인

【창 9:17】 זֹאת אוֹת־הַבְּרִית

관+명fs. 명.cs.cstr. 지대/fs.

이 여자가 그 여자이다.

3. 지시대명사와 부사

זֶה는 부사로서 번역될 수 있다:

"여기에/ 저기에"(창 27:21) 또는 "지금/ 현재에"(창 31:41)

4. 의문부사와 지시대명사

한계를 정하는 기능으로서 부사로서 번역된다.

【창 12:18】	לִּי	עָשִׂיתָ	זֹּאת	מַה־
	전+1cs.	Qal.pf.2ms.	지대	의문부사

너는 **거기에서** 나에게 무엇을 행하였느냐?

제 45과

관계접속사 אֲשֶׁר

1. 관계대명사 אֲשֶׁר

אֲשֶׁר는 관계대명사의 기능과 접속사의 기능을 한다.

①관계대명사 אֲשֶׁר는 대체로 선행사를 수식하고 한정하는 기능을 가진다.

【신 22:14】	יִמְלֹךְ	אֲשֶׁר	הַמֶּלֶךְ
	주어+Qal.Impf.3ms.	**관계 대명사**	관+명ms.(선행사)

지배하려고 하는 그 왕(그 왕, 그가 지배한다.)

②선행사가 없는 경우에, אֲשֶׁר절은 주어 또는 목적절의 기능을 수행한다. 특히 목적절은 אֵת(אֶת־)와 함께, 여격은 전치사 לְ와 결합한다.

【삼상 22:23】

… יְבַקֵּשׁ	אֶת־נַפְשִׁי	יְבַקֵּשׁ	אֲשֶׁר־
Pi.Impf.3ms.	목적어−명cs.cstr.×1cs.	Pi.Impf.3ms.	관대
V		S(선행사 없음)	

나의 생명을 노리는 자는 … 노릴 것이다.(주격 사용)

【삼상 13:14】

יְהוָה	צִוְּךָ	אֲשֶׁר־	אֵת	שָׁמַרְתָּ	לֹא
고명	Pi.pf.3ms.×2ms.	관대	목적어	Qal.pf.2ms.	부정어
	목적절 (선행사 없음)			주문장	

너는 **야훼가 너에게 명령한 것을 따르지 않는다.**(목적절 사용)

【렘 27:5】

בְּעֵינָי	יָשַׁר	לַאֲשֶׁר	וּנְתַתִּיהָ
전+명cdual.×1cs.	Qal.pf.3ms.	전+관대	Qal.w−Impf.1cs.+3fs.

그래서 내가 그것을 **나의 마음에 든 사람에게** 줄 것이다. (여격 사용)

2. 관계 부사 אֲשֶׁר

אֲשֶׁר는 관계대명사의 기능 뿐만 아니라, 관계 부사("어디", "어디에", "어디로"/ "무엇 때문에", "어째서", "그 까닭에"/ "무슨 의도(목적)로", "무엇 때문에" 등)로도 번역한다.

【창 31:13】

מַצֵּבָה	שָּׁם	מָשַׁחְתָּ	אֲשֶׁר	בֵּית־אֵל
명fs.	부사	Qal.pf.2ms.	관계부사	고명

너가 거기에서 돌기둥에 기름을 바른 곳, 벧엘

* 여기에서 אֲשֶׁר가 관계 부사로 번역할 수 있는 것은 이 문장에 שָׁם(거기에)인 부사가 있기 때문이다.

3. 그 외에 특별한 אֲשֶׁר의 기능들

①포로 후기 아람어와 병합해서 אֲשֶׁר 대신에 ־שַׁ/־שֶׁ를 사용한다.

【스 8:20】

דָּוִיד	שֶׁנָּתַן	־הַנְּתִינִים	וּמִן
고명	관접+Qal.pf.3ms.(נתן+ ·שַׁ)	관+명mpl.	접+전

다윗이 섬기라고 준 성전 일꾼들로부터

②때때로 אֲשֶׁר는 생략된 채로 관계대명사와 같이 번역한다.

【신 32:17】

יְדָעוּם	לֹא	אֱלֹהִים
Qal.pf.3mpl.	부정어	명mpl.

그들이 그것을 알지 못하는 신들

③관계접속사 אֲשֶׁר는 빈번하게 전치사와 결합한다.

접두전치사들(כְּ/לְ/בְּ/מִן)과 결합할 때, 접두전치사의 의미가 중요하다.

【창 18:5b】

וַיֹּאמְרוּ כֵּן תַּעֲשֶׂה כַּאֲשֶׁר דִּבַּרְתָּ

Pi.pf.2ms. / 전+관계접속사 / Qal.Impf.2ms. / 불변화사 주문장 / Qal.w-Impf.3mpl.

당신이 말한 것과 같이 그렇게 당신은 행하소서.

* 여기에서 전치사 כְּ는 비교의 의미(~처럼)인 "당신이 말한 것과 같이"로 번역할 수 있다.

④אֲשֶׁר가 단독으로 사용될 때 거의 90%는 관계대명사로서 번역된다.

그러나 문맥상으로 관계대명사가 맞지 않을 때 거의 접속사로서 번역된다.

【왕상 3:19】

וַיָּמָת בֶּן־הָאִשָּׁה הַזֹּאת לָיְלָה אֲשֶׁר שָׁכְבָה עָלָיו

전×3ms. / Qal.pf.3fs. / 관계접속사(근거) / 명ms. / 관+지대/fs. / 관+명fs./명ms.cstr. / Qal.w-Impf.3ms.

그 다음에 이 여자의 아들이 밤에 죽었다.

왜냐하면 그녀가 그 아들 위에 누웠기 때문이다.

【왕상 3:12bα -12b】

הִנֵּה נָתַתִּי לְךָ לֵב חָכָם וְנָבוֹן אֲשֶׁר כָּמוֹךָ לֹא־הָיָה לְפָנֶיךָ…

전+명cpl.cstr.×2ms. / 부정사+Qal.pf.3ms. / 관계접속사(결과) / 접+Ni.pt.ms. / 형ms. / 명ms. / 전×2ms. / Qal.pf.1cs. / 불변화사

보라! 나는 너에게 지혜와 명철의 마음을 주겠다.

그 결과로 너와 같은 자는 네 앞에 없을 것이며…

제 46과

의문대명사

〈מִי "누가" / מָה "무엇"〉

1. 문장의 다양한 격(格)들

의문대명사는 주어나 다른 요소들과 결합하여 다양한 격(格)으로 사용한다.

1. 주격

【창 27:18】 אַתָּה מִי

인칭대명사 의문대(주격 번역)

너는 누구인가?

【민 24:23】 יִחְיֶה מִי

Qal.Impf.3ms. 의문대(주격 번역)

누가 생명을 유지할 수 있는가?

2. 소유격

【창 24:23】 אַתְּ בַּת־מִי

인대/2fs. 의문대(소유격)/명fs.cstr.

너는 누구의 딸인가?

【삼상 12:3】 אֶת־שׁוֹר מִי לָקַחְתִּי

Qal.pf.1cs. 의문대(소유격) 목적어/명cs.cstr.

내가 누구의 양을 취했는가?

3. 여격

【삼하 16:19】 לְמִי אֲנִי אֶעֱבֹד

Qal.Impf.1cs. 인대/1cs. 전+의대

내가 누구에게 봉사해야 하는가?

【출 32:24】 לְמִי זָהָב

명ms. 전+의대

누가 황금을 가졌는가?(누구에게 황금이 있는가?)

* 명사문장인 출 32:24에서 전치사 לְ는 be-동사로 사용되어 동사문장처럼 번역하는 것이 아니라 have-동사로 번역한다.

4. 목적격

【삼상 12:3】	עָשַׁקְתִּי	מִי	אֶת־
	Qal.pf.1cs.	의대	접+목적격

내가 **누구**를 압제 하였는가?

2. 전치사와 결합에서

【왕상 20:14】	בְּמִי	누구를 통하여?
【사 36:5】	עַל־מִי	누구에게?
【창 15:8】	בַּמָּה	어떻게/ 어디에?
【시 4:3】	עַד־מֶה	언제까지/ 얼마나 오래

3. 그 외에 특별한 용법들

1. 소원 문장에서 מִי(누구?)를 통한 수사학적 의문문의 사용【예: 삼하 15:4】

… שֹׁפֵט	יְשִׂמֵנִי	מִי־
Qal.pt.ms.	Qal.Impf.3ms.×1cs.	의대

누가 나를 사사로서 만들 것인가?

2. מָה(무엇?)의 다양한 번역

①어떻게? **【예: 창 44:16】**

נִּצְטַדָּק	וּמַה־	נְּדַבֵּר	מַה־ ...	יְהוּדָה	וַיֹּאמֶר
Hith.Impf.1cpl.	접+의대(어떻게?)	Pi.Impf.1cpl.	의대(무슨?)	고명(S)	Qal.w−Impf.3ms.

그리고 유다가 말했다:
… 우리가 무슨 말을 할까요? 어떻게 우리가 정당한 것을 보일까요?

②왜? **【예: 출 14:15】**

אֵלָי	תִּשְׁעַק	מַה	מֹשֶׁה	יְהוָה־	וַיֹּאמֶר
전×1cs.	Qal.Impf.2ms.	의대	고명	고명(S)	Qal.w−Impf.3ms.

야훼가 모세에게 말했다: 왜 너는 나에게 울부짖는가?

③"어떻게? 또는 얼마나?" (감탄문의 번역) **【예: 시 8:2】**

… שִׁמְךָ	אַדִּיר	מָה־	אֲדֹנֵינוּ	יְהוָה
명ms.cstr.×2ms.	형ms.	의대	명mpl.cstr.×1cpl.(S와 동격)	고명(S)

야훼, 나의 주여! 얼마나 당신의 이름이 아름다운지요!

제 47과

동사의 시제 번역

히브리어 동사 시제에서 가장 중요한 점은 과거 시간(Vorzeitigheit)의 관련성에 따라서 과거 혹은 과거완료의 해석을 문맥에서 파악해야 한다는 것이다. 바브접속법이 아닌 부문장 속의 완료는 대부분 과거완료 시제로 번역한다.

【창 1:31】

עָשָׂה	אֶת־כָּל־אֲשֶׁר	אֱלֹהִים	וַיַּרְא
Qal.pf.3ms.	목+명ms.cstr.+관접	고명(S)	Qal.w−Impf.3ms.

그리고 하나님이 그가 [행하였던] 모든 것을 보셨다.

* **עָשָׂה**는 여기서 완료 형태지만 주문장의 행위(과거)보다 한 단계 뒤에서 일어난 행위이기 때문에 과거완료로 표현된다.

1. 완료의 번역

①완료는 과거시제로, 문맥에 따라서 "과거완료"로 번역한다.

כָּתַב 그가 기록했다/그가 기록했었다.

②감각동사와 관계동사의 완료는 "현재시제"로 번역한다.

【창 4:9】 וַיֹּאמֶר לֹא יָדַעְתִּי

יָדַעְתִּי	לֹא	וַיֹּאמֶר
Qal.pf.1cs.(감각동사)	부정어	Qal.w-Impf.3ms.

그가 말했다: 나는 알지 못합니다.

【창 37:3】

מִכָּל־בָּנָיו	אֶת־יוֹסֵף	אָהַב	וְיִשְׂרָאֵל
전+명ms.cstr./명mpl.×3ms. 전치사구(비교)	고명/목적어	Qal.pf.3ms.	접+고명

그리고 이스라엘은 그의 모든 아들들 보다 더 요셉을 사랑한다.

* 이스라엘이 요셉을 사랑한 것을 그만 둔 것이 아니라, 현재까지 그 사랑이 지속되는 관련성에서 현재 번역을 한다.

③상태동사의 완료는 대개 "현재시제"로 번역한다. 전형적인 방법으로는 형용사 혹은 be-동사를 통하여 번역한다.

【창 18:13】

זָקַנְתִּי	וַאֲנִי
Qal.pf.1cs.	접+인대/1cs.

그리고 나는 늙었다.

④시편 문장과 잠언 본문에서 완료는 현재시제로서 "반복"과 "지속"의 의미를 가진다.

【시 1:1】	רְשָׁעִים	בַּעֲצַת	הָלַךְ	לֹא
	독립형용사/mpl.	전+명fs.	Qal.pf.3ms.	부정어

그는 죄인들의 길을 따라가지 않는다.

⑤아직 이루지지 않았음에도 불구하고 현재에 이루어진 것으로 간주할 때, 완료를 "현재" 또는 "가까운 미래"로서 번역한다(선취적 관점: perfectum propheticum).

【사 9:1】	גָּדוֹל	אוֹר	רָאוּ
	형ms.	명cs.	Qal.pf.3mpl.

그들은 거대한 빛을 볼 것이다.

2. 미완료의 번역

미완료는 아직 행위가 끝나지 않은 지속적 · 습관적 · 반복적 행위를 묘사한다. 즉 미완료는 현재 또는 가까운 미래로 번역, 화법조동사로 번역, 그리고 과거와 관련된 불변화사(אָז "그 당시에" 혹은 טֶרֶם/בְּטֶרֶם "이미/사전에")와 함께 번역한다.

①미완료는 "현재" 또는 "가까운 미래"시제로 번역한다.

יִכְתֹּב	그는 기록한다 / 그는 기록할 것이다.

②미완료는 습관적으로 지속되거나 반복되는 행위인 "동작의 계속"(지속)을 나타낸다.

אֶכְתֹּב	나는 습관적으로 기록한다.(현재) 나는 그 때에 기록했다.(과거)

【욥 1:5】

כָּל־הַיָּמִים	אִיּוֹב	יַעֲשֶׂה	כָּכָה
명ms.cstr.	고명	Qal.Impf.3ms.(지속성)	시간부사(과거표현)

욥은 그와 같이[62] 모든 일을 행하였다.

【창 32:33a】

הַזֶּה	הַיּוֹם	עַד	··· הַנָּשֶׁה	אֶת־גִּיד	לֹא־יֹאכְלוּ
관+지대	관+명ms.	전치사	관+명ms.	명ms.cstr.	부정어/Q al.Impf.3mpl.

시간 전치사구(현재표현)

그들은 오늘날까지 환도뼈의 힘줄을 먹지 않는다.

③단독미완료가 (바브접속법이나 Jussive 형태가 아닐 때)가 사람의 감정을 나타낼 때 조동사와 같이 번역한다.

【신 10:20】

אֶת־יְהוָה אֱלֹהֶיךָ תִּירָא אֹתוֹ תַעֲבֹד

Qal.Impf.2ms. 목적어×3ms. Qal.Impf.2ms. 명mpl×2ms. 목적어+고명
(당연성)

너는 너의 하나님을 **마땅히** 경외해야 하며, 그를 **마땅히** 섬겨야만 한다.

④과거를 제시하는 불변화사와 같이 미완료가 사용되는 경우, 대부분 과거로 번역한다.

אָז(그 당시에) 또는 בְּטֶרֶם / טֶרֶם(이미/전에)

【왕상 11:7】 אָז יִבְנֶה שְׁלֹמֹה בָּמָה

명fs. 고명 Qal.Impf.3ms. 과거불변화사

그 당시에 솔로몬이 성전을 **건축했다.**

제 48과

바브접속법 시제의 번역

바브 접속법(·וַ)이 미완료에 첨가될 때, 그 동사의 지속적 행위를 단절시키고 연속되는 행위로 이어진다. 따라서 바브미완료는 과거시제로 해석한다. 그러나 바브 접속법이 완료에 첨가될 때, 앞의 행위에 대한 논리적인 연결 동작을 제시하며, 또한 앞으로 일어날 행위에 대한 연결을 제시한다. 따라서 바브완료는 미완료의 시제로 해석한다.

1. 바브 미완료 접속법

어떤 행위가 끝나지 않은 상태를 미완료로 표현한다. 미완료에 바브 접속법이 결합되면 지속적인 미완료의 표현이 종결되고 연속적인 행위로 이어진다. 그 때문에 바브 미완료 접속법은 무조건 과거로 번역한다.

【삼상 3:6】

אֶל־עֵלִי	וַיֵּלֶךְ	שְׁמוּאֵל	וַיָּקָם
전-고명	Qal.w-Impf.3ms.	고명	Qal.w-Impf.3ms.

사무엘이 일어났다. 그 다음에 그는 엘리에게 갔다.

동사의 미완료(יָקָם)는 지속성을 나타낸다. 그래서 사무엘은 계속 일어나 있다. 그런데 어간에 바브 접속법이 붙어서 행위를 끝내게 한다. 따라서 번역은 "사무엘이 일어났다."(과거)로 번역될 수 있다.

2. 바브 완료 접속법

바브 완료 접속법은 여러 가지 해석이 가능하다.

1. 미래의 관련성【예: 삼상 3:11】

• 3:11a

עֲלֵיכֶם	יִמְלֹךְ	אֲשֶׁר	הַמֶּלֶךְ	מִשְׁפַּט	יִהְיֶה	זֶה	וַיֹּאמֶר
전×2mpl.	Qal.Impf.3ms.	관접	관+명ms.	명ms.	Qal.Impf.3ms.	지대/ms.	Qal.w-Impf.3ms.

그리고 그가 말했다 "이것이 너희들을 위하여 다스릴 왕의 법규가 될 것이다."

• 3:11bα

אֶת־בְּנֵיכֶם יִקָּח וְשָׂם לוֹ בְּמֶרְכַּבְתּוֹ וּבְפָרָשָׁיו

접+전+명mpl.×3ms. 전+명fs.×3ms. 전×3ms. Qal.w−pf.3ms. Qal.Impf.3ms. 목적어+명mpl.×2mpl.

그는 너희들의 자녀를 취하여, 그래서 (또는 그 결과로:w−pf**)**
그는 자신을 위하여 그의 병거대와 그의 기마대로 사용할 것이다.

• 3:11bβ

וְרָצוּ לִפְנֵי מֶרְכַּבְתּוֹ

명fs×3ms. 전+명cpl.cstr. Qal.w−pf.3mpl.
전치사구

또한(또는 계속해서) 그들이 그의 병거대 앞에 설 것이다.

2. 과거 지속성

【창 2:6】

וְאֵד יַעֲלֶה מִן־הָאָרֶץ וְהִשְׁקָה אֶת־ כָּל־ פְּנֵי־ הָאֲדָמָה

관+명fs. 명mpl.cstr. 명ms.cstr. 목적어 Hi.w−pf.3ms. 전+관+명fs. Qal.Impf.3ms. 접+명ms.
전치사구 (지속성)

그리고 안개가 그 땅위에서 올라오고 있었다.
그래서(그 결과로) **그것이 그 땅의 온 지면을 적시었다.**

3. 조동사적 표현 【예: 창 24:4】

• 24:4a

תֵּלֵךְ	וְאֶל־מוֹלַדְתִּי	אֶל־אַרְצִי
Qal.Impf.2ms.	접+전+명fs.×1cs.	전+명fs.×1cs.
조동사로 표현		전치사구

너는 나의 고향으로 그리고 나의 친척에게 가야만 한다.

• 24:4b

לְיִצְחָק	לִבְנִי	אִשָּׁה	וְלָקַחְתָּ
전치사+고명	전+명ms.×1cs.	명fs.	Qal.w−pf.2ms.
(동격의) 전치사구			

그래서 너는 나의 아들인 이삭을 위하여 신부를 구해와야만 한다.

* 4a에서 동사 미완료(תֵּלֵךְ)는 고향과 친척이 거기에만 있기에 무조건적 화법을 사용하며, 그 연결되는 바브 완료는 4a의 미완료를 따라간다.

4. 명령형과 바브 완료

【삼하 7:5】

אֶל־עַבְדִּי	וְאָמַרְתָּ	לֵךְ
전치사/명ms.×1cs.	Qal.w−pf.2ms.	Qal.Imp.ms.
전치사구		

가라! 그리고 나의 종에게 (너는) 말하라!

* 앞의 동사가 명령형인 경우, 뒤따르는 바브완료가 2인칭인 경우에 바브 완료는 명령으로 번역한다.

제 49과

분사와 부정사의 번역

1. (서술어로서) 분사[63)]

분사는 현 시점의 동작의 계속(지속성/진행)을 나타내는 것으로 번역한다. 이같이 서술어로 사용되는 분사는 명사문장에서 자주 사용된다.

【창 37:16】 –현재

מְבַקֵּשׁ	אָנֹכִי	אֶת־אַחַי
Piel.pt.ms.(서술어)	인대/1cs.	목적어+명mpl.×1cs.

나는 나의 형제를 요구한다.

【창 37:25】 –과거

מִגִּלְעָד	בָּאָה	יִשְׁמְעֵאלִים	אֹרְחַת	וְהִנֵּה
전+고명(전치사구)	Qal.pt.fs.(서술어)	고명	명fs.cstr.	접+불변화사

그리고 거기에 이스마엘인들의 상인들이 길르앗으로부터 왔다.

【출 4:23】 הִנֵּה אָנֹכִי הֹרֵג אֶת־בִּנְךָ

목적어/명ms.×2ms. Piel.pt.ms.(서술어) 인대/1cs. 상황어

보라! 내가 너의 아들을 죽일 것이다.

* 다음에 나오는 요소는 번역에 도움을 줄 것이다.

①분사가 הָיָה(완료)와 결합하면 과거시제로 이때에 분사는 문장의 서술어(동사/보어: 명사)로 번역한다.

【출 3:1】

וּמֹשֶׁה הָיָה רֹעֶה אֶת־צֹאן יִתְרוֹ

고명 목적어/명cs.cstr. Qal.pt.ms. Qal.pf.3ms. 접+고명

그리고 모세는 이드로의 양을 쳤다.(동사문장)

[그리고 모세는 이드로의 양을 치는 자(pt.**) 였다.(명사문장)]**

② 분사는 빈번하게(무엇보다도 서술어로서) 능력(can, können), 허가(may, dürfen), 강제(must, müssen)의 뉘앙스가 내포된 번역을 할 수 있다.

a. 능력(can, können)은 능동분사에서 나타난다.

【왕상 12:21】 בָּחוּר עֹשֵׂה מִלְחָמָה

명fs. Qal.pt.ms.(능동분사) Qal.pt.ms.(수동분사)

전쟁을 수행하도록 선택된 자

b. 허가(may, dürfen)는 니팔–분사에서 나타난다.

【레 11:47b】

וּבֵין הַחַיָּה הַנֶּאֱכֶלֶת וּבֵין הַחַיָּה אֲשֶׁר לֹא תֵאָכֵל

Ni.Imp.3fs. 부정사 관접 관+명fs. 접+전 관+Ni.pt.ms.(허가) 관+명fs 접+전

그 먹을 수 있는(Ni.pt.) 동물과 먹을 수 없는(Ni.Impf.) 동물 사이에…

c. 강요/강제(must, müssen)는 수동분사의 경우에 나타난다.(Qal, Niphal, pual)

【시 111:2】 דְּרוּשִׁים לְכָל־חֶפְצֵיהֶם

전+명ms.cstr./형mpl.×3mpl.(전치사구) Qal.pt.mpl.(수동)

그들이 기뻐하는 모든 것을 연구할 가치가 있어야만 하는 …

【시 89:8a】 אֵל נַעֲרָץ בְּסוֹד־קְדֹשִׁים

전+명ms.cstr./형mpl.(전치사구) Ni.pf.pt.ms. 명ms.

하나님! 거룩한 자의 모임에서 경외되어야만 하는 자!

2. 부정사

1. 부정사 연계형의 번역

부정사 연계형은 접두전치사들(בְּ/לְ/כְּ 또는 מִן)과 결합하여 번역된다.

①부정사 연계형과 בְּ의 결합은 그 문장을 거의 시간문으로 번역한다.

【시 51:2a】

הַנָּבִיא	נָתָן	אֵלָיו-	בְּבוֹא
관+명ms.(동격)	고명	전×3ms.	전+Qal.Inf.cs.

예언자 나단이 그에게 나왔을 때,

【왕하 4:10】

אֵלֵינוּ	בְּבֹאוֹ	וְהָיָה
전×1cpl.	전+Qal.Inf.cs.+3ms.	Qal.w−pf.3ms.

그리고 그가[64) 우리에게 왔을 때, (그 다음에)

②부정사 연계형과 כְּ의 결합은 시간문이나 비교문을 형성한다.

시간문의 부문장일 때(거의 הָיָה 동사와 결합한다.)

【창 12:14】

מִצְרָיְמָה	אַבְרָם	כְּבוֹא	וַיְהִי
고명+HoLoc	고명	전+Qal.Inf.cs.	Qal.w−Impf.3ms.

그리고 아브람이 애굽에 왔을 때,

그러나 הָיָה동사와 결합하지 않는 경우 거의 비교문장(~처럼, ~같이) 번역한다.(창 33:10)

【창 33:10】

עַל־כֵּן רָאִיתִי פָנֶיךָ כִּרְאֹת פְּנֵי אֱלֹהִים

고명 명dual.pl.crst. 명dual.pl.crst.×2ms. 접속사

전+Qal.Inf.cstr. Qal.Pf.1cs.

그러므로 하나님의 얼굴을 보는 것과 같이 내가 당신으이 얼굴을 본다

【왕하 10:2】

וְעַתָּה כְּבוֹא הַסֵּפֶר הַזֶּה אֲלֵיכֶם

전+2ms 관+지대/ms. 관+명ms. 전+Qal.Inf.cs. 접+시간부사

그리고 이제 이 책이 너에게 전달한 것과 같이

③부정사 연계형과 לְ의 결합의 경우, 거의 목적절(~을 위하여)로서 번역된다. 그 외에는 결과 문장(그래서, 그 결과)으로도 번역된다.

- **목적 문장**

【창 3:24】

לִשְׁמֹר אֶת־דֶּרֶךְ עֵץ הַחַיִּים

관+명.mpl.abs. 명ms.cstr. 목적어/명cs.cstr. 전+Qal.Inf.cstr.

생명의 나무로 가는 길을 지키게 하기 위하여

• **결과 문장 ["동시에" 의미]**

【창 18:19】

צְדָקָה	לַעֲשׂוֹת	יְהוָה	דֶּרֶךְ	וְשָׁמְרוּ
명fs.	전+Qal.Inf.cs.	고명	명cs.cstr.	Qal.w-pf.3mpl.

그래서 그들이 야훼의 길을 지키며, 그 결과로 (동시에) 의를 행하기를…

④특별한 관용 표현을 주목하라.

Inf.cstr. + לְ +הָיָה "막 무엇을 하려 하다" / "~하도록 강요하다."

【창 15:12】

לָבוֹא	הַשֶּׁמֶשׁ	וַיְהִי
전+Qal.Inf.cstr.	관+명cs.	Qal.w-Impf.3ms.

그 태양이 막 떨어지려 할 때에

【수 2:5】

בַּחֹשֶׁךְ	לִסְגּוֹר	הַשַּׁעַר	וַיְהִי
전+관+명ms.	전+Qal.Inf.cstr.	관+명ms.	Qal.w-Impf.3ms.

어두워 졌을 때, 그 문이 닫혀지도록 강요 받았다.
(= 어두워 졌을 때, 그 문은 닫혀져야 한다.)

Inf.cstr. + לְ + עַל(전치사구) 책임 또는 의미의 관점에서 번역

【스 10:12】

לַעֲשׂוֹת	עָלֵינוּ	כִּדְבָרְךָ	כֵּן
전+Qal.Inf.cstr.	전+1cpl.	전+명+2ms.	부사

그렇게 당신이 말한 것과 같이 우리가(עָלֵינוּ) 행할 것이다.(לַעֲשׂוֹת:must)

Inf.cstr. + לְ + אֵין 허가할 수 없는(not may/ nicht dürfen)

【에 4:2】

אֶל־שַׁעַר	לָבוֹא	אֵין
전+명ms.cstr.	전+Qal.Inf.cstr.	불변화사

성문으로 들어갈 수 없다.(허가할 수 없다.)

בִּלְתִּי(~않는, ~아니한) 또는 לְבִלְתִּי(~하지 않는, ~ 하면 안 되는)가 Inf. cstr.과 같이 사용되면 그 부정사 연계형은 부정된다.

【왕하 17:15】

כָּהֶם	עֲשׂוֹת	לְבִלְתִּי	אֹתָם	יְהוָה	צִוָּה
전+3mpl.	Qal.Inf.cstr.	부정어	목×3mpl.	고명	Pi.pf.3ms.

야훼가 그들과 같이 행하지 말라고 그들에게 명하였다.

② 부정사 절대형(Inf.abs.)의 번역

a. 동사의 어근과 동일한 부정사 절대형은 번역하지 않는다(figua etimologica). 이는 동사의 강조를 위한 것이기 때문에 부사를 사용하여 번역한다.

【신 6:17】 שָׁמוֹר תִּשְׁמְרוּן אֶת־מִצְוֺת יְהוָה

고명 목적어/명fpl.cstr. Qal.Impf.2mpl. Qal.Inf.abs.

너희는 확실하게 야훼의 명령을 지켜야 한다.

【사 6:9b】

שִׁמְעוּ שָׁמוֹעַ וְאַל־תָּבִינוּ וּרְאוּ רָאוֹ וְאַל־תֵּדָעוּ

접+부정어 Qal.Inf.abs. 접+부정어/Qal.Imp.2mpl.(Juss.) Qal.Imp.3mpl.

접+Qal.Imp.3mpl. Qal.Inf.abs.

확실하게 들어라! 그러나 너희들은 깨닫지 못할 것이다!

명백하게 보아라! 그러나 너희들은 알지 못할 것이다!

b. 동사의 어근과 동일한 부정사 절대형은 계속적인 행위(영어의 ~ing)를 제시한다.

【삿 14:9】

וַיִּרְדֵּהוּ אֶל־כַּפָּיו וַיֵּלֶךְ הָלוֹךְ וְאָכֹל

Qal.Inf.abs. Qal.Inf.abs. w-Impf.3ms. 전+명f.dual×3ms Qal.w-Impf.3ms.×3ms

전치사구

그리고 그가 그것을 그의 손바닥으로 벗겼다. 그리고 그가 가면서 먹었다.

c. 부정사 절대형은 지속적인 상황을 묘사하는 동사로 번역한다.

【신 6:17】

אֶת־כָּל־זֶה רָאִיתִי וְנָתוֹן אֶת־לִבִּי לְכָל־מַעֲשֶׂה

전+명ms.cstr./명ms.abs. 접+Qal.Inf.abs. 목적격/명ms.cstr./지대ms.
목적격/명ms.×1cs. Qal.pf.1cs.

내가 이 모든 것을 보았다. 그리고 나는 나의 깨달음을 모든 일에 맡겼다.

d. 부정사 절대형은 앞의 문장이 명령형일 때, 명령형으로 번역할 수 있다.

【신 27:1】

וַיְצַו מֹשֶׁה …אֶת־הָעָם לֵאמֹר שָׁמֹר אֶת־כָּל־הַמִּצְוָה

목적격/명ms.cstr./관+명fs. 전+Qal.Inf.cs. 고명
Qal.Inf.abs. 목적격/관+명ms. Pi.w−Impf.3ms.

그리고 모세가 그의 백성에게 다음과 같이 선포했다. "그 모든 명령을 지켜라!"

제 50과

화법의 번역

1. Chohortative(1인칭 단수/복수)

chohortative는 첫째, 미완료 1인칭 동사가 소원 · 열망 그리고 요구를 하는 경우와 둘째, 미완료 1인칭(단수/복수) 마지막에 ה ָ 가 결합한 경우이다.

【창 45:28】

אָמוּת	בְּטֶרֶם	וְאֶרְאֶנּוּ	אֵלְכָה
Qal.Impf.1cs.	전+(시간)부사	접+Qal.Impf.1cs.×3ms.	Qal.Impf.1cs.+ ה ָ

내가 가길 원한다. 그래서 내가 죽기 전에 그를 보기를 원한다.

첫 번째 동사(הלךְ)는 미완료 1인칭 단수와 ה ָ 가 결합하여 소원을 의미하는 Chohortative이며, 두 번째 동사(ראה)는 조동사를 사용해야 하는 미완료이기에, 여기에서도 역시 소원을 의미하는 Chohortative로서 간주한다. 그러나 마지막 동사(מוּת)는 단순미완료시제이다.

* 참고: 단어 맨 마지막에 붙는 ה ָ 의 구분

1. 동사 3인칭 여성: כָּתְבָה
2. 명사 여성단수 : צְדָקָה
3. 방향의 ה : אַרְצָה
4. 명령형 어미
5. Chohortative : ה ָ +미완료+ א /נ

2. 명령형과 부정어

히브리어에서 부정 명령형은 2인칭 미완료와 부정어(-אַל/ לֹא not/nicht)를 사용한다.

【창 15:1】

הָיָה דְבַר־יְהוָה … לֵאמֹר אַל־תִּירָא אַבְרָם

고명 / 전+Qal.Inf.cstr. / Qal.pf.3ms.

부정어/Qal.Impf.2ms. / 명ms.cstr./고명(S)

야훼의 말이 다음과 같이 나타났다: 두려워 말라! 아브라함아!

3. Jussive

미완료 3인칭으로 형성된 Jussive는 "A(사람)로 하여금 B(사물)를 하게 하라"는 2인칭에 대한 간접명령(let / lassen)을 담고 있다.

【창 1:21】	בָּאָרֶץ	יִרֶב	וְהָעוֹף
	전+관+명fs.	Qal.Impf.3ms.(Juss.)	접+관+명ms.(S)

그리고 그 새는 땅에서 번성하라!

4. 화법 동사와 נָא־

화법형태의 동사들은 빈번하게 불변화사인 **נָא־**와 결합하여 화자가 상대방에게 무엇을 부탁하거나 청하는 기능을 한다.

【창 18:3】	עַבְדֶּךָ	מֵעַל	תַעֲבֹר	אַל־נָא
	명ms.×2ms.	전+전	Qal.Impf.2ms.(Juss.)	부정어+불변화사

당신은 당신의 종의 곁을 지나가시지 말길 원합니다.

【창 12:13】	אָתְּ	אֲחֹתִי	אִמְרִי־נָא
	인대/2fs.	명fs.×1cs.	Qal.Imp.fs./불변화사

제발 말해다오! 당신이 나의 누이라는 것을.

*여기에서 명령형은 Jussive로서 청유형을 가리킨다.

제 51과

불변화사들에 대한 번역

1. יֵשׁ "~이 있다." [be-동사를 품은 불변화사]

소유접미사와 함께 할 때, 소유접미사가 그 문장의 주어가 된다.

- יֶשְׁךָ (불변화사×2ms.) "네가 ~이 있다."

2. אֵין "~이 아니다"[be-동사를 품은 불변화사]

소유접미어와 함께 할 때, 소유접미어가 그 문장의 주어다.

- אֵינְךָ (불변화사+ 2ms.) "너는 ~이 아니다."

3. עוֹד "아직, 여전히/~아직 여전하다."

소유접미어가 함께 할 때, 소유접미어가 주어로서 가능하다.

- עוֹדֶנִּי (불변화사+ 1cs.) "나는 여전히 그러하다."

4. אַיֵּה "어디에?"

소유접미어와 함께 할 때, 소유접미어가 그 문장의 주어다.

- אַיֶּכָּה (불변화사×2fs) "너는 어디에 있는가?"

5. הִנֵּה "보라" 이 단어는 상황어이다.

일어나는 상황에 따라서 다양한 뜻을 가진다. 이 단어가 소유접미어를 가질 때, 소유접미어가 주어다.

- הִנֵּנִי(불변화사×1cs.) "여기에 내가 있다."
- בַּבַּיִת(전+명ms.) הִנְנִי(불변화사×1cs.) "나는 여기에/ 현재 집안에 있다."
- עֹלֶה(Qal.pt.ms.) הִנְנִי(불변화사+1cs.) "나는 여기에서/거기로 올라간다."

  └→ 동사로서 사용 └→ 접미어는 주어로서 사용

참고 문헌

Davidson, A. B. 이영근 역. 『히브리어 문법 해답 및 해설』. 서울: 크리스챤다이제스트, 1994

Davidson, A. B. 이영근 역. 『히브리어 문법』. 서울: 크리스챤다이제스트, 1994

Gogel,S.L. A Grammar of epigraphic Hebrew 1998 Atlomta.

Kantwch. E, 신윤수 역. 『게제니우스 히브리어문법』. 서울: 비블리카 아카데미아, 2003

Kelley, Page H. 류근상, 허미순 역.『성경 히브리어』. 서울: 크리스챤출판사, 1998

Neef, Heinz-Dieter, Arbeitsbuch Hebraisch, 2012, Mohr Siebeck Tubingen

Schneide, W. Grammatik des biblischen Hebräisch, 1989, München

Stähli,H.-P. Hebräisch-Kurzgrammatik 1994

Weingreen, J. 류근상 역.『히브리어 문법』. 서울: 크리스챤출판사, 2000

Zimmerl. W. Zur strnktur der altt. Weisheit, ZAW51. 1933, 181-188

권성달. 『구약성서 히브리어』. 서울: 총신대학교 성지 언어 연구소, 32014

김창대.『25일 완성 히브리어산책』. 서울: 브니엘, 2008

김영진.『성서 히브리어』. 광주: 올람하타낙, 2001

방석종.『히브리어 문법』. 서울: 대한기독교서회. 2000

이용호.『PPT 와 함께하는 히브리어 구문론』. 서울: 프리칭아카데미, 2007

1) 밀라(מִלְרַע: 마지막 음절)라는 용어는 한 단어의 강세가 마지막 음절, 즉 종음절에 있다는 것을 의미한다. 반면에 밀렐(מִלְעֵל: 마지막 전음절)은 한 단어의 강세가 종음절 앞에 있다는 것을 지칭하는 용어이다.

밀라(מִלְרַע)	שָׁמַר דָּבָר
밀렐(מִלְעֵל)	קָטַלְתָּ אֶרֶץ

2) 이것은 G-K, §29i에서 "종지형"으로 번역되었다. 그러나 일반적인 한국어 책들에서 휴지형으로 번역하였기에 그 기준에 따랐다.
3) 예외로 동사의 히필(Hiphil)형과 약동사에서 변화되는 경우가 있다.
4) 페(פ)-요드(י)와 페(פ)-바브(ו)동사는 약동사를 참고하라 .
5) 히브리어 현재의 형태에 있어서 히렉(ִ◌[i]) -본래 히렉이든 또는 파다(ַ◌[a])의 위축 현상이든- 어떤 단어의 첫 음절이 후음의 앞이나 뒤에 오게 될 때, "a"와 "i" 중간에 있는 음인 세골(ֶ◌[e])로 변화하는 경우가 종종 있다(G-K, §22i, cf §27p).
6) 후음 ח/ה/ע이 강세가 있는 폐음절에서 단순쉐바를 취할 경우에는 단순쉐바가 유지된다. 즉, א을 제외한 다른 후음들은 단어 중간에 강세 있는 음절에선 단순쉐바를 취할 수 있다.
7) 동작동사 형태 중 피엘, 푸알, 히트파엘은 세 개의 자음 중에서 두 번째 자음에 중강점이 있는 경우이다.
8) G-K §23 a.
9) 연계형(מְאַת), 복수(מֵאוֹת)
10) 쌍수(מָאתַיִם)
11) 우리말 번역에 있어서 "불확실한 동사"라는 번역은 모호하기 때문

에 라틴어를 차용한다.

12) 명령형은 "Imp."로 축약한다.

13) 수동형은 Pual, Hophal형태이다.

14) 더 자세하게는 이 책의 '제49과. 분사와 부정사의 번역'을 참조하라.

15) 대다수의 많은 사람들이 이 용어를 "부정사 절대형"으로 사용하기 때문에 이 용어를 택하며, 그 약자는 "Inf.abs."로서 사용한다.

16) 부정사 연계형이라는 용어는 Infinitivum constructus에서 온 것이다. "부정사의 구조"라고 번역할 수 있다. 많은 학자들이 서로 다르게 번역하고 있지만(구문형 부정사, 구조 부정사 등등) 대다수의 많은 사람들이 이 용어를 "부정사 연계형"으로 사용하기 때문에 이 용어를 택하며, 그 약자는 "Inf.cstr."로서 사용한다.

17) 더 자세하게는 이 책 'IV. 해석 이론을 돕는 구문들'과 '제7과'를 참조하라.

18) 김선기, 페트라 히브리어, 성경원어연구원, 2003, 118.

19) 이 동사는 פעל의 어근에 들어가지 않으며, 둘째 어근과 셋째 어근의 자음이 동일하게 나타난다.(예: סבב)

20) 가운데 순장모음이 들어가는 동사는 "히브리어 기본자음 수가 3개이다."라는 규칙을 파괴하고 있는 것 같지만, 그러나 엄격하게 말하면 가운데 순장모음이 자음과 모음이 결합된 것이기 때문에 기본자음 수 3개라는 법칙을 깨고 있는 것은 아니다.

21) 악센트 변화에 따른 어미변화는 배재민, 히브리어 연구, 총신대학출판부, 1987, 42-50에 잘 정리되어 있다.

22) 복수어미가 첨가되면, 강세이동으로 인해 개음절의 모음변화가 발

생한다(강세 앞은 장모음, 그 이전 음절은 단순쉐바). 강세 앞 음절은 폐음절로 변화되지 않으며, 첫 음절의 모음은 쉐바가 된다. 후음은 단순쉐바를 취할 수 없기 때문에 복합쉐바로 바뀐다.

23) 히브리어 현재의 형태에 있어서 히렉(ִ) -본래 히렉이든 또는 파다(ַ)의 위축 현상이든- 어떤 단어의 첫 음절이 후음의 앞이나, 뒤에 오게 될 때, "a"와 "i" 중간에 있는 음인 "i"는 세골 (ֶ)로 변화하는 경우가 종종 있다.(G-K, §22i, cf §27p)

24) G-K §68a. 음운 쇠퇴(phonetic decay)

25) 5개의 동사 중에서 אָפָה나 אָבָה 동사는 마지막이 ה로 끝나는 이중 약동사이다. 아마도 이것은 라메드(ל)-후음에서 다루어질 것이다. 그 외에 "אָחַז(붙잡다)", "אָסַף(모으다)" 동사가 있다. 이 동사는 칼 미완료에서 어떤 때는 페(פ)-후음의 법칙을, 어떤 때는 페(פ)-알렙(א)의 형태를 따른다.

26) 바브미완료연속은 악센트를 뒤로 끌어당기는 것이 아니라 악센트를 앞으로 끌어당긴다.

27) G-K § 69h주 1 참고

28) 순장모음 만들기는 이 책의 '제5과. 약문자의 변화 / 2. 순장모음 만들기' 참조.

29) 엄격하게 말하면 페(פ)-요드(י)동사는 원래 일정 분량이 페(פ)-바브(ו)에서 요드(י)로 변한 것이다. 즉, 어두에 바브(ו)는 거친 소리를 부드럽게 하려는 노력에 의하여 언제나 요드(י)로 변했다.(G-K § 19a)

30) 자음의 발음에 관하여는, 동일한 발성의 기관에 의하여 발성되는 자

음을 "동기관적(homorganic)"이라 부르며, 반면에 동일한 성질의 발음을 갖는 자음(י / ו)을 "동질적(homogeneous)"이라고 부른다.(G–K§ 24b,f)

31) 자음 동화 현상(G–K §19 c): 어두 인칭어미의 첨가로 인하여 눈(נ)이 음절의 끝(국어의 받침)에 올 때, 그 눈(נ)은 뒤따르는 자음과 동일하게 변하여 뒤따르는 자음에 중강점이 생기게 된다. 물론 눈(נ)의 동화 작용이 히브리어 정동사의 특징 –3개의 자음– 을 깨고 있는 것은 아니다. 표면적으로는 보이지 않지만 여전히 3개의 자음을 유지하고 있다.

32) 다음 음절을 시작하는 자음과 동일한 자음으로 끝나는 음절을 의미한다(강화에 의한 폐음절); כֻּלּוֹ(kŭl–lô) 즉, 라메드는 강화 현상에 의하여 중첩되며 그리고 강화된 폐음절을 형성하게 된다. 이런 것을 중폐음절이라고 한다.(G–K§26q)

33) 데이빗슨, §6.7

34) 거의 이런 동사들은 לשׁ(접근하다), לזנ(흐르다), קשׁל(벗다), נשׁנ(입맞추다) 등등.

35) G–K§ 66에 각주 2번 참조.

36) 마소라는 마지막 두 자음에 보조모음의 삽입으로 발음상의 문제를 해결하려고 노력하였다. 보조모음은 ①대체로 세골(ֶ) 형태: קֹדֶשׁ(불가침의 신성), וַיֶּגֶל(그가 들어냈다) ②중간이나, 마지막 자음이 후음일 때 파다(ַ): נַחַל(계곡), שָׁלַחַתְּ(너가 보냈다). ③히렉(ִ)의 사용: בַּיִת(집); G–K § 28e

37) 왜냐하면 단음절의 악센트는 첫 음절에 있기 때문에 악센트 앞의 음

절은 장모음화된다.

38) 칼 형태는 아마도 후음이 a(ַ)를 좋아하는 경향 때문에 거의 A-형태의 동사가 사용된다.(배재민, 260; G-K§ 64b)

39) 후음은 a-모음과 결합하는 경향이 있다. 거기에서 후음은 복합쉐바를 취하는 경우 어떤 경우 보다 우선적으로 하텝 파다(ֲ)를 선호한다.(데이빗슨, 7.3)

40) אֱחֱרוּ는 알렙이 세골을 취하는 것을 좋아하기 때문에 하텝 세골(ֱ)을 취한다.(G-K § 22 O)

41) 표시되지 않은 부분들은 전부 ①부분, 즉 2자음 동사들을 표시한다.

42) 음절은 자음 또는 모음으로 끝난다. 그러나 마지막 음절은 동일한 두 개의 자음으로만 끝날 수 없다. 왜냐하면 마지막 자음은 소리를 낼 수 없기 때문이다.(데이빗슨, 4.3)

43) 이 두 가지 형태의 의미상 차이는 타동사인 צרר(곤란에 처하게 하다, 억압하다/to make streit, oppress)와 자동사의 형태인 צר(곤란에 처하게 되다, 괴롭다/to be in a streit)에서 구분된다.

44) 라메드(ל)-후음동사에서 칼 미완료와 명령형은 두 가지 형태를 지닌다. 첫째, 둘째 음절에 언제나 파다(ַ)로 변하는 형태이다. 둘째, 때로는 그것이 원 모음이기도 한 경우이다.(A-형태의 상태 동사들); G-K §65 b)

45) "음절 끝에 후음(final guttural)과 보조모음"은 이 책 '제5과. 약문자의 변화 / 4. 후음법칙/1. 후음의 특징 중 보조모음 삽입'을 참조하라. 주목해야 할 것은 최소한 칼을 제외한 절대 부정사와 분사는 둘째 모음이 순장모음으로 구성되어 있다는 것을 볼 수 있다.

46) 예로 든 단어의 동사원형은 "שׁגע"이다. 어간이 거센 치찰음(ס, צ, שׂ/שׁ)으로 시작하는 경우 히트파엘의 특징인 타우(ת)와 자리바꿈을 하기 때문에 הִשְׁתַּגֵּעַ의 형태를 유지하고 있다.

47) "강세 있는 폐음절은 장모음을 가질 수도 있고 단모음을 가질 수 있다. 그러나 단모음을 가지는 경우엔 원칙적으로 파다(ַ◌)나 세골(ֶ◌)이어야 한다.(G–K § 9 e f) 강세를 가지는 두 번째 마지막 폐음절은 장모음을 가질 수 있지만 오직 어조 장모음인 ā(ָ◌)/ ē(ֵ◌)/ō(ֹ◌) 뿐이며, 가장 긴 모음인 î(ִי◌)/ ê(ֵי◌)/ ô(וֹ)/ û(וּ)는 가질 수 없다; 또한 단모음은 올 수 있지만, 그러나 오직 a(ַ◌)/ e(ֶ◌) 뿐이며 i(ִ◌)/ u(ֻ◌)/ ŏ(ָ◌)는 올 수 없다. 따라서 Hiph.Impf.3mpl.는 יַקְטִילוּ이지만, 그러나 3인칭 여성복수는 תַּקְטֵלְנָה이다."(G–K § 26 p)

48) 데이빗슨, §36 주 1(p. 211)

49) 셈어는 기본문자가 자음문자로 읽혀진 문자이다. 그러나 이러한 자음문자를 읽을 수 있었던 것은 자음 중에서 자음의 음가를 상실하고 그 자음이 모음화가 된 문자가 있었기 때문이다. 그러나 모음으로 변하는 문자는 ה/י/ו이다. 이 자음들이 모든 경우에 나타나는 것이 아니라 음절의 끝에 있을 때, 앞에 있는 모음과 결합하여 바로 앞의 모음과 이중모음을 형성한다. 특히 여기 라메드(ל)–헤(ה)동사에서 요드(י)와 바브(ו)는 앞의 모음과 장모음을 형성한다. 더욱 자세히는 "이용호, 히브리어 기초문법, 대서, 2010, 34–35를 참조하라.

50) 배재민, 360–361; 이것은 후음이 앞의 모음을 발음상 자신이 좋아하는 특정한 모음인 a[ַ◌]로 변화시키 때문에 일어나는 현상이다;

더 자세하게는 G–K §22 d를 참조하라.

51) 단어의 끝과 음절의 끝에서 후음은 앞의 모음이 어떤 것이든 간에 a[ַ◌]로 변하게 한다. 이러한 변화는 알렙[א]의 특징 때문에 앞의 모음이 a[ַ◌]에서 ā [ָ◌]로 길어진다.

52) 이 모음 ē[ֵ◌]는 본래 a[ַ◌]가 위축되어 i[ִ◌]가 되며, 그 후에 ē[ֵ◌]로 발전하였다.

53) 미완료와 파생어들에게 나타나는 이 형태는 후음의 특징 a[ַ◌]로의 모음 변화와 그리고 알렙[א]의 특징으로 길어지는 현상 ā[ָ◌]로 길어지지 않고 e[ֵ◌]로서 길어진다.

54) 이 현상은 정관사의 원형의 형태에서 볼 수 있다. 원래 정관사는 הַל(아랍어의 "al"로서)이였다고 한다. 이 정관사가 단어와 만나면 모음 충돌을 일으키게 되어 ל가 뒤에 자음과 동화작용을 하게 되어, 동일한 자음으로 변하게 된다. 그래서 중강점을 찍게 된다. 예를 들면, מֶלֶךְ + הַל → הַמֶּלֶךְ(Weingreen, 26)

55) 유성쉐바를 지닌 어떤 자음들은 매우 자주 중강점이 생략되는 경우가 있다.(G–K§20 m)

56) G–K §22 d; 또한 Weingreen, 21 참조.

57) 그러나 삿 16:5절에는 유일하게 נְתַן־ 마켑과 함께 파다(ַ◌)의 형태로 나온다. 그 외에 마켑과 함께 세골(ֶ◌)형이 사용된다: יִתֶּן־

58) 참고, 배제민, 히브리어 연구, 총신 출판부, 1986, 300–301

59) 대체로 감각동사 또는 지각동사들은(רמא/יהא/ערי 등) 거의 목적절을 유도한다.

60) 대체로 해석은 전치사를 삽입하여 번역한다.

61) 독일어에서 jeder 전체의 모든 것을 하나 하나 표시.

62) [계속, 되풀이하여 가는 관점에서]

63) 분사의 형용사적 성격은 앞에서 이미 지적했다. 여기서는 분사의 동사적 성격을 제시한다.

64) 이 경우 부정사 연계형에 소유접미어가 붙어 있다면, 그 소유접미어가 그 부문장의 주어다.